The Origins of Totalitarianism

極權主義的起源

第一部 反猶主義

HANNAH ARENDT
漢娜・鄂蘭——著
李雨鍾——譯

獻給海因里希·布呂歇

譯者導讀

如何辨識我們時代的極權元素

國立台灣師範大學國文學系博士後研究員
李雨鍾

> 唯有在某些無可挽回之事發生後，我們才能嘗試去追溯其歷史。事件照亮它自身的過去；但它絕對無法從這過去中推導出來。[1]
>
> ——漢娜・鄂蘭，〈理解與政治〉

一九四五年，在逐漸散去的二戰硝煙中，古老的歐洲大陸滿目瘡痍、遍地屍骸，而此時的鄂蘭則身處大西洋彼岸，正開始寫作《極權主義的起源》。[2]

---

❶ Hannah Arendt, "Understanding and Politics(The Difficulties of Understanding)", *Essays in Understanding 1930-1954: Formation, Exile, and Totalitarianism*, edited by Jerome Kohn. New York: Schocken Books, 1994, p. 319.

❷《極權主義的起源》中部分篇章的完成最早可追溯到一九四二年，但成書的構想則大約出現在一九四五年左右。

六年後，本書在美國正式出版，很快為鄂蘭帶來世界性的聲譽。之後，鄂蘭又寫出了《人的條件》（*The Human Condition*）等更具理論系統性的經典著作。不過鄂蘭之所以是鄂蘭，更是因為《極權主義的起源》，而不是《人的條件》。《人的條件》讓鄂蘭躋身現代重要思想家之列，但《極權主義的起源》才真正使鄂蘭獨一無二。

原因在於，雖然後世對極權不乏直接或間接的哲學性思考，可是像鄂蘭這樣遠溯十九世紀、真正深入具體歷史經驗的著作，可謂絕無僅有。在本書中，我們可以讀到鄂蘭思想中最無可撼動的洞見，也就是極權危險在種種人類實際行為（而不僅僅是觀念層面）中的展現形式，而她後來的眾多著作、眾多重要觀點，也都需要在本書中尋回真正的經驗基礎與問題意識。對鄂蘭有興趣的讀者，會在本書中看到最具現實意義的鄂蘭。

鄂蘭的極權分析最終指向現代人的某種核心經驗，這就是失根無依的孤棄之感，同時極權宣傳所建立的無所不包的虛構世界、極權支配所製造的極端非人的集中營處境，也都會讓讀者震撼不已。然而，筆者認為本書更大的價值在於，它能幫助我們認識到某些看起來不那麼危險的現象，其實也與極權存在某種相關性。換言之，它像一口巨鐘，從最深的深淵底部，敲響我們對當前平和舒適生活的警惕。

不過，《極權主義的起源》並不容易閱讀，這不完全是鄂蘭本人獨特的論述風格所致，更是與本書所要面對的複雜歷史經驗、所要表達的複雜想法有關。本導讀希望能為讀者稍稍減輕這種

不易讀，因此嘗試對本書的寫作過程與整體結構進行分析。

計畫之外的極權主義：鄂蘭的寫作失誤？

首先必須指出，本書書名已成為一件有趣的公案，實際上它主要探討的並非極權主義的「起源」，而是形成它的多種歷史元素，甚至原本連「極權主義」這個字眼都未曾出現。

且讓我們把時間回溯到一九二〇年代初，當時的鄂蘭還是個才華橫溢的哲學系大學生，她輾轉於馬堡大學、弗萊堡大學、海德堡大學等德國哲學重鎮，歷經海德格與雅斯培這兩大現象學宗師的指導。當時她還沉浸在神學與哲學當中，完全對政治不感興趣。真正使她轉向政治的，是她自身猶太身份的覺醒，是對猶太人危險處境的認識，而最初啟蒙她認清現實政治的則是猶太復國主義運動。就此而言，我們不難理解為何後來的《極權主義的起源》會從反猶主義寫起，這是鄂蘭自己的第一手經驗。一九三三年，納粹上台不久後就發生了所謂的國會大廈縱火案，希特勒開始加緊迫害猶太人的步伐。鄂蘭不像當時許多猶太人那樣天真地相信事情總會好轉，她毅然逃離德國，流亡到巴黎，成為一個無國之人。

在巴黎，她遇到了後來成為她丈夫的布呂歇（Heinrich Blücher），他是鄂蘭得以寫出《極權主義的起源》的最大功臣。不同於鄂蘭的學院派出身，布呂歇是個自學成才的社會活動家，一個

曾投身共產主義運動的異議份子，他對於各種政治形勢與具體現象，具有極為豐富的經驗與想法。激情四射的布呂歇深深影響了鄂蘭對現實政治的看法，而這些養分都融入了本書細緻的政治分析當中，所以鄂蘭後來會稱之為「我們的那本書」。

在二戰爆發的最初歲月，鄂蘭也曾一度進入管理還較為寬鬆的拘留營。所幸在形勢變得更糟之前，她果斷趁隙逃脫，與布呂歇相互扶持、共度難關，最終驚險搭上前往美國的輪船。這絕不是一場輕鬆的逃離，同期逃亡的班雅明，就陰差陽錯地魂斷庇里牛斯山，而許多曾跟鄂蘭同在拘留營的猶太人，後來也都被轉送進了集中營。

鄂蘭與布呂歇於一九四一年逃離歐洲，開始在新大陸的新生活。雖然艱難、不安穩，但仍大體健康、積極，直到一九四三年開始有驚人的消息從歐洲傳來：

> 這實在就像是一個萬丈深淵裂開了。因為我們總是懷抱著希望，相信其他一切事物都終究會從政治上獲得改正，一切事情都會重回正軌。但這卻不會。這本來就不應該發生。❶

這個萬丈深淵般的消息就是希特勒啟動的所謂「最終解決方案」，也就是大量滅絕猶太人的「死亡集中營」。雖然鄂蘭在逃離歐洲前，也曾短暫在拘留營待過，並果斷而幸運地趁亂逃出，

---

❶ 引自鄂蘭後來的著名訪談："What Remains? The Language Remains: A Conversation with Günter Gaus", *Essays in Understanding 1930-1954: Formation, Exile, and Totalitarianism*, p. 14.

但這跟後來的滅絕集中營顯然不可同日而語。這深淵讓鄂蘭深深感受到時代的「重負」，她決心要去面對、理解這一「重負」，而分析的起點也很自然地始於猶太問題。實際上在四〇年代早期，鄂蘭已針對猶太問題寫出了不少深刻、犀利的文章，如今正是把它們與時代災難聯繫起來的時候了。

在鄂蘭一九四六年左右提供給出版商的寫作大綱中，我們可以看到她原本將這本書稱作《恥辱的元素：反猶主義—帝國主義—種族主義》（或《地獄的三根支柱》），並認為這三種元素最後的混合體（amalgam）就是種族帝國主義（race-imperialism），而納粹主義則代表著它的首個純粹模型；[2] 換言之，這是一個最終解釋納粹主義如何發生的架構。我們今天看到的《極權主義的起源》由反猶主義、帝國主義、極權主義三部分構成，其中反猶主義的內容大體與一九四六年版相當，帝國主義則是由原本的帝國主義與種族主義合併而成，但對應極權主義的卻只有種族帝國主義這一個章節而已。

實際上，最晚到一九四六年，鄂蘭都尚未想要寫一本關於極權主義的書，書名中也根本沒有「極權主義」的字眼，而當時她實際上已經寫完了反猶主義與帝國主義部分的大部分篇章。使這

❷ 參見鄂蘭未刊手稿。Hannah Arendt Papers: Speeches and Writings File, 1923-1975; Miscellany; Outlines and research memoranda, 1946, undated; 1 of 2.

一想法改變的直接動因是，鄂蘭約在一九四七年左右，開始考慮納入對史達林統治的蘇聯的研究，但蘇聯很明顯不適合用種族帝國主義來描述。於是鄂蘭才使用了極權主義來同時指涉納粹德國與史達林蘇聯，並大大擴增了它的篇幅，於是有了我們現在看到的第三部分。

然而問題在於，如果按照一九四六年的大綱，那麼從反猶主義、帝國主義、種族主義，最終結合成種族帝國主義，這一分析線索看起來是比較順理成章的，若稱之為「種族帝國主義的起源」，也可謂恰當。然而一九四七年之後，當最後一部分轉變成同時囊括納粹德國與史達林蘇聯的極權主義，這前後部分的邏輯關聯就不那麼理所當然了。最明顯的問題是，在反猶主義與帝國主義（包括種族主義）部分，基本上是以中、西歐為核心進行探討，而很少觸及東歐，如此一來，從前兩部分推導到包含了俄國的第三部分，其前提條件就不太完備。

更有甚者，雖然鄂蘭自己很清楚這一問題，但她的處理方式不是重新調整前兩部分，使之與第三部分的關聯更為完善，反而是開始有意刪去具有前後因果關係的文句，更明確地切斷兩者之間的直接聯繫。[1]

---

[1] 根據 Roy T. Tsao 的分析，我們應該從三個寫作階段來看待《極權》，其中的第二階段就是鄂蘭真正寫到極權部分的時候，他詳細列舉了鄂蘭當時如何放棄、刪除了第二部分與第三部分的直接關聯的一些線索。Roy T. Tsao, “The Three Phases of Arendt's Theory of Totalitarianism,” *Social Research*, Vol. 69, No.2, Hannah Arendt's “The Origins of Totalitarianism”: Fifty Years Later(Summer 2002), pp. 579-619.

這樣一來，讀者將要面臨的困惑也就顯而易見了。衝著「極權主義的起源」這一名頭，讀者無疑會期待本書將為我們解釋極權之所以產生的歷史源流，然而一進入反猶主義部分，我們就會有點迷失，甚至到了帝國主義部分，與極權主義的關聯性也仍然遮遮掩掩。其實真正的原因就是，這兩部分要解釋的原本是種族帝國主義的起源，而非極權主義的起源，鄂蘭也不希望讀者會認為這兩部分的分析能夠解釋極權主義的起源。

上述問題在本書剛出版時，就引發了不少評論者的批評，其中還包括著名政治思想史家沃格林（Eric Voegelin）。鄂蘭的回應是，這恰恰是她在思考極權現象時所不得不採取的一種方法：

> 於是我的第一個問題就是，對於某個我不想要保存而是相反要致力於摧毀的事物（極權主義），要如何進行歷史書寫。我解決這一問題的方法，造成了本書缺乏統一性的指責。我所做的是探索極權主義的主要元素，並在歷史範疇中予以分析……因此，本書並不真的處理極權主義的「起源」（如書名不幸宣稱的那樣），而是對那些結晶成（crystallized）極權主義的元素，進行歷史性說明；在這種說明之後，則是對極權運動及極權支配本身的基本結構進行分析。❷

❷ Hannah Arendt, "A Reply to Eric Voegelin", *Essays in Understanding 1930-1954: Formation, Exile, and Totalitarianism*, pp. 402-403.

上述解釋應當作為我們理解本書整體結構的核心指引。在鄂蘭看來，歷史書寫一般是為了保存某些經驗與記憶，使之不被遺忘，而對歷史上的起源因果進行分析解釋，也正當化了該歷史現象，使其成為某種必然出現的結果。鄂蘭既不想保存極權，也不想正當化極權，將其視作客觀出現的必然結果，因此她探索的並不是嚴格意義上的歷史起源，不是完整的因果解釋鏈，而是在極權現象出現之前的某些元素，這些元素並不必然會造成極權，而是在某種條件下忽然結晶成了極權結構。

鄂蘭在此使用了她多次援引的一個化學比喻，這其中有兩個關鍵要素：第一，各元素不等同於它們後來結晶成的結晶體，兩者之間具有本質性的差異與斷裂；第二，這些元素並不必然會結晶成極權，僅僅是在某種條件下忽然發生結晶反應。

這一比喻也呼應了本導讀開頭引用的那一段話：鄂蘭正是在極權主義這一駭人聽聞卻無可挽回的事件發生之後，才開始去追溯其歷史，正是這一事件發生之後，我們才得以看到那些後來結晶成極權的潛在元素，但同時，我們並不能從這些元素直接推導出極權現象。

實際上，鄂蘭也是在進入極權部分的寫作時，才真正意識到極權與前極權現象之間的根本性斷裂，意識到極權是人類歷史上前所未有的體制。「極權主義」一詞，本是冷戰背景下的流行用語，但鄂蘭為它注入了至今仍未被我們充分消化的思想深度，讓它觸及我們時代的核心困境。《極權主義的起源》的寫作，乃是為了「理解」我們時代的重負，但鄂蘭最終得到的不是一個完

滿解釋的確定結果，而是一個向所有人提出的無止境的叩問。

我們很難說鄂蘭是否一開始就自覺採取了這種結晶方法論來寫這本書。或許如前面所述，鄂蘭原本其實是打算按照從反猶主義、帝國主義、種族主義到種族帝國主義的歷史線索，更為循序漸進地探討納粹的發生源流。但是後來用極權主義替換了種族帝國主義，就發生了前後部分不對稱的問題。然而這一寫作上的「失誤」，卻被鄂蘭轉化成思想方法論上的一項傑出成果。這種在寫作過程中被迫發明出來的方法論，實為鄂蘭在理解極權這前所未有之現象的艱難中，激發出來的思想火花。

追溯極權的元素與催化劑：從帝國主義到反猶主義

一個顯而易見的問題：既然從這些歷史元素不必然會產生出極權，去探索、理解它們還有什麼意義呢？鄂蘭曾在一些地方暗示我們，在極權政府倒台之後，那些結晶成極權的元素本身卻並沒有消失，而是繼續存在於我們共處的現代世界當中。❶因此以下兩點頗為關鍵：第一，這些元素本身是重要的，因為它們很可能是實際存在於我們這個後極權時代的東西，我們需要學會去辨

---

❶ Hannah Arendt, "Understanding and Politics(The Difficulties of Understanding)", note 4, p. 324.

識它們；第二，極權作為歷史上曾經出現過的災難性現象，它與現代世界的關係究竟如何，為什麼我們不能僅僅視之為過往之物，而是要不斷思考、警惕它？

首先，究竟有哪些元素呢？若結合鄂蘭早期的寫作大綱與英國學者 Canovan 的說法，則結晶成極權主義的元素有：民族國家的崩解、為擴張而擴張、暴民以及種族主義。❶值得注意的是，這些元素基本上都出現在帝國主義部分，更確切地說，前三個元素的基本形成條件已在該部分的第一章，也就是本書第五章〈布爾喬亞的政治解放〉中具備，而接下來的第六章和第七章則進一步引入了種族主義這一元素。

就此而言，第五章幾乎可視為本書前半部分的樞紐。它首先以英、法兩大殖民強權為例，為我們呈現帝國主義那種為擴張而擴張的無限制過程，如何與殖民母國本身的民族國家結構發生衝突。在鄂蘭的定義中，民族國家要以限定的領土範圍、以同質化的統一人口為基礎，從而建立實際代表人民主權的政府；當帝國主義擴張帶來廣大海外殖民領土時，就會面臨要如何對待異文化、異族群的殖民地人民的難題，一旦對之採取不同的統治方式，就會與母國的國族原則相衝

---

❶ 英國學者 Canovan 的《鄂蘭政治思想再釋》，雄辯地論證了《極權》在鄂蘭思想中的核心地位，至今仍是無可取代的經典之作。在鄂蘭早期的寫作大綱中，原本反猶主義也被當作元素之一，但正如 Canovan 所建議的，在後來的實際寫作內容中，反猶主義更應該被當作催化劑。Margaret Canovan, *Hannah Arendt: A Reinterpretation of Her Political Thought*. Cambridge: Cambridge University Press, 1992.

突。與此同時，海外擴張的巨大經濟利益吸引到廣大布爾喬亞的投資，而由各階級中的多餘者所組成的暴民，則成為將母國大量多餘資本輸出到殖民地的主要人力。

然而鄂蘭認為，在從傳統民族國家發展到帝國主義的過程中仍然存在著一條鴻溝，這鴻溝需要靠種族主義來填補。❷鄂蘭首先區分了種族思想與種族主義，認為前者僅僅是一種觀念，後者則是一種實踐上的意識形態。第六章為我們廣泛考察了英、法、德各國的種族思想淵源，而第七章則在歐洲列強殖民非洲的實際經驗中，探討種族主義的形成機制，並匯聚了第五章已呈現的三種元素，尤其是暴民元素，最終形成某種預示了極權統治的治理體制。❸

從第五章到第七章，我們看到未來會結晶成極權主義的四種元素（民族國家崩解、擴張、暴民、種族主義）已經齊備，然而有一個顯而易見的事實，就是這一殖民帝國主義的主角是英國，但英國後來卻並沒有產生極權。在此我們必須再對元素結晶說進行一項重要補充，就是各元素要

---

❷ 鄂蘭對民族主義的理解有比較特定的脈絡，她心目中典型的民族主義，是以法國這一典型的民族國家為代表，這種民族主義重在主張主權領土內全體國民的政治平等，而帝國主義形態中對海外殖民人口的治理方式，則明顯違背了這一原則。

❸ 值得注意的是，鄂蘭強調從純粹的種族思想觀念之所以會質變為種族主義，主要是基於歐洲殖民者（尤其是暴民們）在遭遇異文化原住民時產生的某些真實經驗。進而這種經驗再回傳到歐洲大陸，衍生出歐洲內部的種族主義與種族屠殺。這種從海外殖民地傳回歐洲的回彈理論（boomerang thesis），是鄂蘭頗為獨特的一種觀點，它長期受人忽視，但近年來已開始引起一些學者的關注。讀者可參見近年的一本論著：Richard H. King & Dan Stone(edited). *Hannah Arendt and the Uses of History: Imperialism, Nation, Race, and Genocide*. New York & Oxford: Bergbabn Books, 2007.

結晶成極權，還需要一種催化劑，這種催化劑就是反猶主義，也就是本書第一部分探討的內容。

現在讓我們回過頭來看本書的第一部分「反猶主義」。筆者之所以先繞過這部分，是因為鄂蘭所分析的反猶主義，與人們的直觀印象有所不同。鄂蘭認為與納粹極權有關的現代反猶主義，與歐洲基督教徒千百年來仇視、排擠猶太人的宗教式衝突並無直接關聯，而是與猶太人在現代民族國家中的地位密切相關；因此，第五章的內容反過來能夠為我們理解反猶主義提供更具體的歷史背景。

「反猶主義」部分主要有兩條線索，分別是第二章所討論的政治反猶主義，與第三章所討論的社會反猶主義，第四章則是以德雷福事件這個重要案例來匯聚上述兩條線索。

所謂政治反猶主義幾乎就是猶太人與民族國家的關係史：首先是，自十七、十八世紀以來，一部分猶太人開始因為早期民族國家的財政需求而發跡，成為享有特殊待遇的群體；然而到了十九世紀後期，如第五章所述，布爾喬亞階級受到海外殖民利益的吸引，就取代了猶太人原本在國家商業活動中的位置，使猶太人群體喪失原本的實際功能。更重要的是，隨著民族國家因帝國主義擴張而衰落，長期依託於國家機構保護的猶太人也成為仇恨的對象，成為暴民眼中的寄生蟲、陰謀家，這就是政治上的反猶主義的成因。

至於第三章的社會反猶主義，則是本書非常特別的一個部分，它的深入、精彩程度，與它在

本書整體架構中的地位明顯不成比例。❶猶太人在十九世紀逐漸獲得政治上的平等解放之後，為了進入（上流）社會而形塑出某種猶太特性，換言之，已獲得平等解放的猶太人，為了從碌碌眾生中出人頭地、躋身新貴，而將自身打造成「既是猶太人又不是猶太人」的「例外猶太人」，並由此獲得獵奇上流社會的特惠入場券。

在整個「反猶主義」當中，都縈繞著鄂蘭一種飽含恨意的念頭：（部分）猶太人在逐漸獲得政治平等的情況下，不是去爭取贏得充分的平等權利，而是試圖通過利用、乃至杜撰猶太群體的特殊性，來享有特權。這種被編造出來的猶太性，竟然充滿種族色彩與陰謀論語言，它本身構成了納粹種族主義的先驅與效仿對象。實際上唯有通過她對自身民族的這種批判性分析，我們才有辦法理解她後來報導艾希曼審判時的真正立場。

對於本書的讀者來說，「反猶主義」向來是有點尷尬的一部分，作為探討極權之旅的開端，它似乎遲遲無法進入正題，敘事線索又有點跳來跳去。但是筆者在此要特別強調的是，讀者需要注意「反猶主義」部分的獨立價值，不能僅僅將其視作通向極權的一個起頭橋樑而已。

實際上，「反猶主義」中無疑蘊含著鄂蘭本人最切身的經驗，因此對於關注鄂蘭思想的人來

---

❶ 我們很可以猜想本章中的不少描寫基於鄂蘭自身在歐洲的生活經驗，特別是第一節只簡略提到的猶太女性拉赫爾．范哈根（Rahel Varnhagen），實際上是鄂蘭早年經歷政治啟蒙之後撰寫的傳記式專著的主題人物。儘管如此，她仍強調與極權相關的主要是政治反猶主義。

說是一個不容忽視的寶庫，而它與極權的鬆散關係實則反映出，鄂蘭不想將它綁定在通向極權的歷史必然道路上，而是想保留猶太人更多的行動可能。❶其中分析社會反猶主義的那一章，實際上是以深刻而辛辣的筆法來分析猶太人自身的行為與責任，在「政治正確」的今天，這實在是本書當中極富挑戰性的一個文本。

無根困境：中東歐的泛運動與無國者

分析至此，我們可以將本書三部分的關係重新理解為：催化劑的調製→各元素的匯集→極權結構的出現。下面我們再對這背後的論述線索，稍微做一點整理。

可以說，貫穿「反猶主義」與「帝國主義」兩部分的客觀歷史線索，實為歐洲民族國家系統的衰敗，而在猶太人處境與四大極權元素背後的深層結構則是「無根」（rootlessness）。鄂蘭式的「無根」跟通常的理解有所不同，它主要指人們未能在相對固定的空間裡建立起共同世界，並在其中擁有自己的位置。民族國家結構本是為「扎根」提供條件的重要基礎，然而當殖民強權不

❶ 筆者有一篇文章〈弱者的責任與力量：《極權主義的起源》的猶太起源〉，專門從「反猶主義」的角度，來提出另一種理解《極權》的方式，預計明年會於聯經出版社的一本專書中出版，有興趣的讀者可參考。

安於扎根，試圖利用失根而多餘的暴民來向外擴張時，就跟種族主義經驗一拍即合；在鄂蘭的界定中，種族主義恰恰也是無根的，因為「根」不應該扎在血緣妄想之中，而是應該扎在人力構建的共同世界當中。而長期失根、沒有自身國家的猶太人，則在失去民族國家保護的過程中，有意無意地陷入種族幻想，甚至迎合了猶太人祕密掌控世界的陰謀論傳說，因此本就無根的猶太人就這樣成為了匯聚各大元素的催化劑。

不過與這種無根的種族幻想直接呼應的，不是第五章到第七章所分析的海外帝國主義，而是第八章所討論的大陸帝國主義。大陸帝國主義主要發生在奧地利（別忘了希特勒可是奧地利人）與俄羅斯，分別發展為泛日耳曼運動與泛斯拉夫運動，實際上，它們正是極權主義的直系先驅。

作為海外帝國主義在歐洲內陸的對應物，大陸帝國主義吸納了全部四種極權元素，發展出所謂的部落民族主義（tribal nationalism），部落民族主義實為一種無根的種族意識形態，它以充滿偽神秘主義色彩的語言，宣稱本民族的神聖受選性。弔詭的是，這種以大型母國（德國與俄羅斯）為依託的部落民族主義，又恰恰是對前述猶太種族幻想的一種摹仿，只是前者更能夠以現實的廣大國土為基礎，積極尋求向外擴張，渴望把所有被認定為血緣同胞的人民都納入統治。

在中、東歐蔓延的大陸帝國主義的另一面，則是第九章分析的民族國家衰亡與人權終結。貫穿第一、第二部分的民族國家衰敗過程，終究在第九章迎來頂點，其標誌不僅僅是外在制度上的崩解，更是內在理念的挫敗，這就是由難民與無國者現象所引發的人權理念的終結，而人權終結

的原因，又正是無根的徹底化。

如果說第八章的主角是中、東歐未能形成正常民族國家的大國，那麼第九章的主角則是同地域中未能形成正常民族國家的小民族。從歷史條件來說，第九章緊承第八章的線索，且已邁入二十世紀。正是俄羅斯（帝俄）與奧地利（奧匈）這兩大傳統多民族帝國在一戰後的崩解，催生了其治下各少數民族獨立建國的浪潮。然而由於各少數民族建立的國家仍然不可能完全由單一民族構成，因此其境內少數族裔的處境就比以往在帝國統治之下還更為艱困，因為小民族新建的民族國家具有更強烈的民族同質性要求。在此狀況下，大批少數族裔流離境外，成為無國難民，但各國根本不想將他們置於國內法律保護之下，於是無國者就淪落法外，成為警察暴力的對象。

在經過上述現象分析之後，鄂蘭提出了或許是本書最震撼、最影響深遠的一項主張，就是導致現代難民困境的，恰恰是高舉天賦人權的人權宣言。缺乏國家法律保護的難民，看起來是人權最典型的保護對象，然而事實證明他們根本毫無權利可言。原因在於，人權宣言主張人的天賦權利只能源自於人（Man）自身，而非任何具體法律制度，然而這種過於抽象的權利來源最終滑坡為民族／國民的權利，反而剝奪了早先較有彈性的保障空間。因此，在整個世界都變成要以民族歸屬來確認權利主體的狀況下，一個人一旦離開了家鄉、祖國，就變得無家可歸，不再有任何地方能夠接納他，從而實現了最徹底的無根。

在此基礎上，鄂蘭反向提出了一個著名的概念，亦即「擁有權利的權利」（the right to have

rights），也就是說，一個人唯有從屬於一個共同體，從而擁有了發聲與行動的位置，才能夠真正擁有人權，而不是因為擁有天賦人權而有權發聲。實際上，這也是對於「反猶主義」部分的一個回應，猶太人長期依附於各個國家的政治體之中，自以為可以永久享受特權，到頭來卻成為最典型的無權利者，成為集中營的第一批實驗對象。

第九章就算不是本書最深刻的一章，也是最常被當代學界討論的章節。因為本章分析的難民問題與人權困境，顯然仍在當今世界一再重演，與鄂蘭的時代並沒有太大的差別。而鄂蘭所提出的「擁有權利的權利」，實際上也已經預示了她後來在《人的條件》中會予以充分論述的正面出路。

除了具有最明顯當代性的第九章外，前面其餘八個章節都各有其當代意義。比如，從近期發生的烏克蘭戰爭來看，第八章分析的大陸帝國主義無疑已成為當代世界極為現實的威脅，而近年來在性別議題、種族議題上發生的「反挫」現象，似乎也能在第三章社會反猶主義所揭示的悖論結構中找到迴響。甚至一些二十一世紀已不再可能發生的現象，比如鄂蘭在第七章分析的殖民種族經驗，讀起來也具有驚人的衝擊性。

究其原因，鄂蘭對於各種歷史經驗的反思，每每觸碰到了人類在共同生活中無法超克、一再重複的行為結構，因此就算不會再以完全相同的具體形態發生，也能夠讓我們覺得醍醐灌頂、恍如今日。

極權統治與孤棄經驗：我們時代的深淵

當民族國家系統最終崩解，無根之民到處流亡，通向極權的道路也就鋪展開來了。今天所見的「極權主義」部分有四個章節：〈無階級社會〉、〈極權運動〉、〈極權掌權〉、〈意識形態與恐怖〉。如前所述，「極權主義」與「反猶主義」、「帝國主義」之間存在著某種斷裂，實際上在「極權」四章之間也存在著某種斷裂，因為本書第一版於一九五一年出版之後，鄂蘭才在一九五三年左右寫出了最後一章，並在一九五八年的第二版中添入。換言之，前三章已構成了〈極權主義〉部分的原本完整面貌，而第四章則是數年後補寫增添的，可謂是對極權主義的理論性總結。

這種時間先後順序並非無關緊要，因為鄂蘭在完成本書初版之後，已開始因為蘇聯的緣故，開始思考所謂馬克思主義中的極權元素，進而對整個西方政治思想傳統進行重新思考，這些新的方向可以在新寫的最後一章中看到明顯跡象。❶

這其中有個值得深思的問題。如果我們想要知道鄂蘭究竟提出了什麼樣的極權「理論」，很可能會直接閱讀最後一章而後快。不過最後一章固然極具理論價值，但是只有放回到它與「極權」前三章的關係當中，才能夠真正理解其現實意義，不然的話，我們雖不至於是買櫝還珠，卻

---

❶ Canovan 就明確主張，要將最後一章與前面各章分成兩個階段來理解；而在 Roy T. Tsao 的三階段說中，第三階段也正是鄂蘭寫作最後一章的時候。

也只取走了一小半珍珠。下面筆者提出一個三層次的架構，來說明這種關係。

且讓我們先跳過前三章，看一看最具理論性的最後一章到底講了什麼。先前說過，鄂蘭在寫這一章之前已開始關注西方政治思想傳統，因此我們在其中可以很明顯感受到她是在這一傳統的架構下來重新對極權進行理論反思。最直接的跡象就是她直接參照了孟德斯鳩的政體論，來建立本章的分析架構，也就是說，鄂蘭認為極權政體也跟暴政、共和制、君主制等傳統政體一樣，具有其政府本質、行動原則以及基本生活經驗這三種要素。

必須強調的是，鄂蘭一開始就提出，極權政體乃是一種前所未有的現象，因此參照傳統政體的分析方式，乃是為了辨認這種全新的政體。極權政體的新穎之處在於，它打破了守法與不守法的二分架構，將政府運作原則直接繫諸（大寫）自然（Nature）或歷史（History）的法則。實現這種更高法則的方式就是「全面恐怖」，鄂蘭認為「全面恐怖」就是極權政體的本質。「全面恐怖」的要旨在於，它要掃蕩的是阻擋自然或歷史法則的「客觀敵人」，而非有任何具體罪行或反抗行為的敵人，它不是有特定對象可循的恐怖威嚇，而是無處不在、無人可逃的「全面」恐怖。通過「全面恐怖」，極權政府得以將具有複數多樣性的眾人（men），密實捆綁成單一之人（One Man）。

與此同時，鄂蘭認為在最完善的極權統治達成之前，極權政府除了「全面恐怖」外，還需要為被統治者提供某種行為原則，以便讓他們配合極權統治，這種原則就是意識形態的內在邏輯

性。值得注意的是，這不等同於意識形態的觀念內容，而是指向其中的邏輯性，是具有嚴密一致性的演繹過程；邏輯的強制性在此扮演的不是消極性的避免矛盾，而是積極性地消滅矛盾，是強迫極權臣民們自發性地去抹除不符合邏輯的現實，從而讓邏輯的一貫性得以維持。

最終，在全面恐怖與意識形態邏輯性之下，鄂蘭進一步探問極權統治背後的具體人類經驗為何，她給出的答案是「孤棄」（loneliness）。[1]「孤棄」不同於「孤立」（isolation），也不同於「孤獨」（solitude）。「孤立」對應的是暴政，是眾人被外力切斷了相互聯繫的機制，無法共同行動，然而「孤棄」則是連一個人默默創作的行為都不再可能，他與整個人類世界（不單包括他人還包括物）的關係完全被切斷。「孤獨」對應的是哲人的思考活動，思想唯有在獨處的狀態下，才能藉由自我對話的方式展開，然而「孤棄」則是連可以與之對話的自我都喪失了，他完全陷入無聲的原子化狀態之中。

鄂蘭認為，這種孤棄狀態已在現代社會中，開始成為一種大眾日常經驗。正是在這種「孤棄」的狀態下，人們才會迫不及待地要擁抱意識形態的邏輯性，以獲得某種虛假的固定位置，並臣服於全面恐怖的統治，毫無抵抗意志。

順著對極權政府本質的追問，鄂蘭似乎最終觸及了更為普遍的現代處境，從而也使這一極權

[1] 該詞的舊譯「寂寞」或許是個較直觀的語詞，筆者在本書正文的譯註中已說明了採取這一新譯的理由。

理論有了更為寬廣的理論意義。不時陷入空虛寂寞的當代人，多少都能在鄂蘭的描述中找到一些與自身經驗呼應的影子。然而筆者要提出的是，雖然就理論架構來看，上述三個面向似乎處於一種平行相應的關係，但是就實踐層面來說，卻並非如此，換言之，我們不能僅僅因為在上述各面向中發現一點呼應之處，就妄稱極權已經再現。實際上，我們如果將上述政府本質、行動原則、基本經驗這三個面向，轉換成三個更寬泛的說法，就會發現它們實際上對應著「極權」前三章，這就是：民眾基礎、虛構邏輯與統治方式。筆者姑且稱之為極權三層次。

首先，第十章〈無階級社會〉的核心主角正是大眾人，也就是「孤棄」經驗的擁有者，它在理論探討上是最後一個環節，而在形成極權政體的實踐層次上卻最為初始。大眾與暴民不同，他不像後者那樣具有暴力性與進取心，而是看似中立的政治冷感者。在冷感背後則是一種孤立無助的原子化狀態，這種狀態讓人對各種政黨主張漠不關心，卻甘心拋下一切，響應意識形態動員，成為運動的一份子。可以說，大眾正是支持極權運動的最主要的民眾基礎。

第十一章〈極權運動〉的兩大元素宣傳與組織，實為一體兩面，它們皆是極權運動在其支配力所未逮的地方，對民眾進行動員的手段，而這兩者的核心實際上就是虛構。宣傳的要點在於它總是針對某個外部世界，旨在維持極權運動內部虛構世界的一貫性。然而宣傳的真正目的或實質，則是組織。鄂蘭令人驚嘆地將極權運動劃分成由五種人組成的洋蔥式結構：同路人、普通黨員、菁英黨員、高層小圈子、領導人。這五個層次，越往裡面就越遠離現實世界，也越是不會輕

信那些欺騙一般民眾的宣傳內容，而他們實際相信的內容也越是「高級」、越是「核心」。❶這種洋蔥式組織結構的關鍵在於，在任意兩個層次的群體中間都形成了一道保護極權世界的保護牆，於是通過這一層層的深入，極權世界與非極權世界之間的鴻溝就被逐漸弭平了，極權運動的巨大虛構也得以維繫。

第十二章〈極權掌權〉是全書最龐大的一章，它的標題直接告訴我們，它討論的正是極權獲得實際統治權力之後的運作方式。它所要首先面對的問題就是，極權運動掌權之後，要如何在接管既有國家機器的狀況下繼續維持不斷「運動」的激進特質。其方法是通過機構的多重疊加，讓人們永遠搞不清楚真正的權力中心所在，進而只能服從出自領導人意志的絕對權力。

繼而祕密警察則是極權統治的實質權力機構，我們也可以說它正是執行全面恐怖、貫徹意識形態邏輯性的主要力量。著名的「客觀敵人」概念就出自這裡。所謂「客觀敵人」不再是依據「犯罪嫌疑」來抓捕罪犯，而是根據邏輯推測出「犯罪可能」，而這種可能又會依據客觀形勢而不斷產生新的類型，抓捕更多的人。祕密警察的徹底之處在於，它不僅會讓被抓捕者生死不明，甚至還要徹底從倖存者世界的記憶裡抹除這個人，彷彿他從來不曾存在過一般。

---

❶ 實際上，在極權運動組織的這個五個層次中，也存在筆者所提出的「極權三層次」的微型結構，最外層的同路人基本上對應構成廣大民眾基礎的大眾，而菁英黨員的特質正是脫離經驗，完全按照意識形態邏輯來行使，至於最核心的領導人及高層圈子則是極權統治的實際運作者。

鄂蘭在〈極權掌權〉的最後部分探討集中營現象，並令人震驚地提出集中營才是極權支配的真正核心。這乍聽起來並不容易理解，因為集中營的存在畢竟是非常祕密的事情，它似乎跟對大部分民眾的支配統治並無直接關聯。然而在鄂蘭筆下，集中營是一種實驗室，是對終極的全面支配狀態的預演測驗；在與世隔絕的集中營世界中，人變成活死人，不單單喪失了法律人格、道德人格，甚至連最基本的人類個體性都喪失殆盡，於是任何屬於人類的自發性行為都不再可能，剩下的是一種與任何動物都毫無區別的人類物種。在此我們看到，活死人隱然呼應著最後一章的孤棄大眾，所謂個體性的喪失正是喪失自我的極端化，只是兩者之間仍然隔著極權從運動到掌權的一連串實踐操作。

進一步來說，如果我們再將活死人、孤棄大眾與第九章的無國之人聯繫起來，那麼鄂蘭的思路就更為清晰了。顯然，無根、無權利且處在警察統治之下的無國者，正是活死人的預備，而唯有通過集中營那極端非人的實驗操作，我們才真正理解了現代大眾孤棄狀態的危險之處。如果再往前回溯一步的話，那麼「反猶主義」部分的猶太人，正是這三者的先祖。在鄂蘭看來，猶太人最大的錯誤，就是未能建立自己的政治共同體，妄想以特殊、乃至特權的身份依附於主流社會。這一錯誤乍看起來無傷大雅，然而眨眼間的風雲變幻，就會讓猶太人淪落為最典型的無國、無權利者，最後成為集中營中最慘烈的受害者。猶太人最終幾乎在歐洲滅絕，而他們的無根魔咒則迴盪在現代大眾的孤棄深淵之中。

不過在這一步步走向深淵的過程中，鄂蘭仍為我們保留了希望的火種。鄂蘭絕不是悲觀主義式的現代性批判者。在全書最後一段提到的新生與新開端，實際上跟本書在追溯歷史時的不連貫「缺陷」是同一件事情。極權的出現，並非必然，它是從反猶主義到帝國主義的一連串鬆散環節所鋪成的，甚至若十九世紀猶太人的選擇稍有不同，後來的情形也可能也會大不一樣；而極權要維持自身，也必須不斷撲滅那不斷來到這世界的新生，不斷維持懸浮在現實之上的龐大虛構。只要我們仍對與他人的溝通懷抱信心，愛我們身處的這個世界，那麼極權的火焰也並不那麼容易蔓延起來。

筆者最後希望再提出一個值得思考的問題。在本書最後一章提出的「普遍理論」中，最「普遍」的可謂就是大眾孤棄經驗的分析。由於這種孤棄／寂寞經驗，幾乎構成了現代社會的基本特徵，也很容易讓我們感同身受，因此我們也很容易將極權視為與現代社會根本共生的事物，進而將鄂蘭的極權分析視為一種現代性批判。更有甚者，既然極權的基本經驗潛藏在現代社會本身中，那麼無論是民主或非民主國家，都隨時可能出現極權的危險，極權甚至是一種無處不在的誘惑。

然而這種在當代批判理論中頗為流行的想法，恐怕偏離了鄂蘭真正的立場了。鄂蘭在本書中一再描述的是在實踐層面真實發生的經驗，而非理論上的潛在可能性。極權不是一種觀念、一種

學說，而是要實際經過一個個步驟才得以建立的統治體制。因此當我們將目光望向現實世界時，有些政體是否極權，或哪些政體更接近極權，都是有明確事實性依據可討論的問題，絕非深奧弔詭的哲人玄思。

在這個理論困窘的時代，現實往往讓理論錯愕，讓「左」、「右」判準失效，而「深刻」的理論，有時反而「深刻」地脫離了現實。因此我們不應該讓理論預先為我們構造出判斷對象，而是應該回到經驗本身，讓經驗解放我們的判斷能力。鄂蘭這本書正是幫助我們正視自身真實經驗的最佳讀物。

翻譯說明

本書早在一九八二年就有了已故蔡英文老師的譯本，可惜只譯出了「帝國主義」、「極權主義」這兩部分，未有第一部「反猶主義」。其後，上海復旦大學的林驤華教授於一九九五年譯出了首個中文全譯本（時報出版社），該版本後來又經過修訂，先後有了兩個簡體版本（三聯書店，二〇〇八，二〇一四），而左岸出版社則在二〇〇九年請三位年輕學者合力校訂，又推出了一個新的繁體版。

綜上，本書已有蔡譯（不完整版）與林譯（以左岸校訂版為準）這兩個中文版，不過對於希

望閱讀、理解這本書的中文讀者來說，一個新的譯本仍有必要，因為上述兩個譯本均有一定缺陷。首先，蔡英文老師是台灣鄂蘭研究的權威學者，其學識功力自然無可置疑，而其譯筆之流暢圓熟，也是筆者所望塵莫及。不過很可惜的是，蔡譯本的翻譯時間實在太早，當時別說尚未出國深造的蔡英文老師可能對鄂蘭的掌握還很有限，就是當時的國外學界，許多相關的經典研究也尚未問世。因此，蔡譯雖然文氣磅礡，但錯譯、誤譯之處委實不少，這在蔡英文老師的師友、後學圈子裡也不是什麼需要避諱的事情。至於林譯，雖然作為首部中文全譯本功不可沒，但很顯然，譯者對於鄂蘭可能並無多少了解，因此常常出現不知所云的硬譯，雖經過左岸的校訂，但改善程度仍然有限。讀者如果完全照著林譯本讀，很容易會覺得鄂蘭思路混亂、前後矛盾。

其實如果本書是一般的歷史著作或理論著作，那麼林譯或許也不會有太大問題。但可惜的是，鄂蘭這本書恰恰介於歷史作品與哲學作品之間，她往往用反諷、抽象的語言來分析具體歷史現象，又用大量令人眼花繚亂的歷史背景來鋪排哲思，因此如果不能時時把握鄂蘭此處要表達的意思，就很容易譯出相反的內容。再加上，作為移民美國的德裔思想家，鄂蘭在本書中到處灑滿動輒十行的德式英文長句。就此而言，《極權主義的起源》是比她後來更加理論性的著作更難翻譯的一本書，但也因此是最值得翻譯的一本書，因為英文原文讀起來真的也十分辛苦。筆者當然不敢說自己的譯本一定是最完善的譯本，但仍然盡力避免各種容易出現的錯誤，希望能讓讀者真正把這本書讀下去。

同時筆者必須強調，鄂蘭的行文雖然並不按部就班，但她是個明確知道自己在寫什麼、寫到了哪裡的作者。也就是說，本書固然有許多晦澀、抽象的表述，但鄂蘭想要表達的意思本身卻是明確的，而非在玩弄既是A又是B的模稜兩可修辭。因此，如果讀者如果在書中讀到完全難以索解的句子，那麼多半是筆者的翻譯問題，而不是鄂蘭本身的問題。

另外需要說明的是，考慮到本書規模宏大，各章節之間的關聯又不是那麼明顯，因此筆者在每章末尾均附上數段「譯者識」，希望有助於讀者了解這一章的背景脈絡與問題意識。同時，雖然書中出現人物、專有名詞眾多，但筆者並沒有要一一加註，徒增繁瑣，而是僅在涉及理解的必要之處，稍加以譯註或譯按。在幫助讀者理解本書方面，筆者也援引了鄂蘭其他一些著作，與之相互印證，有興趣的讀者亦可進行延伸閱讀。

最後還需要交待一下本書書名的問題。「極權主義的起源」這一書名是當年出版商的建議，本書其實並非真的是在探討「起源」，我們在前面已分析過這件事。確切來說，甚至連「極權主義」這一字眼都沒能很準確地反映鄂蘭的想法，若參照德文版的用法，或許「全面統治」（totaler Herrschaft）更為貼切，也就是說它實為一種實際統治的體制，而非一種「主義」。❶不過，正如

---

❶ 本書的德文版（一九五五年）出版於英文版（一九五一年）之後，是鄂蘭自己翻譯的，難免有所增減改動，而英文版後來又經過了數次修訂，因此英文版與德文版可視為具有相對獨立性的兩個版本。本譯本是根據最後一版的英文版（一九七三年）進行翻譯，詳細版本變遷可參見本書前言的說明。

鄂蘭曾說過的，有時流行的偏見會成為達到真正理解的起點，因此我們仍保留在華語世界通行已久的「極權主義的起源」這一名稱。至於書中其他重要概念的翻譯問題，則請參見正文部分的譯註說明。

前面雖然批評了蔡譯、林譯的不足，但這兩個先行譯本仍然讓筆者受益良多。在翻譯遇到疑難之處，翻查這兩個譯本，常常會得到意外的收穫與靈感。所以已故蔡英文老師與林驤華教授，是筆者首先想要感謝的兩個人。

筆者在翻譯本書之前與翻譯期間，均參加了不少與鄂蘭相關的讀書會、研討會活動，受惠於不少師友的指教、交流，再次無法一一詳述經過，僅能先列舉近期最重要的幾位啟發者、交流者，他們包括戴遠雄老師、洪世謙老師、吳豐維老師、葉浩老師、劉佳昊老師、楊德立博士、蕭育和博士、薛熙平博士、林淑芬博士、江伯瑩博士、劉達寬同學。特別要感謝的，則是近年來持續推動鄂蘭研究的劉滄龍老師，除了學術上的提點、啟發外，他更在本書翻譯期間為筆者免除了許多生計與事務上的煩擾，沒有他的支持，就沒有這個譯本的問世。

最後要感謝的是本書的編輯粱燕樵，她是本書最大的功臣。當初她詢問我是否願意翻譯這本書時，我當然是一口回絕的，因為這本書實在是太厚太難譯了。不幸的是，這是一份來自太座的手諭，我最終只能硬著頭皮接下來。在本書正式出版前，燕樵全力投入譯稿的校對工作當中，常

常奮戰到深夜三四點。她為拙稿改正了許多錯漏，也是在她的堅持下，我才努力將譯稿的許多地方改得更淺白好懂一些。其中許多生動活潑的文句，更是直接源自她的妙筆一揮，而晦澀生硬的地方則是我自己力所未逮，留下的坑洞。

萬幸的是，這本書最終要順利出版了。如果譯者也能擅權題獻的話，那麼我要把這本譯稿獻給燕樵，一如鄂蘭當年將它獻給她的丈夫布呂歇。

背景參考讀物推薦

＊本書涉及的歷史背景極為龐雜，就是對歐洲歷史有所了解的讀者也難以完全掌握，譯者下面所列書目以有中文本的歷史類書籍為主。

《愛這個世界：漢娜鄂蘭傳》。伊麗莎白．揚．布魯爾著，江先聲譯，台北：商周，二〇一八年。（最經典最權威的鄂蘭傳記，對於了解鄂蘭寫作本書前後的具體狀況，具有第一手文獻的價值）

《不含傳說的普魯士》。塞巴斯提安．哈夫納著，周全譯，新北：左岸文化，二〇一七年。（該書分析了十八、十九世紀德國及中歐的複雜局勢，可對照反猶主義、帝國主義部分）

《猶太人三千年簡史》。雷蒙德．P．謝德林著，張鋆良譯，杭州：浙江人民，二〇二〇年。（對於理解本書第二章極有幫助）

《昨日世界：一個歐洲人的回憶》。史蒂芬．茨威格著，史行果譯，台北：漫遊者文化，二〇二一年。（該書有助於了解鄂蘭所描繪的猶太人在十九、二十世紀之交時的處境）

《追憶似水年華IV所多瑪與蛾摩拉》。馬賽爾．普魯斯特著，洪藤月譯，台北：網路與書出版，二〇二一年。（本書第三章第三節的分析主要取自《追憶似水年華》的這一卷）

《法國與德雷福事件》。麥可・本恩斯著，鄭約宜譯，台北：麥田，二〇〇三年。（頗為詳實地分析了德雷福事件的來龍去脈，但觀點與鄂蘭並不完全相同）

《黑暗之心》。康拉德著，鄭鴻樹譯注，台北：聯經，二〇〇六年。（本書第七章的重要討論素材，也影響了鄂蘭對非洲殖民狀況的印象）

《不曾結束的一戰：帝國滅亡與中東歐民族國家興起》。羅伯・葛沃斯著，馮奕達譯，台北：時報出版，二〇一八年。（該書雖稍嫌冗長，但對於了解本書第九章中東歐的複雜歷史背景仍有幫助）

《第三帝國的到來》。理查德・埃文斯著，賴麗薇譯，北京：九州，二〇二〇年。（對於理解那個階段複雜的來龍去脈很有幫助）

《俄羅斯：一千年的狂野紀事（新版）》。馬丁・西克史密斯著，周全譯，新北：左岸文化，二〇二一年。（對於本書第八章及極權主義部分涉及的俄國歷史，提供了頗為清晰的背景脈絡）

《黑土：大屠殺為何發生？生態恐慌、國家毀滅的歷史警訊》。提摩希・史奈德著，陳柏旭譯，台北：聯經，二〇一八年。（對了解二戰時期的東歐狀況頗有幫助，其中也有不少呼應、援引鄂蘭的地方，所謂史奈德反駁鄂蘭之說恐怕有些誤導）

《如果這是一個人》。普利摩・李維著，吳若楠譯，台北：啟明出版，二〇一九年。

《滅頂與生還》。普利摩・李維著，倪安宇譯，台北：時報文化，二〇二〇年。（以上兩本是集中

營的經典見證，且與鄂蘭的集中營分析多有可相互印證之處）

鄂蘭著作縮寫對照表

*本書譯註多引鄂蘭其他著作相印證，茲列所引著作縮寫如下，其中不含單篇文章與未刊手稿。

BPF *Between Past and Future: Eight Exercises in Political Thought.* New York: Penguin Books, 2006.

EJ *Eichmann in Jerusalem: A Report on the Banality of Evil.* New York: Penguin Books, 2006.

EU *Essays in Understanding 1930-1954: Formation, Exile, and Totalitarianism.* Edited by Jerome Kohn. New York: Schocken Books, 1994.

HC *The Human Condition.* Chicago & London: The University of Chicago Press, 1998.

JW *The Jewish Writings.* Edited by Jerome Kohn and Ron H. Feldman. New York: Schocken Books, 2007.

LM *The Life of the Mind.* New York: Harcourt Brace Jovanovich, 1978.

OR *On Revolution.* New York: Penguin Books, 2006.

OT *The Origins of Totalitarianism.* New York: Harcourt Brace Jovanovich, 1973.

PP *The Promise of Politics*. Edited by Jerome Kohn. New York: Schocken Books, 2005.

RV *Rahel Varnhagen: The Life of A Jewish Woman.* Translated by Richard Winston and Clara Winston. New York: New York Review Books, 2022.

TWB *Thinking without A Banister: Essays in Understanding, 1953-1975.* Edited by Jerome Kohn. New York: Schocken Books, 2018.

目次

目次

極權主義的起源

第二部　帝國主義

目次

初版前言

既不屈服於過去，也不屈服於未來。
重要的是全然投入當下。

——卡爾・雅斯培

在一個世代經歷了兩次世界大戰，中間則是一連串從未中斷的區域性戰爭與革命，結束後也沒有為戰敗者簽訂任何和平條約，為勝利者提供任何休養機會，而是終結在兩個僅存的世界強權之間將發生第三次世界大戰的預感當中。這一等待預感實現的時刻，就像是一切希望都宣告破滅之後降臨的平靜。我們不再期待舊有世界秩序及其所有傳統最終能得到重建，也不再期待能夠重整遍佈五大洲的大眾，他們已被拋入因戰爭、革命的暴力以及所有儲備物不斷腐壞而產生的混亂無序之中。在最為多樣的條件與最為歧義的形勢下，我們看著同樣的現象在持續發展：規模前所未有的無家可歸（homelessness），以及程度前所未有的無根可扎（rootlessness）。

我們的未來從未這樣難以預測，我們也從未這樣仰賴那些不可信任的政治勢力，我們無法信

任它們會依循常識與自我利益的規律來行事（如果以其他世紀的標準來評判，那麼這些政治勢力看起來完全就是已經神經錯亂）。彷彿人類已將自己分隔成兩部分，一部分人相信人類無所不能（他們認為只要知道如何組織大眾，則一切皆有可能），而對於另一部分人來說，無權力（powerlessness）狀態已成為他們生活的主要經驗。

在歷史洞見與政治思想層面上，有一種模糊不清的普遍共識在廣泛流傳，這就是所有文明體的基本結構都處在斷裂點上。即便在世界上的某些地方，文明似乎比其他地方保存得更好，但這也無法為本世紀的未來可能性提供指引，無法對本世紀發生的恐怖進行充分回應。比起均衡的判斷與有分寸的洞見，窮途末路的希望與恐懼似乎通常更能命中這些重大事變的核心。對於我們時代的那些核心事件，我們也無法期待那些曾相信無可避免之厄運的人，會比那些曾抱持輕率的樂觀態度者更不健忘。

本書寫於同時充斥著輕率的樂觀與輕率的絕望的背景之下。它主張，進步與毀滅實為一枚硬幣的兩面；兩者都是迷信（而非信仰）的產物。它的寫作還基於如下信念：我們應當要有可能去探究一種隱藏機制，正是這種機制將我們的政治、精神世界中的所有傳統元素，都溶解到一個聚合體當中，在裡面的一切事物似乎都喪失了具體價值，變得既無法被人類理解能力辨識，也無法為人類目的所用。屈服於這一解體過程本身，已成為一種不可抗拒的誘惑，這不僅是因為該過程

虛假地擺出「歷史必然性」的莊嚴姿態，也是因為在此過程之外的一切都開始顯得毫無生氣、毫無血氣、缺乏意義且不再真實。

那種認為發生在大地上的一切都必定能夠為人所理解的信念，會導致用老生常談來解釋歷史。理解（comprehension）並不意味著要否認暴行，也不意味著通過先例來推演史無前例之事，或藉由某些類比與通則來解釋現象，讓我們不再能感受到其現實影響與經驗上的震撼。它更毋寧是有意識地去檢視、去承擔那些事件施加於我們時代的重負。我們既不否定其存在，也不會乖乖屈服於其重量。簡言之，理解意味著不先入為主地、專注地直面並承受現實，不管這一現實是什麼樣子。

在此意義上，我們必須要有可能面對並理解下述荒謬事實：像猶太人問題與反猶主義這樣微不足道（就世界政治而言是如此無關痛癢）的現象，竟會依序成為這三件事的催化者（catalytic agent），亦即納粹運動、一場世界大戰以及死亡工廠的最終建立。或是這樣的事實：帝國主義時代帶來了因果之間怪異的不相稱，也就是經濟困難竟在數十年間導致全球政治處境的深遠轉變。抑或是：在極權運動公開承認的犬儒式「現實主義」，與他們對整個現實構造的明顯鄙夷之間存在奇特的矛盾。再或是：在現代人（man）的實際力量（強大到前所未有，強大到能夠挑戰自己宇宙的存在本身）與現代眾人（men）的無能之間存在惱人的不相容性，這種無能體現在他們既

無法在這個憑自身力量所建立的世界中生存，也無法理解它的意義。❶

極權主義進行全球征服與全面支配的企圖，乃是從所有絕路中產生的一條毀滅性道路。它的勝利恐怕會同時伴隨著人性的毀滅；一旦它進行統治，就會開始摧毀人的本質。況且要想背向本世紀的這些毀滅性力量，對其視若無睹，終究也是無濟於事。

麻煩在於，我們所處的歷史階段如此奇異地交織著善與惡：若沒有帝國主義者的「為擴張而擴張」，則世界恐怕就不會變成同一個世界；若沒有布爾喬亞「為權力而追求權力」的政治手段，則人類力量恐怕就無法被開發到這種程度；若沒有極權運動的虛構世界，若沒有它以無與倫比的清晰性道出我們時代的根本不確定性，那麼我們恐怕都會被驅趕到自身的厄運之中，而完全沒有意識到正在發生什麼事情。

況且，如果說在極權主義的最後階段，確實有某種絕對惡（稱之為絕對，是因為它不再能夠從人類可理解的動機中推演出來）出現，那麼同樣真實的是，若沒有它，我們恐怕就絕對無法了解邪惡真正根本的本性。

反猶主義（不僅僅是對猶太人的仇恨）、帝國主義（不僅僅是征服）、極權主義（不僅僅是

❶ 譯註：這段所說的四種事實，分別對應本書各部分的內容：第一種事實對應第一部對反猶主義的分析，第二種事實對應第二部分析的帝國主義擴張如何摧毀了民族國家體系，第三種事實對應第三部對極權運動與現實世界之關係的分析，第四種事實則是在極權分析的基礎上，探討其背後的現代危機。

獨裁），一個接一個，一個比一個殘忍野蠻；❷它們已證明，人類尊嚴需要新的保障，這種保障只有在一種新的政治原則、大地上的一種新的法律當中才能找到，而這一次，這種法律的效力必須囊括整個人類，但它的權力則必須受到嚴格限制，必須扎根在新近劃定的領土實體當中，並受其控制。❸

我們不再能夠拾取過去被視為美好的事物，簡單地稱之為我們的遺產，也不再能夠拋棄糟糕的事物，簡單地認為這致命負擔會自己被時間埋葬在遺忘之中。西方傳統的地下潛流最終已湧現到表面，並篡奪了我們的傳統的尊嚴。這就是我們所生活的現實。這也正是為什麼所有想逃避當前嚴峻現實的努力，無論是逃進對某個完好無損之過去的鄉愁當中，還是是逃進因可預期的更好未來而產生的遺忘當中，全都純屬徒勞的原因所在。

漢娜・鄂蘭

一九五〇年夏

❷ 譯註：這三組區分都是本書三部分的重要線索，反猶主義部分的第一章就為我們區分了現代反猶主義與歷史悠久的對猶太人的仇恨，帝國主義則不是傳統意義上的帝國征服，而是一種擴張，而極權政體與傳統獨裁政體的關鍵性差異，也是鄂蘭屢屢強調的重點。

❸ 譯註：鄂蘭這裡的表述涉及本書探討的一些比較複雜的脈絡。簡言之，若法律的效力空洞訴諸人權而實則落於國民權利，則會出現本書第九章所分析的困境，因此需要考慮整個人類而非抽象的人或單一國家國民；同時，若權力不受到劃定好的領土界線的限制，就容易產生帝國主義式、乃至極權式的無限擴張。

第一部

反猶主義

Antisemitism

這是個以法國大革命開端、以德雷福事件告終的非凡世紀！或許它會被稱作一個充滿垃圾的世紀。

——馬丁・杜加爾（Martin du Gard）

前言

作為十九世紀世俗意識形態的「反猶主義」（antisemitism），其名稱（而非其主張）在十九世紀七〇年代前還不為人知，它與宗教層面上因衝突雙方的敵意而產生的「仇猶」（Jew-hatred），顯然不是一回事；甚至連反猶主義的主張與情感訴求究竟在多大程度上源自「仇猶」，都還很成問題。有一種觀念認為，從羅馬帝國晚期、中世紀、近代直到我們當前的時代，對猶太人的迫害、驅逐、屠殺始終不曾斷絕，此種觀念又頻頻因這樣一種想法而被添油加醋，這就是現代反猶主義不過是普遍流行的中世紀迷信的世俗化版本；[1] 然而這種觀念固然較為無害，其謬誤程度卻少於與之相應的一種反猶主義觀念，亦即存在一個自古以來就統治著世界、或渴望統治世界的猶太祕密社團。就歷史上的猶太事務而言，中世紀晚期與近現代之間的裂隙，甚至比古羅馬與中世紀之間的斷裂更顯著，乃至比中世紀時期因第一次十字軍東征的災難而打開的深淵還更為深遠，縱使後者往往被視為猶太離散（Diaspora）史上最重要的轉捩點。❶因為從十五世紀到十

❶ 譯註：中世紀中期歐洲各國由於十字軍東征的開始，而引發對包括猶太人在內的異教徒的仇恨，這首次打破了早期基督徒與猶太人之間相對和平的狀態，並由此產生了一連串屠殺現象。不過鄂蘭要強調的是，中世紀晚期歐洲各地出現的驅逐猶太人浪潮，才真正導致了猶太人與非猶太人之間的重大隔絕。

六世紀末，這個裂隙持續了將近兩百年，在此期間，猶太人與異教徒的關係跌落谷底，而猶太人「對外在世界的狀況與事件漠不關心的態度」則攀至頂峰，猶太教前所未有地變成了「一個封閉的思想系統」。正是在這個時候，猶太人開始自顧自地認為「猶太人與其他民族的差別，在根本上並非宗派、信仰之別，而是內在本性上的區分」，而且認為猶太人與異教徒之間的古老二分法，更有可能源自種族而非教義上的分歧。[2]在評估猶太人之特異性上的這種轉變，要到更晚近的啟蒙時代才會在非猶太人中流行起來，它顯然構成了反猶主義誕生的必要條件；而且值得注意的是，它首先是發生在猶太人的自我詮釋中，而當時的基督教世界則正在分裂為幾個民族，這些民族不久將在政治上獲得自己在現代民族國家體系中的位置。

在猶太離散的背景下，圍繞猶太—異教關係展開了漫長而複雜的故事，而反猶主義的歷史就如同仇猶的歷史一樣，構成了其中的重要部分。直到十九世紀中葉，人們才開始對這段歷史產生實際興趣，此一時期正逢反猶主義興起，且人們對已同化的猶太人產生了強烈反感——若想建立可信的歷史記錄，這顯然是最糟的一種情勢。[3]猶太和非猶太的歷史書寫中，從此便都出現了同樣的謬論（雖然多半是基於相反的原因），也就是將基督徒與猶太人之間的敵對因素孤立出來，並強調猶太歷史充斥著一連串的災難、驅逐、屠殺，正如武裝或非武裝衝突、戰爭、飢荒、瘟疫充斥著歐洲歷史。更不用說去著手追蹤基督教歷史中的仇猶紀錄的，正是帶著強烈護教偏見的猶太歷史書寫，而反猶主義者則從古代猶太政權那裡追溯在認知上並無太大差異的紀錄。當這個總

是對基督徒與異教徒充滿粗暴敵意的猶太傳統暴露於世，「廣大猶太公眾不僅被激怒，更感到震驚」，[4]從而其代言人便成功地說服自己和其他人堅信：猶太人之所以被隔離，全是由於異教徒的敵意與缺乏啟蒙。而猶太教（如今主要靠猶太歷史學家們維繫）由於相信人類的平等與寬容，因此總是要比其他宗教更加優越。這種自我欺騙的理論，伴隨著相信猶太人向來是基督教迫害下屈從且受苦的一方的信念，它相當於古老選民神話的現代拓展版，最終必然導致往往頗為複雜的新隔離措施，以及注定要主張古老的二分法；或許這種自我欺騙是發生在那些出於各種原因試圖修飾、操控政治事實與歷史紀錄的人身上的一種反諷。因為如果猶太人與非猶太鄰人有什麼共同之處，足以支持他們新近所宣稱的平等，那麼它恰恰就是一種在宗教上預設相互敵對的過去，這既充斥在最高層次的文化成就之中，在未受教育大眾的狂熱與粗野迷信中也隨處可見。

然而，即便是猶太歷史書寫中這樣令人氣惱的的刻板框架，它所立基的歷史事實基礎，也比十九世紀與二十世紀初歐洲猶太人那些過時的政治、社會需求更為牢靠。雖然猶太文化史遠比當時想像的更為多樣，雖然災難的起因會隨歷史、地理的背景而有所不同，但相較於在各猶太社群內部，這些起因在非猶太的環境中確實差別更大。至今，在仍廣泛流傳於大眾猶太歷史敘述的致命誤解中，有兩個至關重要的真實因素。自聖殿被毀之後，猶太人就不曾在任何地方、任何時候，擁有過自己的領土與國家；雖然「直到十三世紀，法國與德國的猶太人」被賦予某些自我保護手段，以及擁有武器的權利，但他們的生存安全通常仰賴非猶太政權的庇護。[5]這並不意味著

猶太人總是被剝奪了權力，但真確無疑的是在所有暴力鬥爭中，無論原因為何，猶太人不僅脆弱，而且無助，因此很自然地，眼前發生的每一次暴力，對他們而言只是不斷的重複，尤其是在獲得政治平等之前那全然疏離的數百年間。此外，在猶太傳統中，人們以殉教的觀念來理解災禍，這種觀念來自西元最初幾百年間的歷史基礎：猶太人與基督徒都曾公然反抗羅馬帝國的強權；而在中世紀時，殉教觀念同樣盛行，因為即使暴力的起因並非宗教，而是政治與經濟，猶太人仍會面臨是否要受洗而免於迫害的抉擇。這些事實共同催生出一個幻象，讓猶太與非猶太的歷史學家們都深受其害。史書「至今仍更關注基督教如何分隔了猶太人，而非其反面」，[6] 因而抹除了另一個更重要的事實，亦即猶太人與非猶太世界隔絕，更具體來說是從基督教環境中分隔出來，才更深遠地影響了猶太歷史，而非相反。這麼說的原因顯而易見：他們之所以能夠作為一個可辨識的民族體倖存至今，正是仰賴這種自願的分離，而非如時下所認為的是基於基督徒與非猶太人的敵意。唯有到了十九、二十世紀，在猶太解放與同化擴大之後，反猶主義才開始對族群保存發揮作用，因為直到此時，猶太人才轉而渴望被非猶太社會接納。❶

雖然反猶情緒廣泛存在於十九世紀歐洲的受教育階層之間，但除了極少數例外，反猶主義的

❶ 譯註：分析至此，鄂蘭主要強調的是，在中世紀晚期與近現代之間，猶太人自己發展出了一套與非猶太人相區隔的自我同一化觀念，這種觀念反過來將歷史上的各種迫害、困難予以合理化。

意識形態普遍仍只屬於瘋子的特權，特別是少數的極端份子。若與這些猶太人之敵在歷史研究上的貢獻相比，[7]即便是只能說服死忠信徒的猶太護教論，也不失為淵博而富於學識的突出典範。我在戰後開始為這本書組織材料，這些材料來自各種檔案資源，以及一些時間跨度超過十年的出色專題，但其中卻缺乏一個全面呈現此主題、且符合最基本的歷史學術標準的作品。❷這種情況至今仍未改變。更可悲的是，公正、真實地去檢視猶太歷史的需要，如今已是前所未有的迫切。二十世紀的政治發展將猶太人民推上了事變風暴的中心。原本在世界政治中並不算太重要的猶太問題與反猶主義，成為了以下三個歷史階段中的催化因素（catalytic agent）：首先是納粹運動的興起與第三帝國組織結構的建立，其中每一個公民都必須證明自己**並非**猶太人；其次是世界大戰中史無前例的暴行；最後則是西方文明中前所未有的種族滅絕罪行。在我看來，這顯然不僅需要去哀悼與譴責，更需要我們加以理解。這本書正是嘗試去理解那些乍看之下、甚至再度審視之下，都貌似不過是純粹暴行的現象。

然而理解並不意味著否認暴行，也不意味著通過先例來推演史無前例之事，或藉由某些類比與通則來解釋現象，讓我們不再能感受到其現實影響與經驗上的震撼。它更毋寧是有意識地去檢

❷ 譯註：其實鄂蘭在二戰前旅居巴黎期間（約一九三〇年代末左右），就曾撰寫過一篇「反猶主義」草稿（JW: 46-121），可視為本書「反猶主義」部分的前身；就寫作背景而言，我們可以說在撰寫戰前草稿時，鄂蘭僅僅意識到猶太問題在下文所說的三個歷史階段中的第一個所扮演的催化劑角色。

視、去承擔那些事件施加於我們的重負。我們既不否定其存在，也不會乖乖屈服於其重量，彷彿實際上發生過的一切不可能發展成別種樣子。簡言之，理解意味著不先入為主地、專注地直面並承受現實，不管這一現實是什麼（或可能是什麼）樣子。❶

為了進行這種理解，就必須在一定程度上熟悉十九世紀歐洲的猶太歷史，以及當時的反猶主義發展，這樣的準備雖然仍不充足，但也不可或缺。在下面的章節，我們僅會處理十九世紀歷史中的某些元素（elements），這些元素確實都屬於「極權主義的各種起源」之列。反猶主義的完整歷史仍有待被書寫，但這已超出本書的範圍。只要這一空白仍舊存在，那麼即便純粹出於學術研究的意義，也就足以把下面這些章節當作朝向更全面歷史的一份獨立貢獻來出版，雖然它原本只是作為極權主義前史的一部分。此外，我們知道反猶主義的歷史已經被非猶太狂徒與猶太護教者所把持，聲名卓著的歷史學家們則對其謹慎迴避，同樣的情況也發生在後來結晶為（crystallize）全新極權現象的幾乎所有元素之上；知識階層或公共輿論極少關注它們，因為它們屬於歐洲歷史的地下潛流，避開了公眾視野，也避開了開明人士的注意，最終匯聚成一種人們完全無法預料的猛毒。

❶ 譯註：有關如何「理解」史無前例之事的討論，可參見鄂蘭所寫的〈理解與政治〉（"Understanding and Politics", EU 307-327），該文將「理解」界定為無止境的活動，以區別於會出確定結果的認識掌握，這種「理解」同時關乎鄂蘭對於本書寫作方式的辯護。

由於要到最終結晶出來的災難爆發，才讓這些地下潛流見諸公眾視野，因此存在一種將極權主義簡單等同於其元素和起源的傾向，彷彿反猶主義、種族主義或帝國主義的每一次出現，都可以視為「極權主義」一樣。這種謬誤會讓歷史真相的探討走上歧途，給政治判斷帶來危害。極權政治遠遠不僅是反猶主義、種族主義、帝國主義或社會主義，它會利用並濫用其自身的意識形態與政治元素，直至事實性現實（factual reality）的基礎全然消失；而這些意識形態原本正是藉由這些現實（比如階級鬥爭的現實，或猶太人與其鄰人之間的利益衝突）來獲得力量與宣傳價值。低估純粹的種族主義曾經在且現今仍在美國南部各州政府扮演的角色，無疑會是很大的錯誤；但貿然做出回溯性結論，主張美國廣大區域已長達一百多年處在極權統治之下，將是一個更嚴重的謬誤。十九世紀反猶運動直接且真正的唯一結果，並非納粹主義，而相反地是錫安主義（Zionism，譯按：即猶太復國主義）；錫安主義至少就西方意識形態的形式而言，乃是某種反意識形態（counterideology），是對於反猶主義的一種回應。順帶一提，這當然不是說猶太人的自我意識從來就只是反猶主義的造物；自巴比倫放逐以來，猶太歷史的核心關懷一直都是如何在壓倒性的離散打擊下求得民族生存；只要對這一歷史稍有粗淺的認識，就應該足以驅散最近在知識界頗為風行的迷思，也就是自沙特（Jean-Paul Satre）以來的「存在主義式」詮釋，認為猶太人是被他人視為、定義為猶太人者。

或許「錫安長老會紀要」（Protocols of the Elders of Zion）這個荒謬的故事，❶最能夠描繪出前極權的反猶主義與極權的反猶主義之間的差異及連結。納粹把這一偽作當成他們征服全球的教科書，這顯然不屬於反猶主義的歷史，但唯有這段歷史方能解釋，為何這種異想天開的傳說竟具有足夠的說服力，乃至成為反猶宣傳的起點。在另一方面，它無法解釋的是，為何極權主義宣稱要以祕密社團的成員制度與方法來實施全球統治的主張，竟能成為一種吸引人的政治目標。❷這後一個面向在政治上（而非宣傳上）具有更直接的作用，它一般來說源自於帝國主義，特別是源自它那具有高度破壞性的大陸版本，也就是所謂的「泛運動」（pan-movements）。

因此本書（譯按：指反猶主義部分）無論在時空範圍或是在主題上，都有所限定。本書討論中歐與西歐的猶太歷史，跨度從宮廷猶太人時代到德雷福（Alfred Dreyfus）事件；這段歷史與反猶主義的誕生有關，也受到反猶主義的影響。本書所處理的反猶運動，極為牢固地根植於猶太—異教徒關係中的一些典型事實性現實，亦即猶太人一方面在民族國家的發展中發揮著作用，一方面也在非猶太社會中扮演要角。最初的反猶主義政黨出現在一八七〇年代與一八八〇年代，它標誌著這樣一個時刻：人們已經跨越了利益衝突與可見經驗的有限事實基礎，通向「最終解決」

❶ 譯註：所謂「錫安長老會紀要」是二十世紀初在俄國境內出版的一本反猶書籍，其中描述了猶太人試圖征服世界的陰謀計畫，該書後來流傳甚廣，本書還會在多處提到它。

❷ 譯註：本書第十一章第一節、第十二章第二節，均討論到極權主義與祕密社團的關係，及掌權前後在運作方式上的差別。

（final solution）的道路已然打開。從那時起，在帝國主義階段（緊隨其後的就是極權運動與極權統治），我們再也無法將猶太問題或反猶意識形態，從某些實際上幾乎與現代猶太歷史毫不相干的議題中分離出來。而且這不僅僅是、也不主要是因為這些問題在世界事務中極為重要，更因為如今反猶主義已被用於某些別有用心的目的；雖然最終在執行過程中宣稱猶太人是它們的主要毀滅對象，但這些目的早已將所有合乎猶太利益與有損猶太利益的特定議題都拋在九霄雲外。❸

讀者將分別在本著作的第二部分與第三部分中，找到二十世紀反猶主義的帝國主義版本與極權主義版本。

漢娜．鄂蘭

一九六七年七月

❸ 譯註：鄂蘭的意思是，雖然納粹極權往往會利用反猶意識形態，但是在極權的真正運作方式中，意識形態的內容本身並不重要，重要的是藉由意識形態而開展的吞噬一切的邏輯過程，此分析可參見本書第十三章對意識形態邏輯性的分析。

第 1 章

踐踏常識的反猶主義

Antisemitism as an Outrage to Common Sense

許多人仍然認為：納粹意識形態以反猶主義為核心，而且其政策如此一貫而堅決地致力於迫害猶太人，並最終要滅絕猶太人，這種情況乃是純屬偶然。「猶太問題」之所以在我們的日常政治生活中佔據突出地位，只是因為那最終到來之災難如此恐怖，而倖存者們又是如此無家可歸、無根可扎。納粹自己宣稱的主要發現，就是猶太人在世界政治中扮演重要角色，而其主要志趣則是迫害全世界的猶太人；然而公眾輿論卻僅僅把這兩者當作為了贏得大眾支持的藉口，或是為了煽動人心、引發關注的策略而已。

人們不把納粹自己說的話當真，這本不難理解。在當代歷史中，恐怕再也找不到比下述更惹人不快、更撲朔迷離的事實了：我們這個世紀明明有這麼多未解決的重大政治問題，卻偏偏是這個看似無足輕重的小小猶太問題，享有啟動整個地獄機器的可疑殊榮。這種因果之間的落差冒犯了我們的常識，更冒犯了歷史學家們對平衡與協調的認識。跟實際發生的事件比起來，圍繞反猶主義的所有解釋，看起來都像是被草率而魯莽地發明出來，只為了掩蓋那個嚴重威脅我們心目中合理分寸與健全理智的議題。

這些草率的解釋之一，是將反猶主義等同於猖獗的民族主義及其仇外情緒的爆發。不幸的是，事實上是在傳統民族主義步步衰落時，現代反猶主義才逐漸成長，而且它恰恰是在歐洲民族國家體系及其脆弱的權力平衡崩潰之時，達到了頂峰。❶

人們已注意到，納粹份子並不純然是民族主義者。他們的民族主義宣傳針對的是同路人

[4]

（fellow-travelers）而非他們的忠誠黨員；相反地，他們從未允許黨員遺忘其一貫的超國族（supranational）政治道路。❷納粹的「民族主義」在不止一個面向上與蘇聯晚近的民族主義宣傳有著相通之處，後者同樣僅是用來迎合大眾的偏見。納粹對於民族主義的狹隘、民族國家的地方主義（provincialism），始終抱持著由衷的蔑視；他們一再重申自己的「運動」，在國際性程度上類似於布爾什維克運動，它遠比任何國家都更重要，因為國家不可避免地會囿限於特定的領土範圍。且不只納粹，五十年的反猶主義歷史，也足以證明反猶主義並不等同於民族主義。十九世紀最後數十年間的第一批反猶政黨，就是最早在國際上聯合起來的那一群。從一開始，他們就召開

---

❶ 譯註：在本書中，鄂蘭對民族主義的理解與現在的理解有所不同，她基本上以大革命後的法國作為典型的民族國家與民族主義代表。本書中提到的「nation」也往往以傳統民族國家為模型，我們在該民族已獨立建國的情況下，有時會將「nation」譯為「國族」，而其他地方則會視情況譯為「民族」或「國家」。這三者的差別在於，我們一般用「民族」指涉較寬泛的族裔群體，它們未必有獨立建國的意識與條件，而「國族」則是特定民族與特定國家領土的疊合，同時又常常跟作為國家機器的國家（state）有所區別。因此，如下文會出現的「超國族」一詞，就同時有超出既定民族與既定國家領土的意涵，與民族主義有所不同。鄂蘭脈絡下「國族」與「民族」的差別，在本書第五章會呈現得更為明確，她其實更常用「peoples」來指涉這裡的「民族」義。至於「nationalism」一詞，我們則譯作「民族主義」而非「國族主義」，因為在某些脈絡下，這一概念仍會在超出既定國家範圍的意義上被使用，比如第八章會討論的「部落民族主義」（tribal nationalism）。

❷ 譯註：有關同路人與黨員之間的重要區分，請參見本書第十一章分析極權運動組織的章節。

了國際大會，並關注要如何協調國際性的、或至少是歐際（inter-European）性的活動。❶

對於普遍趨勢，像是反猶主義成長伴隨民族國家衰敗的同步現象，我們很難憑藉單一理由或單一起因來得出令人滿意的解釋。在大多數類似案例中，歷史學家面對極端複雜的歷史情境，他幾乎可以隨意地（實則茫然地）從中孤立出某個因素來作為「時代精神」。然而還是存在一些有用的普遍規律。其中對於我們的探討目標最有助益者，乃是托克維爾（Alexis de Tocqueville）的偉大發現（《舊制度與大革命》〔*L'Ancient Régime et la Révolution*〕第二卷第一章）；他探討的是在大革命爆發之際，法國大眾對於貴族統治抱持的強烈仇恨究竟源自何種動機（正是這種仇恨使伯克〔Edmund Burke〕注意到，這場革命更加關乎「上流人士的處境」，而非國王的政府機構）。根據托克維爾的說法，正是在貴族階層即將喪失權力之際，法國人民對他們的仇恨更甚以往，這是因為他們快速喪失實質權力的同時，其財產卻沒有相應減少。只要貴族階層仍掌握著龐大的司法權，他們就不僅可被容忍，而且還令人尊敬。然而貴族一旦喪失他們的特權（其中包括剝削壓迫的特權），人民就會覺得他們是寄生蟲，且在治理國家上毫無實質用處。換言之，壓迫與剝削本身從來不是引起憎恨的主因；相比之下，擁有財富而沒有清楚的用處，遠遠更叫人難以容忍，因為人們不明白為什麼要去忍受這種事情。

❶ 譯註：關於早期反猶政黨的國際主義式、超國族式性質，請參見本書第二章「最初的反猶政黨」一節。

當猶太人喪失了他們的公共職能與影響力，並且除了財富外已然一無所有，這就是反猶主義發展至頂峰的時刻。在希特勒上台時，德國銀行已幾乎達到了「猶太人淨空」（猶太人在這個地方已經掌握要職長達一百多年），而整體來說，德國猶太人在經過長期社會地位與人數的穩定增長後，又陡然衰落下去，以至於統計學家們預測它會在數十年內徹底消失。儘管統計學並不一定能指出實際的歷史過程；但值得注意的是，對於統計學家而言，納粹的迫害與滅絕，也可能只是無意間加速了一個或許無論如何都會發生的過程。

在絕大多數的西歐國家，情況也同樣如此。德雷福事件並非爆發於第二帝國時期，當時法國猶太人正處於繁榮與影響力的高點，而是爆發於第三共和國時期，此時猶太人已從重要位置上消失（雖然並沒有從政治舞台上消失）。❷奧地利的反猶主義不是在梅特涅（Klemens Metternich）與法蘭茲．約瑟夫（Franz Joseph）的統治下，而是在戰後的奧地利共和國時期開始變得猛烈，這時極為明顯的是，幾乎沒有任何群體，會由於哈布斯堡王朝的消失，而（譯按：像猶太人一樣）喪失其影響力與聲望。❸

❷ 譯註：關於德雷福事件及猶太人當時的處境，請參見本書第四章。

❸ 譯註：在鄂蘭的分析中，法國的反猶主義高峰（即德雷福事件）發生在一戰前，同時期在奧地利（當時仍屬奧匈帝國）的反猶主義則因哈布斯堡王朝的存在而被抑制，因此直到一戰後哈布斯堡王朝崩解後才開始攀升。有關奧地利早期反猶主義的分析，請參見本書第二章「左翼反猶主義」一節。

迫害無權力或喪失權力的群體，這景象或許並不十分賞心悅目，但也不全然源自人性的卑劣。有一種理性本能會驅使人們服從或忍受真正的權力，並厭惡那些有錢無權者，這種本能就是意識到權力具有特定功能，也有某些普遍作用。即便是剝削與壓迫，也仍然使社會得以運作，並建立起某種秩序。唯獨有財富而無權力，或是無作為的冷漠，才會讓人覺得是寄生、無用乃至產生反感，因為這種狀況切斷了將人們維繫在一起的所有聯繫。不進行剝削而擁有財富，如此甚至不存在剝削者與被剝削者之間的關係，而在無作為的冷漠中，哪怕是壓迫者對被壓迫者所抱持的最微不足道的關心，都無從得見。

然而，西歐猶太人與中歐猶太人的普遍衰落，僅僅構成了後續事件的發展氛圍。若要用衰落本身去解釋這些事件，就好像是單純用貴族階層喪失權力去解釋法國大革命一樣。留意這些普遍規律固然重要，但也僅止於用來反駁那些常識性的主張，這些主張會引導我們相信：極端的憎恨或突發的反叛，必然肇始於巨大的權力與權力的濫用，而對於猶太人的組織化憎恨之所以會出現，也不外乎是猶太人的地位與權力所引發的反應。

另一種常識性謬誤更加嚴重，因為它對一些更優秀的人有吸引力，這就是：由於猶太人在當時那些無解的普遍衝突之中，是毫無權力的一個群體，因此他們才背了黑鍋，最終成為所有惡行背後的始作俑者。一則在一戰後深得眾多自由派人士之心的笑話，為這一解釋提供了最佳描繪（也是最佳反駁）：一個反猶主義者宣稱是猶太人引起了戰爭；另一個人回答他：是的，罪魁禍

首是猶太人與騎腳踏車的人。他問道：為何是騎腳踏車的人呢？另一個人則反問道：為何是猶太人呢？

猶太人總是成為替罪羊的理論，意味著替罪羊本也可能是其他任何人。此理論堅稱這些受害者是全然無辜的，無辜的意思是他們不僅沒有犯下任何罪行，也不曾做出任何牽涉其中的行為。事實上，這種純粹出於武斷的替罪羊理論從未白紙黑字刊行於世。然而，每當其擁護者煞費苦心，試圖解釋某隻替罪羊為何如此契合其角色形象，就會顯示他們早已拋下這個理論，轉向一般的歷史研究；而他們在這些研究中唯一的發現就是：歷史乃由眾多群體所創造，且基於某些原因，某個群體被特別揀選出來。這些所謂的替罪羊必然不會再是無辜的受害者，他們不再是被這個世界歸咎了一切罪行以逃避懲罰的犧牲品；替罪羊是眾多群體的其中之一，而所有群體都與這個世界的事務有所牽涉。它並不會僅因成為這個世界的不義與殘忍的犧牲品，就無須承擔共同責任。❶

不久之前，替罪羊理論的內在矛盾，還足以使人們將其視為受逃避主義所驅動的主張之一，

❶ 譯註：鄂蘭在此的論證似乎不易理解，但她想強調的是，替罪羊理論會讓我們預設受害者是完全無辜的，然而猶太人作為受害者亦有其不可逃避的責任，甚至自身也以某種方式參與了這種迫害；在此方面，本書主要批評的是猶太人缺乏政治意識的弱點，而鄂蘭更為尖銳的批評，則可以在她後來引發軒然大波的有關艾希曼審判的報導（EJ）中找到。

從而放棄這種看法。❶但是隨著恐怖興起為政府統治的主要武器，又使替罪羊理論獲得了前所未有的可信度。

現代獨裁政治與所有古代暴政之間的一個根本差異，就是不再將恐怖當作消滅、恐嚇反對者的手段，而是作為統治完全服從的民眾的工具。❷正如我們今日所知，恐怖的發動不需要任何預先的挑撥煽動，甚至在迫害者看來，受害者也確實是無辜的。這就是納粹德國所發生的情況，其全面恐怖直接對準了猶太人，亦即，對準了這群擁有獨立於其具體行為之外的某些共同特質的人。蘇聯的情況更加混亂，但不幸的是，事實卻再明顯不過。一方面，布爾什維克體系不同於納粹，它在理論上絕不准許對無辜人民施加恐怖；雖然從某些實際行為來看，這或許像是偽善，但情況確實有所不同。在另一方面，俄國的做法某種程度上甚至比德國「先進」得多：其恐怖的任意專斷，甚至不受種族差異的限制，加上舊有的階級範疇也早已廢棄，因此在俄國的每一個人都可能會忽然成為政治恐怖的受害者。我們在此所說的還不是恐怖統治的最終結果，也就是所有人，包括執行者，都不再能夠免除恐懼；在我們的脈絡中，處理的僅僅是揀選受害者的任意性問題，就此而言，關鍵在於他們客觀上實屬清白無辜，因為無論他們做過或沒做過什麼，都與他們

---

❶ 譯註：這種矛盾指的是，如上一段所言，替罪羊應當是全然無辜的，但是在歷史研究中為特定替罪羊的選定尋找原因時，又總是會承認歷史是由包括替罪羊本身在內的眾多群體所創造的，因此替罪羊不可能與這種選定結果完全無關。

❷ 譯註：鄂蘭在本書十三章進一步把這種有別於恐怖手段的「全面恐怖」，界定為極權之有別於暴政的獨特本質。

被選中的這件事情無關。❸

乍看之下，這似乎只是對古老替罪羊理論的遲來確認，而現代恐怖的受害者也確實展現出替罪羊的所有特徵：他在客觀上絕對清白無辜，因為他所做或未做之事，皆與他的命運毫無關係。因而我們禁不住會想要回到一種自動免除掉受害者責任的解釋。這並不奇怪，因為那些被恐怖機器抓住的個人的全然無辜，以及他對自己命運的全然無能為力，都讓我們感受到最強烈的震撼。然而恐怖唯有在最後的發展階段才會成為統治的唯一形式。為了建立極權體制，恐怖必須先被呈現為一種執行特定意識形態的工具；且在恐怖變得穩固之前，這種意識形態必須贏得許多人的擁護、甚至是大多數人的擁護。對歷史學家而言，關鍵在於猶太人在成為現代恐怖的主要受害者之前，就已是納粹意識形態的核心。而且一個必須要說服、動員人民的意識形態不能任意選擇受害者。換言之，如果像「錫安長老會紀要」這樣顯而易見的偽造文件，都能夠讓如此多人相信，乃至成為整個政治運動的核心文本，那麼歷史學家的任務就已不再是揭露偽作了。當然這也不意味著要發明出一些解釋來打發掉問題主要的政治歷史事實，亦即人們確實相信了這份偽造文

❸ 譯註：本段的論述需要讀者閱讀過本書第十二章對於極權掌權後的恐怖統治，尤其是「祕密警察」一節中的「客觀敵人」概念，才會比較容易掌握。不過鄂蘭在此主要是為了澄清一個疑問：閱讀到本書第十二章的讀者會發現，在極權支配下，對受害者的選擇會變得越來越任意，如此一來，猶太人這一特殊群體與納粹大屠殺之間的特定關聯似乎也就消失了？鄂蘭在此要強調的是，在極權發展到最終的全然任意階段之前，選擇受害者仍需要具體理由，因此探討猶太歷史仍有重要意義。

件。這一事實遠比它係屬偽作這一（歷史上的次要）實情更為重要。

因此，為了迴避反猶主義的嚴重性，為了迴避猶太人被驅趕到事變風暴中心這一事實的意義，採納替罪羊解釋就成為了首選。同樣廣泛傳播的是與此相對的「永恆反猶主義」的學說，它宣稱仇恨猶太人乃是一種正常而自然的反應，而歷史只不過是為其創造了一些時機。其爆發不需要特定解釋，因為它們不過是一個永恆問題的自然結果。這一學說為職業反猶份子所接受乃是理所當然之事；它為一切恐怖提供了最佳的託辭。如果在超過兩千年的時間裡，人類真的堅持進行著屠殺猶太人的事業，那麼殺死猶太人就不過是一個正常、甚至符合人性的工作，而仇恨猶太人的正當性也無須爭辯。

在永恆反猶主義這一假設性解釋中，有一個更讓人訝異的面向，就是它被不少並無偏見的歷史學家接受，還被數量甚至更多猶太人所接受。正是這一古怪的巧合使這種理論顯得如此危險、如此令人困惑。上述兩者的逃避主義基礎都是同樣的：反猶主義者渴望逃避自身行為的責任，這誠然不難理解，而對於被攻擊且處於劣勢的猶太人來說，他們不想要置身於任何討論其責任承擔的情境之中，則甚至是更可以理解的事情。然而在猶太人這方面，以及在追隨這一學說的基督徒這方面，官方說辭中的逃避主義傾向乃是立基於一些更重要也更缺乏合理性的動機。

現代反猶主義的誕生與發展，伴隨且關聯著猶太人的同化過程，也就是猶太教古老的宗教價值與精神價值開始世俗化並消亡的過程。實際發生的情況是：很大一部分猶太人同時面臨著外部

的實際滅絕與內部分崩離析的威脅。在此情境下，心繫本族存亡的猶太人便以奇特而絕望的曲解方式，抓住了一種自我安慰的想法：反猶主義或許不失為讓猶太人團結起來的絕佳手段，如此，永恆反猶主義的設定便甚至隱含著猶太人的永恆生存保障。這種迷信世俗化地曲解了內在於上帝選民信仰與彌賽亞信仰中的永恆觀念，而下述事實則使這迷信更加強化：數百年來，猶太人所感受到的來自基督教的敵意，確實是讓其民族在精神上與政治上得以維繫的強大因素。猶太人錯將反基督教的現代反猶主義當成古老的宗教仇猶，且由於他們在同化過程中繞開了基督教的宗教與文化面向，使他們愈發顯得無知。面對基督教衰敗的明顯徵兆，他們無知地將其想像為所謂「黑暗時代」的復活。猶太人之所以致命地低估了接下來前所未有的真實危險，部分即是由於這種對於自身過往的無知或誤解。但人們也不應忘記，政治能力與判斷力的匱乏正是猶太歷史的本性所致，這是一個沒有政府、沒有國家也沒有語言的民族的歷史。猶太歷史為我們提供了一個民族的奇特景象，此可謂舉世無雙：它在開展歷史的最初，就擁有一個定義清晰的歷史概念，而且幾乎是自覺地決心要在世上達成一項範圍明確的計畫；然而接下來，它雖然沒有放棄這一概念，卻在長達兩千年的時間裡迴避了所有的政治行動。結果就是比起其他民族，猶太人的政治歷史更加受到不可預見的偶然因素左右，因此猶太人不停從一個角色轉換到另一個角色，且不為任何一個承擔責任。

最終到來的那場大災難幾乎使猶太人完全滅絕，以此觀之，永恆反猶主義這一命題就變得比

以往更加危險。如今它能夠免除掉仇猶者的罪行，其徹底程度讓人難以置信。反猶主義遠非對猶太人生存的神祕保障，而明顯是一種滅絕猶太人的威脅。而且就和替罪羊理論一樣，基於類似原因，對反猶主義的這種解釋，儘管遭到現實的駁斥，卻沒有被人們拋棄。總的來說，它以內容有別但同樣固執的論證，強調了現代恐怖的受害者那明顯徹底而非人的無辜，從而彷彿也得到了各種事件的證實。它甚至比替罪羊理論更具優勢，因為它在某種程度上回答了那令人不快的問題：為何在所有人中偏偏是猶太人呢？這一問題所預設的唯一答覆是：因為那永恆的敵對。

很明顯地，這兩種僅有的至少試圖解釋反猶運動之政治意涵的學說，都否認了猶太人的一切具體責任，而且拒絕從特定的歷史角度討論問題。這種本質上對人類行為意義的否定，與某些現代措施和統治形式有著可怕的相似之處，後者藉由獨斷的恐怖手段來消滅的正是人類活動的可能性本身。無論如何，猶太人在滅絕營裡被殺害，就像是要契合於這些學說對於他們被仇恨的解釋一般：這無關他們做了什麼或沒做什麼，也無關他們是善是惡。更有甚者，那些僅僅是服從命令，並因自己的冷酷效率為傲的劊子手們，竟也不可思議地像是某種非人且無人格之事件進程的「無辜」工具而已，而永恆反猶主義學說也正是如此看待他們的。❶

❶ 譯註：在此我們已經可以部分預見到鄂蘭後來會在艾希曼審判問題中提出的重要觀點，尤其是關於艾希曼的服從命令與猶太領袖的合作行為。

[9] 理論與實踐之間的這些共同點，本身並未揭示出任何歷史真理，即便它們揭示出這些觀點「合乎時宜」的特徵，並解釋了為何大眾會覺得它們如此合理。歷史學家之所以關注這些共同點，僅僅因為它們就是他自身歷史的一部分，因為它們擋在他探尋真理的道路上。身為同時代人，他也很有可能會像其他人一樣，屈服於它們的說服力量。在處理那些宣稱可以解釋整個歷史趨勢、且已廣為接受的觀點時，要保持小心謹慎的態度，這對於現代歷史學家尤其重要，因為上一個世紀已產出極為豐富的意識形態，它們把自己偽裝成解開歷史之謎的鑰匙，但實則不過是一些意圖逃避責任的絕望嘗試。

柏拉圖在與古代詭辯家們（Sophists）的著名論戰中發現，詭辯家「通過論辯來迷惑人心的萬能技藝」（*Phaedrus* 261），無關乎真理（truth）而是著眼於意見（opinion），意見在本性上乃是變動不居的，且僅僅「在獲得贊同且此贊同仍然存在」時（*Theaetetus* 172）才有效力。他還發現真理在世界中的位置極不穩固，因為「意見源自說服，而非真理」（*Phaedrus* 260）。古代詭辯家與現代詭辯家最明顯的差異在於：古代詭辯家滿足於以真理為代價來獲得論辯的短暫勝利，而現代詭辯家卻想要以現實（reality）為代價來獲得更為長久的勝利。換言之，前者摧毀了人類思想的尊嚴，後者則摧毀了人類行動的尊嚴。哲學家在意的是古老的邏輯操弄者，而歷史學家的攔路虎則是現代的事實操弄者。因為一旦事實不再被認定為過往世界與當前世界的重要組成部分，並被濫用來證成各種意見，歷史自身就會被摧毀，它的可理解性也跟著岌岌可危。這種可理

解性原本是立基於由人們所演生，因此可為人們所理解的事實之上。❶

如果拋棄了意見，並且不再毫無懷疑地接受傳統，那麼能夠指引我們穿越混亂難解之事實迷宮的線索，自然極為稀少。然而若是考慮到我們時代的深遠鉅變，考慮到它們對西方人的歷史結構產生了什麼樣的影響，那麼在歷史編纂中的這種困境，就顯然只是微不足道的後果。它們的直接結果，乃是暴露出我們的歷史中那些先前不為人知的組成部分。這當然不意味著在這場危機中（這或許是自羅馬帝國崩解以來西方歷史上最深刻的危機）轟然倒塌的僅僅是外殼（façade），雖然我們在短短數十年前還視作不可摧毀之根本的許多事物，如今已顯示出它們不過是外殼罷了。

歐洲民族國家的衰敗與反猶運動的成長同時發生，而以國族形式組織起來的歐洲的瓦解，則與猶太人的滅絕（這已在說服公眾輿論的前期戰鬥中準備妥當，其方式是讓反猶主義成功凌駕於所有與之競爭的學說之上）互為表裡，這些都必須被看作是反猶主義源頭的重大徵兆。我們必須在民族國家的發展這個更寬廣的框架中，檢視現代反猶主義，與此同時，我們也必須在猶太歷史的某些面向，尤其是晚近數百年間猶太人所發揮的作用中，探索其根源。如果說，在崩解的最終階段，反猶口號被證明是最有效的一種手段，能夠廣泛動員、組織大量民眾來進行帝國主義擴張，

[10]

❶ 譯註：鄂蘭後來對真理／真相（事實）與意見的關係以及古今之別等問題，進行了非常精采的闡發，可參見〈蘇格拉底〉（PP: 5-39；中譯本：61-97）與〈真相與政治〉（BFP: 223-259；中譯本：311-364）這兩篇文章，尤其是後者。

並摧毀舊有的政府形式，那麼在此前猶太人與國家的關係史中，必定包含著導致特定社會群體與猶太人之間不斷增長敵意的基本線索。我們將在下一章呈現此一發展過程。

進一步來說，如果現代暴民（mob，也就是所有階級中的落魄者〔déclassés〕）的穩定成長催生出了這樣一些領袖，他們並不在意猶太人是否重要到足以成為某種政治意識形態的核心，而是不斷在猶太人身上發現「歷史的鑰匙」與一切邪惡的核心原因，那麼在猶太人與社會的早期關係史中，就必定包含著暴民與猶太人之敵對關係的基本徵兆。我們將在第三章處理猶太人與社會的關係。

第四章處理的是德雷福事件，它算是在我們的時代演出前的一次彩排。我們會充分檢視這一案例的各種細節，因為它提供了一個罕見的機會，讓我們得以通過一個短暫的歷史時刻，窺見那原本隱藏起來的反猶主義潛能，是如何在十九世紀政治的運作框架及其相對均衡的理智中，成為主要的政治武器。

當然，接下來這三個章節分析的僅僅是一些預備元素，一直要等到民族國家衰敗、帝國主義發展到政治舞台前台之時，它們才會充分實現。

譯者識

本章作為「反猶主義」部分的第一章，其實際寫作時間卻最晚。該部分的其餘各章都已先行作為單篇文章發表在期刊上，而本章則是在鄂蘭較為明確本書的整體規劃之後寫出。本章除了末尾的簡要概述外，並沒有為我們介紹太多「反猶主義」部分的整體內容，毋寧說它呈現的是鄂蘭希望在開頭先予以強調的一些觀點，因此其中提到的不少細節，讀者只有閱讀過後面的章節，才有辦法充分理解。

粗略來看，本章由「為何是反猶主義」這一問題入手，接下來則從一般規律與具體解釋這兩個層面進行回答。在一般規律方面，鄂蘭借鑒了托克維爾分析法國大革命前的貴族階層的方法，指出猶太人之所以遭到仇恨，是因為他們像法國貴族那樣仍然擁有大量財富，卻喪失了原本的公共職能。更重要的是，在具體解釋上，鄂蘭反駁了兩種流行解釋，一種是替罪羊理論，另一種則是永恆的反猶神話，鄂蘭認為這兩者都將猶太人僅僅視作純然無辜的受害者，從而逃避了猶太人自身在反猶主義的形成過程中所應當承擔的責任。對於猶太人自身責任的分析，構成了以下各章中非常重要的一條線索，也是鄂蘭的觀點中較有爭議性與挑戰性的部分。

第 2 章

猶太人、民族國家及反猶主義的誕生

The Jews, the Nation-State, and the Birth of Antisemitism

一、曖昧不明的解放與猶太國家銀行家

當民族國家在十九世紀發展到高峰時，它賦予了猶太居民權利上的平等。但讓猶太人獲得公民身份的政府，數百年來已經使民族身份（nationality）成為公民身份的必要條件，使人口同質化成為政治體（body politic）的顯著特質。❶在這抽象而明顯的不一致背後，隱藏著更深層、更古老也更為致命的矛盾。❷

在一七九二年的法國赦令之後，一系列的解放赦令緩慢而躊躇地出現，而早在這些赦令之前就已存在、並且始終揮之不去的，則是民族國家對待猶太居民的曖昧態度。封建秩序的解體催生出平等這一新興的革命性概念，由此「民族中的民族」（nation within the nation）已經不再能被容忍。猶太人受到的限制與他們享有的特殊待遇，必須連同所有其他特權和自由一起廢除。然而，平等的成長在很大程度上仰賴於獨立國家機器的發展，國家機器無論是開明專制，或是凌駕於一切階級、黨派的憲政政府，都必須能夠完全孤立地去運作、統治，並代表國族整體的利益。因

---

❶ 譯註：本書經常使用“body politic”或“political body”這一表述，它不宜被譯成我們通常理解的「政體」，因為它表達的不是某種政治形式，而是在政治層面上形成的群體。

❷ 譯註：這裡所謂的矛盾是指：民族國家雖然要將公民所享有的權利平等賦予猶太人，然而民族國家又以民族身份作為公民資格的必要前提，因此如果猶太人仍維持為一個獨立民族，就無法真正獲得公民資格。

此，從十七世紀後期開始，對於國家信貸、以及國家經濟、商業利益領域的全新擴張，都產生了前所未有的需求，然而歐洲民眾當中還沒有任何群體準備為國家提供信貸，或在國家商業活動中扮演積極角色。因此很自然地，猶太人因其歷史悠久的放債人經驗，以及與歐洲貴族階層（猶太人每每向他們尋求在地保護，並替他們掌管財政事務）的聯繫，便成為尋求幫助的對象；很顯然，賦予猶太人某些特權，並將他們視為一個獨立群體，是基於新興的國家商業利益。無論在何種情況下，國家都不能讓他們完全同化到其他國民當中，因為後者拒絕為國家提供信貸，不願意投身也不願意發展國家商業，只遵循私人資本主義企業的常規模式。

因此在十九世紀，由歐洲民族國家體系賦予的猶太解放具有雙重起源，且始終帶有曖昧意味。這一方面要歸因於新政治體的政治結構和法律結構，它唯有在政治平等與法律平等的條件下才能夠運作。各國政府為了自身的統治，不得不盡可能全面、快速地消除舊秩序中的不平等。另一方面，這顯然也是特定猶太特權逐漸擴大的結果，這種特權原本只賦予少數個人，接著擴展到一個富有的猶太人小團體；直到這個能力有限的團體無法再靠自己應付國家商業日益增長的需求時，這些特權才最終拓展到西歐與中歐的全體猶太人。[1]

因此，在同一個國家的同一時刻，解放意味著平等，也意味著特權；意味著古老猶太自治體的崩解，也意味著刻意維持社會中的獨立猶太人群體；意味著廢除特權與特殊限制，也意味著這些權利擴展到越來越多的個人身上。全體國民的條件平等（equality of condition）已成為新政治

體的前提；而雖然這種平等至少已經落實在剝奪舊有統治階級的管理特權、使舊有的受壓迫階級享有被保護權，但在此過程中，卻誕生了一個再度從經濟和社會上區隔國民的階級社會，其區隔效果絲毫不亞於舊制度。正如雅各賓派（Jacobins）在法國大革命期間所理解到的，條件平等僅在美國成為現實，而在歐洲大陸，它馬上就被法律面前純粹的形式平等所取代。

一個立基於法律面前人人平等的政治體，和一個立基於階級系統之不平等的社會，這兩者之間存在的根本矛盾，阻礙了共和政體的運作發展，也阻礙了新政治統治集團的誕生。社會條件上的不平等難以克服，在歐陸，階級身份總是被賦予個人，且直到一戰之前幾乎都是由出身所決定。儘管如此，這些現象卻仍然可以與政治平等並肩共存。只有在像德國這樣政治落後的國家，才保留著一些封建殘餘。在那裡，貴族階層的成員們順利地整體轉化為一個階級，擁有特權化的政治地位，因而得以維持為一個與國家有特殊關係的群體。但這僅僅是殘餘。充分發展的階級系統指的是：一個人的地位始終是由他自身所屬的階級成員身份，以及他和其他人的關係所界定，而不是取決於他在國家或國家機器中的位置。

在此普遍規律下，唯一的例外就是猶太人。他們並未形成自己的階級，也不屬於國家中的任何一個階級。作為一個群體，他們既不是工人、中產者、地主，也不是農民。他們的財富似乎使其成為中產階級的一份子，但他們並未參與其資本主義發展事業；人們很少會在工業企業中看到他們的身影，而且如果說他們在自己最後的歐洲歷史階段，確實很大程度上成為了雇主，他們僱

用的也不是工人，而是白領人員。換言之，即便生為猶太人這件事界定了他們的地位，也並不是通過他們與其他階級的關係來界定。他們從國家得到的特殊保護（無論是舊制的公開特權，或者是為了對抗社會敵意而不斷增添的、只有他們這個群體需要的特別解放赦令），加上他們為政府提供的特殊服務，都阻礙了他們融入階級系統以及建立自身階級的過程。[2]因此一旦他們獲准進入了社會，他們就會在某個階級（貴族階級或布爾喬亞階級）內部，成為一個界限分明、自我維繫的群體。

民族國家想讓猶太人持續做為特定群體，並阻止他們同化進階級社會的企圖，無疑與猶太人想自我維繫為一個群體的企圖正相一致。假如不是因為這種一致性，政府的企圖就極有可能會落空；在國家方面朝向所有公民平等化的強大趨勢、在社會方面將每一個體整合進階級的過程，這兩者都指向了猶太人的全面同化；只有在政府干預與自願合作的相互結合之下，這兩者才會失敗。畢竟，官方政策並不像我們根據最終結果而相信的那樣，總是如此一貫而不可動搖。[3]猶太人始終對於從事常規資本主義事業的機會視若無睹，這確實令人訝異。[4]但若少了政府的利益與措施，則猶太人也很難維持其群體認同。

與所有其他群體相反，猶太人是被政治體所界定，他們的地位也是被政治體所決定。然而由於這個政治體不具備社會實體（social reality），因此他們也就在社會層面上懸於虛空。他們的社會不平等與階級系統中的不平等有很大差別；這主要還是他們與國家之間的關係所致，因此在

社會上，生為猶太人若非意味著享受過度優待，亦即受到政府的特殊保護，就是意味著權利被剝奪，亦即缺乏某些權利與機會，而政府從猶太人那裡扣押下這些東西，恰是為了防止其同化。

關於歐洲民族國家體系與歐洲猶太人的同步興衰，其大體框架可以粗略呈現為如下幾個階段：

1. 十七、十八世紀，民族國家在君主專制的監視下緩慢發展。到處都有個別猶太人從卑微底層竄升為具影響力、時而頗為威風的宮廷猶太人，他們為國家事務提供資金，掌管其君主的財政業務。這一發展對當時仍多少生活在封建秩序的群眾幾乎無甚影響，對於猶太人整體來說亦然。

2. 法國大革命粗暴地改變了整個歐洲大陸的政治境況，在此之後，現代意義上的民族國家湧現，它們需要的資本與信貸，遠遠超過宮廷猶太人以往必須為君主準備的規模。唯有將西歐、中歐的猶太富有階層的財富整合起來，並信任地交付給某些傑出的猶太銀行家使用，才有辦法滿足這種擴大的新政府需求。在此階段，原本只屬於宮廷猶太人的特權被賦予更廣大的富有階級，他們也跟著在十八世紀的重要城市與金融中心定居下來。最終，成熟民族國家的猶太人全都獲得了解放，唯有某些國家的猶太人未得解放，因為這些地方普遍落後且猶太人數量龐大，以致他們無法組織成一個特別的獨立群體，以使其經濟功能足以支持政府財政。

3. 由於民族政府與猶太人的這種密切關係，是建立在布爾喬亞（中產階級）對政治事務的冷漠，尤其是對國家財政漠不關心的基礎上，因此隨著十九世紀末帝國主義興起，一旦擴張式的資

本主義商業只能仰賴國家積極的政治支持與干預，這個階段也就走向了終結。另一方面，帝國主義恰恰摧毀了民族國家的根基，並將商業導向的競爭精神引入歐洲國際秩序之中。在這一發展階段的最初數十年間，對於擁抱帝國主義的商人來說，猶太人已喪失了他們在國家商業中的專屬地位；猶太人作為一個群體的重要性已然喪失，雖然個別猶太人仍以金融顧問或歐際中間人的身份保持著影響力。儘管如此，這些個別猶太人不同於十九世紀的國家銀行家，他們對於整體仍相當富有的猶太社群的需求，甚至比十七、十八世紀的宮廷猶太人更低；因此他們往往會與猶太社群徹底切割開來。猶太社群不再具有金融組織性，即便身居高位的個別猶太人仍在非猶太人世界眼中代表猶太人整體，其背後卻幾乎不存在實質性的事實基礎。

4.在一戰爆發前的數十年間，作為一個群體的西方猶太人連同民族國家一起崩解了。在戰後急速衰落的歐洲，這些猶太人已被剝奪原有的權力，散成一群富有的個體。在帝國主義時代，猶太人的財富變得毫無意義；對於喪失了各民族和歐際團結間的權力平衡感的歐洲來說，非國族的、歐際的猶太元素，便因為其無用的財富而成為普遍仇恨的對象，也因為缺乏權力而成為被蔑視的對象。

最先需要穩定收入與可靠財政的政府，乃是讓民族國家得以產生的君主專制。封建王公和國王們當然也有資金、甚至信貸的需求，但只用於特定目的，且僅須短暫運作；甚至在十六世紀，當

富格家族（Fuggers）將自己的信貸交由國家掌控時，也還未想要建立專門的國家信貸。專制君主起初要滿足財政需求，部分是通過戰爭與掠奪的古老方法，部分則通過壟斷稅收的新措施。這既損害了貴族的權力，也破壞了貴族的財產，卻無法減弱人們日益增長的敵意。

在很長一段時間裡，專制君主們都試圖在社會中尋找一個可仰賴的階級，就如同封建君主之仰賴貴族。在法國，行會與君主之間的鬥爭（後者想要將前者併入國家系統），自十五世紀以來就持續不休。在這些嘗試中，最讓人感興趣的無疑是重商主義（mercantilism，譯按：一種重在推動國家富強的經濟理論，一度是歐洲經濟理論的主流）的興起，還有專制國家想要全面壟斷國族商業與工業的企圖。其所引發的災難性後果，以及新興布爾喬亞階層共同抵抗所造成的破產，則早已廣為人知。[5]

在解放赦令頒布之前，歐洲所有的王公、君主都擁有一個掌管財政事務的宮廷猶太人。在十七、十八世紀，這些宮廷猶太人皆是擁有歐際人脈與歐際信用的單獨個體，但尚未形成一個國際金融實體。[6]這時代的特徵是，當猶太個人與最初的猶太富有小社群在十九世紀變得空前強大，[7]人們會直言不諱地談論他們的特權地位與擁有這種地位的權利，而當局也小心證實他們為國家服務的重要性。他們所貢獻的服務與他們所獲得的特權，這兩者的連結沒有絲毫可懷疑或曖昧之處。在法國、巴伐利亞、奧地利以及普魯士，特權猶太人獲得貴族頭銜幾乎是理所當然，以至於就算從表面來看，他們也不僅僅是富人而已。而羅斯柴爾德家族（Rothschilds）在向奧地利政府

中請認可貴族頭銜時竟如此艱難（他們在一八一七年成功），這毋寧是整個時代走向尾聲的徵兆。

十八世紀末存在一個顯而易見的現象：各國之中沒有任何一個集團或階級有意願或有能力成為新的統治階級，也就是將自身等同為政府，正如貴族們數百年來所做的那樣。[8] 君主專制未能在社會內找到替代階級的結果，就是民族國家的充分發展；民族國家聲稱要凌駕於所有階級之上，完全獨立於社會及各種特殊利益，成為整個國族真正且唯一的代表。在另一方面，這也加深了國家與社會之間的分裂，而這分裂正是國族政治體所仰賴的。倘若此種情況未曾發生，則人們就無須、甚至也不可能將猶太人平等地納入歐洲歷史。

當國家試圖與社會中的某個主要階級結盟的所有嘗試都宣告失敗之後，它便選擇將自身建立成一個龐大的企業。這種行為當然僅僅是為了管理的目的，但它涉及的金融與其他方面的利益，以及開銷都太過巨大，使人不得不承認，自十八世紀以來就開始存在專屬於國家商業的特定領域。國家商業的獨立發展，要歸因於它與當時的各種強大金融力量，以及與中產階級的衝突，中產階級從事的是私人投資，迴避一切國家干預，也不願積極投入看起來「毫無生產力」的企業。因而，猶太人就成為廣大人口中唯一有意願為國家的最初事業提供資金，並將其命運繫諸其長遠發展的一群人民。憑藉他們的信貸與跨國關係網，猶太人得以佔有絕佳位置，能夠幫助民族國家躋身當時最大的企業與雇主之列。[9]

為了補償猶太人所完成的這些服務，同時也為了回報他們所承擔的巨大風險，於是不可避免地要給予猶太人極大的特權，並使其處境發生決定性的改變。其中最大的特權乃是平等。早在所有普魯士猶太人以解放與平權之名而獲得平等地位的半個世紀前，普魯士腓特烈大帝的猶太鑄幣商（Münzjuden，譯按：幫助腓特烈大帝通過發行劣幣來填補戰爭支出的猶太商人），或者奧地利帝國的宮廷猶太人，就已藉由「普遍特權」或「專屬權」而獲得了同樣的地位；在十八世紀末，處於財力頂點的柏林猶太人曾設法阻止東部省份的人口流入，因為他們不願與這些他們不視作同等人的貧窮同胞共享「平等」；❶在法國召集國民議會（National Assembly）的時候，波爾多與亞維儂的猶太人都猛烈抗議法國政府將平等權利賦予東部猶太人。以上這些現象都清楚顯示出，猶太人思考的並不是平權，而是特權與專屬權利。❷這些享有特權的猶太人與政府企業關係密切，且十分明白其地位的性質與條件；他們不願意讓所有猶太人都得到自由這份贈禮，這的確不那麼令人訝異。這份謝禮是他們提供服務的代價，而且他們知道它業經量身打造，不可能成為人人都能享有的權利。[10]

唯有到了十九世紀末，伴隨著帝國主義興起，有產階級才開始改變他們原本對於國家商業活

❶ 譯註：今日德國的前身普魯士，在其早期發展過程中佔有許多今屬波蘭的領土，而這些東歐領土上生活著大量的貧窮猶太人，與高度同化、富有化的中西歐猶太人有很大差別。

❷ 譯註：這一點是貫穿整個反猶主義部分的核心命題，也是鄂蘭對於猶太人歷史的關鍵批評。

動缺乏生產力的評價。帝國主義擴張，加上暴力工具的日益完善以及國家對這些工具的絕對壟斷，使國家成為一個吸引人的商業選項。而這當然就意味著猶太人將逐漸地、不由自主地喪失他們專屬的獨特位置。

但是如果猶太人在民族國家的發展中僅僅扮演商業功能，那麼他們從卑微地位爬升到政治高位的好運，就本該更早終結。十九世紀中葉，一些國家已有足夠信心自行管理政府貸款，而無需猶太人的支撐。[11]此外，國民們逐漸意識到自己的命運已經越來越仰賴其國家的命運，因而他們隨時準備向政府提供更多必要的貸款。政府公債對於所有人的一體適用，已象徵著平等本身；政府公債最終甚至被視為最安全的投資形式，因為能夠發動國族戰爭的國家是唯一能夠實際保衛其公民財產的機構。自十九世紀中葉以來，猶太人之所以還能保有優越地位，僅僅是因為他們還扮演另一個更重要也更關鍵的角色，這一角色同時密切關聯著他們對國家命運的參與。猶太人沒有領土，也沒有自己的政府，他們始終是作為歐際元素而存在；民族國家必然會維持他們這種跨國身份，因為猶太人提供的金融服務有賴於此。但是，即使在他們的經濟用處已然耗盡之時，其歐際地位在充滿國族衝突與國族戰爭的時代，也仍然對國家具有重要意義。

雖然民族國家對於猶太人服務的需求是在歐洲歷史的普遍脈絡中出現，且其發展過程緩慢而合乎邏輯，但猶太人崛起而獲得政治與經濟上的重要地位，對於他們自己與他們的鄰人來說，卻都頗為突然且出乎意料。早在中世紀晚期，猶太放債人便已喪失了曾經的重要性，而在十六世紀

初，猶太人從城市、貿易中心被驅逐到鄉村與鄉間，因而也不再從遙遠的高層權威機構獲取更為正式的保護，而轉從地方小貴族那裡取得缺乏保障的地位。[12] 轉捩點發生在十七世紀：在三十年戰爭期間，這些卑微、無關輕重的放債人恰恰因為其散居狀態，能夠為遠方軍閥僱傭兵提供必要的供應保障，並藉由小販的協助在各省購置糧食。❶由於這些戰爭仍是半封建式的，或多或少屬於王公們的私人事務，因此它們無涉其他階級的利益，也不會獲得人民的幫助，猶太人由此獲得的地位十分有限，幾乎沒有引起注意。但由於此時所有封建家政都開始需要宮廷猶太人，因此宮廷猶太人的數量逐漸增加。

宮廷猶太人所服務的小封建領主們屬於貴族階級，他們並無意代表任何中央集權政府，只要這些猶太人仍為他們服務，他們就僅是社會中某個群體的僕從而已。他們所掌管的財產、他們所借貸的資金，以及他們所採購的供應物資，都被視作其主人的私人財產，因此這樣的活動並不會讓他們捲入政治問題。無論寵辱，猶太人都不會成為重要政治議題。

然而，當封建領主的地位改變，進階為君主或國王時，他的宮廷猶太人的職能就也會隨之改變。作為一種異國元素，猶太人對其所處環境的改變不太感興趣，從而也總是最後一個發現自己

❶ 譯註：三十年戰爭（一六一八年到一六四八年）原先在神聖羅馬帝國（包括今德國、比利時等國的中歐帝國）內部的各邦國間進行，後來法國、西班牙、瑞典等國陸續加入。戰後簽訂的西發里亞和約奠定了現代歐洲的主權國家體系，也使中歐更加呈現為眾多小邦國林立的狀態。

地位提升的人。就他們而言，都只是繼續掌管著私人事業，他們的忠誠也仍屬於一種無關政治考量的個人事務。忠誠意味著誠信；它不代表要在衝突中選邊站，或為了政治理由而堅持正確之事。採購供應物資、為軍隊提供吃穿、為傭兵僱用提供貸款，這些都只是業務夥伴所能享受到的福利。

猶太人與貴族的這種關係，乃是猶太群體與社會中另一個階層產生連結的唯一例子。這種關係在十九世紀初消失之後，就再也未被其他關係所代替。它在猶太人身上的唯一殘餘，就是嗜好貴族頭銜（尤其在奧地利與法國），而在非猶太人身上的殘餘，則是自由派反猶主義的一種烙印：他們把猶太人與貴族扯在一起，宣稱兩者組成了某種對抗新興布爾喬亞的金融聯盟。這種論調在普魯士與法國流傳，而且只要當地尚未出現猶太人的普遍解放，乍看就仍有一定的說服力。宮廷猶太人的特權，確實與貴族享有的權利頗為相似，猶太人也同樣害怕失去他們的特權，並且會秉持跟貴族相同的論調去反對平等。到了十八世紀，這種說法的說服力甚至變得更強了，此時大部分特權猶太人都被授予了低等頭銜，而在十九世紀初，已與猶太社群失去聯繫的富裕猶太人試圖尋求新的社會地位，並開始摹仿貴族階層。但上述的一切努力都收效甚微，這首先是因為貴族明顯正在衰落，相反地猶太人的地位則在持續爬升，其次也是因為貴族自身（尤其是在普魯士）恰好成為了第一個製造出反猶主義意識形態的階級。

猶太人曾擔任戰爭中的供應商，曾擔任國王們的僕從，但他們不曾也不想要被捲入衝突本

身。當這些衝突擴大為國族戰爭時，他們仍然是一種跨國元素，他們之所以重要、之所以能發揮作用，正是因為他們不受任何國族因素拘束。猶太人已不再是國家銀行家，也不再是戰爭供應商（最後一場由猶太人資助的戰爭是一八六六年的普奧戰爭，當時普魯士議會拒絕為俾斯麥〔Otto von Bismarck〕提供必要信貸，而布萊希羅德〔Gerson Bleichroeder〕則幫助了俾斯麥），❶他們成為了金融顧問，成為了簽訂和平條約的助手，還以一種較不組織化也較不定期的方式，成為了消息提供者。最後幾份並未經過猶太人協助而簽署的和平條約，是歐陸強權與法國之間的維也納會議（the Congress of Vienna）。一八七一年，布萊希羅德在德國與法國的和平協議中所扮演的角色，已比他對戰爭的貢獻更有意義，[13]而他甚至在接下來的七〇年代提供了更重要的服務，透過他與羅斯柴爾德家族的關係，他為俾斯麥提供了一個通向英國首相班傑明．迪斯雷利（Benjamin Disraeli）的間接消息管道。最後一個由猶太人擔任重要顧問角色的和平條約，是凡爾賽條約（the peace treaties of Versailles）。最後一個憑藉其跨國猶太關係網，在國家舞台上擁有重要地位的猶太人，是命運悲慘的威瑪共和國外交部長拉特瑙（Walter Rathenau）。正如他的一位同僚在他死後所言，他將自己在國際金融世界的聲望以及遍布全球的猶太社群支持，[14]都奉獻給

❶ 譯註：猶太人布萊希羅德是普魯士首相俾斯麥的私人銀行家，為普魯士統一德國的事業做出了許多貢獻。

了在國際舞台上完全不為人知的新共和國政府，並因此付出了生命的代價。❷

反猶政府不會在戰爭與和平的相關事務中利用猶太人，這固然顯而易見。但猶太人在國際舞台上的消失，還有比反猶主義更普遍、深層的意義。正因為猶太人曾被用作一種非國族（non-natioanl）因素，因此只要戰爭中的所有人都有意嘗試維持和平的可能性，只要所有人的目標都是和平妥協與重建生活，那麼猶太人在戰爭與和平的事務中就有其價值。一旦「不成功便成仁」成為主導政策，一旦戰爭實際上致力於完全消滅敵人，猶太人就不再具有任何用處了。無論如何，這一政策都意味著對猶太人的集體毀滅，即便從政治舞台消失、乃至喪失特定群體生活，並不必然導致實際上的滅絕。然而人們一再重提的某些說法，像是如果猶太人被准許參加納粹運動的話，那麼他們就會像其他德國公民一樣輕易成為納粹，這就像是說在義大利法西斯頒布種族法令之前，猶太人就已被列入法西斯黨員名單中一樣，都只說對了一半。只有從猶太個體心理狀態的角度來看，這才是正確的，而這種個體心理當然也不會和他們周遭的心理環境相差太遠。但在歷史意義上，這種說法就顯然是錯誤的。就算沒有反猶主義，納粹主義也會對歐洲猶太民族的生存造成毀滅性打擊；贊同它無異於自殺，這不必然只是對具有猶太血統的個人而言如此，對於作

---

❷ 譯註：拉特瑙是二十世紀初著名的猶太企業家、政治家、作家，他在當時地位崇高，是許多人心目中的偶像。他在德國一戰戰敗後出任外交部長，致力於戰爭賠款問題。他在一九二二年遭暗殺身亡，此事引發了民眾的大規模暴動。

為一個民族的猶太人來說也是一樣。

決定了近幾個世紀歐洲猶太人命運的第一個矛盾，就是平等與特權（或者說是以特權的形式、出於特權的目的所賦予之平等）之間的矛盾，在此基礎上還必須再加上第二個矛盾：猶太人身為唯一一個非國族的歐洲民族（non-national European people），因為民族國家體系的驟然崩塌，而遭受到比其他民族更嚴重的威脅。這種處境並沒有乍看之下那麼弔詭。從羅伯斯比、克里孟梭等雅各賓派的國族代表們，或者從梅特涅到俾斯麥等中歐反動政府的代表，都有一個共通之處：他們全都由衷關切歐洲的「權力平衡」。他們當然都試圖將這種平衡導向對自己國家有利的方向，但他們從未幻想過要主宰整個歐陸，或完全消滅鄰國。猶太人不僅可以被用於維持這種不穩定的平衡，甚至還成為歐洲各國共同利益的某種象徵。

因此，歐洲各國人民的災難性打擊開始於猶太民族的浩劫，就不僅僅是個偶然。以消滅猶太人為開端，就格外容易瓦解歐洲不穩定的權力平衡，也格外不易讓人理解到，這次的消滅行動中除了異常殘忍的民族主義，或是「古老偏見」不合時宜的復興之外，還有更多的因素涉入。當災難降臨時，猶太人民的命運被視為一個「特殊案例」，他們的歷史屬於例外法則（follow exceptional laws），其命運也因而不具普遍意義。歐洲團結的瓦解，是同時反映在全歐猶太團結的瓦解上。當德國猶太人開始遭到迫害，歐洲其他國家的猶太人則發現德國猶太人構成了一個例外，他們的命運不會與自己的命運有任何相似之處。同樣地，德國猶太人在淪陷之前，就已分裂

成無數派系，每一個都相信、希望自己的基本人權將會受到特殊特權的保護：比如一戰老兵的特權，老兵子女的特權，以父親戰死沙場為豪的子女的特權。這看起來就彷彿是先有了猶太民族不流血的毀滅與自我瓦解，而後才出現所有具猶太血統之個人的毀滅；彷彿猶太民族自身的生存，全是繫諸其他民族及其仇恨。

猶太人以活躍之姿進入歐洲歷史，是因為他們在一個由發展中或既存已久的眾多國族所構成的世界當中，作為一種歐際的非國族元素而存在，這迄今仍是猶太歷史中最動人的面向之一。這種角色已證明比他們身為國家銀行家的功能更為持久、更為根本，而這同時也是在藝術與科學領域方面，猶太人的創造力能夠別具一格的實質原因之一。因而不乏歷史公道地說：猶太人的沒落同時伴隨著一個體系、一種政治體的毀滅，這種體系或政治體無論有多少缺點，畢竟曾經需要並容許了一種純粹的歐洲元素的存在。

近幾個世紀以來的猶太歷史中，無疑有許多不那麼光彩的方面，但我們仍不應該遺忘這種始終維持歐洲格局的存在方式，其所包含的偉大之處。有極少數歐洲作家意識到了「猶太問題」的這一面向，他們並未對猶太人懷抱特殊的同情，而是不帶偏見地評估整個歐洲的處境。這些人中有狄德羅（Denis Diderot），他是唯一一位對猶太人沒有敵意的十八世紀法國哲學家，他還在猶太人身上辨認出一種串聯起歐洲不同民族的有益連結；還有威廉・洪堡（Wilhelm von Humboldt），他在見證了法國大革命解放猶太人的過程後，評論說當猶太人轉變成法國人時，就會失

去他們的普世性（university）；[15] 最後則是尼采，他出於對俾斯麥的德意志帝國的厭惡，而自鑄了「好歐洲人」（good European）一詞，這讓他得以正確地評價猶太人在歐洲歷史中扮演的角色，也讓他免於落入廉價的愛猶主義（philosemitism）陷阱，或是以「進步主義式」的態度自居。

上述評價雖然在描述表面現象上頗為正確，但卻忽略了體現在奇特的猶太政治史中最為嚴重的悖論。在所有歐洲民族中，猶太人乃是唯一沒有自己國家的一群，正是因為這樣，他們才會如此渴望、也如此適合與政府、國家結盟，無論這些政府或國家代表什麼。在另一方面，猶太人缺乏政治傳統與政治經驗，他們很少意識到社會與國家之間的張力，正如他們也很少意識到自己扮演的新角色中存在著明顯風險與權力機會。他們用於政治的少數知識或傳統做法，首先源自羅馬帝國，當時他們被羅馬士兵所保護，接下來則是在中世紀，當時他們尋求到遙遠的君主與教會權威的保護，以對抗當地的人民與統治者。通過這些經驗，他們或多或少得出了這樣的結論，就是權威、尤其是高層權威對他們頗為眷顧，而低級官員、尤其是普通人民則十分危險。這種偏見固然傳遞出了一定的歷史真相，卻已不再符合新的形勢；這種偏見不知不覺深深根植於大多數猶太人的心中，正如對於猶太人的偏見也廣為非猶太人所接受。

在猶太人與政府的關係史上，猶太銀行家迅速將他們的忠誠從一個政府轉向下一個政府（即

便歷經革命變動）的例子，實在不勝枚舉。在一八四八年，法國的羅斯柴爾德家族先將他們的服務對象由路易—菲利普（Louis Philippe）政府轉向新生而短命的法蘭西共和國，又轉向拿破崙三世（Napoleon III），這一切都發生在短短二十四小時之內。在第二帝國崩解、第三共和國建立之際，同樣過程以稍慢的步調重複了一遍。❶在德國一九一八年革命後，這種突然而輕易的轉變，一方面體現在瓦爾堡家族（Warburgs）的金融政策，另一方面則體現為拉特瑙政治抱負的轉變。[16]

這種行為模式牽涉的因素比單純的布爾喬亞模式更為複雜，布爾喬亞模式總是秉持「成功為成功之母」的觀念。[17]如果猶太人已成為一般意義上的布爾喬亞，那麼他們本該正確地估量出其新職能所包含的巨大權力的可能性，並至少也會試著去扮演那個能夠創立或廢除政府的祕密世界強權的虛構角色——反正反猶主義者都會讓他們背上這個黑鍋。然而再沒有什麼比這更遠離真相了。猶太人對於權力既缺乏認識也缺乏興趣，他們所想要施加的溫和政治影響不過是出於自我保護這一卑微目的。這種缺乏抱負的表現，後來讓猶太銀行家與商人們那些更加同化的下一代頗為不滿。其中有些人，像是迪斯雷利，就幻想自己隸屬於一個從不存在的祕密猶太社團；而另一些見識更廣的人，比如拉特瑙，則醉心於那些針對既無權力又無社會地位的富商的半反猶言論。

❶ 譯註：一八四八年的二月革命推翻了路易—菲利普的七月王朝，建立了法蘭西第二共和國；繼而拿破崙三世當選為共和國總統，但他不久後就復辟帝制，建立了第二帝國；該帝國在一八七〇年的普法戰爭中因戰敗而瓦解，繼而成立法蘭西第三共和國，該共和國一直存在到二戰期間。

[24]

非猶太政治家或歷史學家們從未完全理解這種天真無知的行為。而在另一方面，猶太人與政治的脫節，在猶太代表、猶太作家們看來實在太過理所當然，以至於他們幾乎從來不提，只有在被荒謬地猜疑時，才會表達一下訝異。在十九世紀的政治家們的回憶錄中，許多評論都認為，只要在倫敦、或巴黎或維也納的羅斯柴爾德家族不想要戰爭，戰爭就不會發生。甚至連嚴謹、可信賴的歷史學家如霍布森（J. A. Hobson）都在遲至一九〇五年的時候還宣稱：「真有人認真覺得，假如羅斯柴爾德家族反對，還有任何歐洲國家有辦法發動一場重大戰爭，或者負擔一筆鉅額的國家貸款？」[18]這種以為所有人都跟自己一樣的誤判，其可笑程度正如梅特涅曾真誠地相信「羅斯柴爾德家族在法國的角色，比在其他任何國家都更為重要」，或是在一八四八年奧地利革命不久前，他曾自信地向維也納的羅斯柴爾德家族預言「如果我落敗，你們也會跟我一起落敗」。事情的真相是，羅斯柴爾德家族就像其他猶太銀行家一樣沒有政治觀念，不知道要在法國開展什麼樣的策略，更不用說是甚至可能引發戰爭的明確意圖了。相反地，他們就像其猶太同胞一樣，從未與任何特定政府結盟，而是與各國政府或類似的權威組織結盟。如果說他們在這時與之後明顯表現得更青睞君主制政府而非共和政府，這僅僅是因為他們正確地懷疑共和政府會在更大程度上立基於人民的意志，而他們本能地並不信任這種意志。

猶太人對國家信賴的深厚程度、他們對歐洲實際狀況無知的驚人程度，都可在威瑪共和國的最後歲月中一覽無遺：此時他們已經對未來感到相當恐懼，因而第一次嘗試親自涉入政治。在一

些非猶太人的幫助下，他們創立了名為「國家黨」（State-party, 德文：Staatspartei）的中產階級政黨，這個名字在概念上本身就自我矛盾。他們極為天真地相信，這個想必能夠在政治與社會鬥爭中代表他們的「黨」，應當成為國家本身，由此可見他們從未明白政黨與國家的關係。❶假如有人不嫌麻煩地認真審視這個由可敬而慌亂的紳士們所組成的政黨，那麼他只會得出這樣的結論：它表現出的所有忠誠都是表面，背後則隱藏著圖謀掌控國家的險惡力量。

正如猶太人完全忽略了國家與社會間不斷升高的緊張，他們也在最後才意識到局勢已迫使他們進入衝突的核心地帶。他們因而從不知道如何評估反猶主義，或者說他們從未辨認出社會歧視轉變為政治主張的時刻。一百多年來，反猶主義已緩慢地滲透幾乎全部歐洲國家的幾乎所有社會階層，直到它忽然成為幾乎能讓人們達成統一意見的議題。這一發展過程的法則十分簡單：每一個與國家發生衝突的社會階級都會成為反猶主義者，因為唯一看起來代表國家機器的社會群體就是猶太人。而唯一對反猶宣傳幾乎免疫的階級則是工人，他們投入階級鬥爭之中，並以馬克思式的歷史解釋為武器；工人階級從未與國家直接發生衝突，而是僅僅與社會中的另一個階級，亦即布爾喬亞發生衝突，猶太人則當然從未代表布爾喬亞，也從未成為其中的重要份子。

---

❶ 譯註：關於政黨與國家的關係，請參見第三節的分析。鄂蘭認為，各政黨代表的各個社會階級的利益，而聲稱要凌駕各階級而直接代表國家的政黨，恰恰接近於危險的反猶政黨；猶太人的天真在於，他們建立「國家黨」的行為，恰恰坐實了他們與國家祕密勾結的指控。

十八、十九世紀之交，發生在某些國家的猶太政治解放，以及在其他中歐、西歐國家對這個問題的討論，首先決定性地改變了猶太人對國家的態度，這多少反映在羅斯柴爾德家族的興起上。那些最先成為羽翼豐滿的國家銀行家的猶太人開始採取新的策略：他們不再滿足於通過自己與他國宮廷猶太人的國際人脈，來為一個特定的王公或政府服務，而是決定自己建立國際組織，同時並行不悖地為德國、法國、大不列顛、義大利以及奧地利的政府服務。在很大程度上，這一前所未有的變化，乃是羅斯柴爾德家族面對真正解放所帶來的危險而做出的反應；這種解放及其所帶來的平等，會使各個國家的猶太人面臨被國民化（nationalized）的威脅，並摧毀猶太銀行家賴以站穩地位的歐際優勢。羅斯柴爾德的家族創立者老邁爾・羅斯柴爾德（Meyer Rothschild），必定早已意識到猶太人的歐際地位不再安全無虞，因此他最好在自己家族內部實現這種獨特的國際地位。他派五個兒子到歐洲的五個金融首府（法蘭克福、巴黎、倫敦、拿坡里、維也納）開展事業，作為他面對猶太人解放這一為難處境的靈活對策。[19]

羅斯柴爾德家族開始其宏偉事業之初，先是作為黑森選帝侯（Kurfürst of Hessen）的財政僕從；身為當時最顯赫的放債人之一，黑森選帝侯教導他們如何從事商業交易，並提供給他們許多客戶。他們的一大優勢在於生活在法蘭克福，這是唯一一個猶太人從未被驅逐的大型核心城市，卻且猶太人在十九世紀初佔了其城市人口的百分之十。羅斯柴爾德家族雖然以宮廷猶太人起家，卻並未受到任何王公或自由城市管轄，而是直接聽命於遠在維也納的皇家權威。他們因而結合了猶

太人在中世紀與在當時的一切地位優勢，而且遠不像宮廷猶太人那樣，要依靠貴族或其他當地權貴。這一家族之後的金融活動，他們所聚斂的龐大財產，以及他們自十九世紀初以來極為顯赫的名望，早已廣為人知。[20]他們進入大型商業舞台，是在拿破崙戰爭的最後幾年（一八一一到一八一六年），當時英國輸往各歐陸強權的資金援助，幾乎有一半是由他們經手。拿破崙被擊敗之後，歐陸各處政府都需要巨額貸款來重組國家機器，以及建立效仿英國銀行模式的金融機構，而羅斯柴爾德家族幾乎壟斷了所有國家貸款的掌控權。這一情形持續了三個世代，在此期間他們成功擊敗了金融界中所有猶太與非猶太的競爭對手。正如卡帕菲格（Jean-Baptiste Capefigue）所說：「羅斯柴爾德家族已成為神聖同盟的財務長。」[21]

羅斯柴爾德家族的國際事業，它忽然興起並凌駕於所有猶太銀行家的事實，改變了猶太人在國家商業活動中的整個位置。無規劃、無組織的偶然發展已經一去不復返，曾幾何時，個別猶太人只要足夠敏銳，能夠抓住獨特機運，就每每可以在個人生涯中攀上財富之巔，不然就是跌入貧困之谷；曾幾何時，這樣的個人命運很少會觸及猶太民族的整體命運，唯一的例外就是，這些猶太人有時也會充當一下遙遠猶太社群的保護者與請命者；曾幾何時，無論富有借貸人的數量多麼龐大，無論宮廷猶太人的個人影響力多麼強大，都沒有任何跡象顯示，業已發展出一個集體享受專門特權、提供專門服務的猶太群體。正是因為羅斯柴爾德家族壟斷了政府公債發行，使得吸收廣大猶太資本，並將一大部分猶太財富導入國家商業，成為了可能且必要之事，這進而為中歐與

西歐猶太人建立新的歐際凝聚力提供了自然的基礎。在十七、十八世紀，不同國家的個別猶太人之間僅存在無組織的連結，此時則通過單一商號而更有系統地整合了這些散落的商機，並實際展現在各大歐洲首府、展現在各地猶太人的即時聯絡，並展現在這個組織對所有相關資訊、所有機會的全盤掌握之中。[22]

羅斯柴爾德家族在猶太世界中的獨佔位置，在一定程度上取代了宗教與精神傳統上的古老紐帶，這條紐帶在西方文化影響下已開始逐漸鬆弛，這種取代現象首次威脅到了猶太民族的生存。對外在世界而言，在一個由民族國家與具國族組織的各民族（nationally organized peoples）所構成的世界中，這個家族已成為某種在現實中持續運作的猶太國際的象徵。的確，若要幻想一個猶太世界政府的存在，還有比這更好的證據嗎：這個家族的成員包括五個不同國家的國民，無論在何處都顯赫非凡，並且與至少三個不同政府（法國、奧地利、英國）維持密切合作，而這三國政府之間的頻繁衝突，居然從未動搖過其國家銀行家們的利益團結。這種現實本身比任何為了政治宣傳而創造出來的符號，都更為有效。

有一種流行觀念認為，猶太人不同於其他民族，他們被號稱更緊密的血緣、家族紐帶捆綁在一起；這種觀念在很大程度上是由這個家族的現實狀況而催生出來的，這個家族實質上代表了猶太民族全部的經濟與政治意義。其致命後果是：當種族問題因為某些和猶太問題完全無關的原因，開始走到政治前台時，猶太人馬上就滿足了所有根據血緣關係與家族特徵來定義民族的意識

形態與學說。

此外，還有另一個不那麼偶然的事實，有助於解釋猶太人的這種形象。在維繫猶太民族這方面，家庭扮演的角色遠比在任何西方政治或社會體中更為重要（除了貴族之外）。在猶太人抵制同化、瓦解時，家族紐帶乃是最強有力、最頑強的倚靠之一。正如衰敗的貴族強化了他們的聯姻關係與家族法規，西方猶太人在其精神與宗教瓦解的世紀裡，家族意識也變得格外高漲。西方猶太人不再寄望於古老的彌賽亞拯救，也不再具有傳統習俗的深厚根基，他們因為自身在一個陌異且總是充滿敵意的環境中倖存這一事實，而變得太過敏感。他們開始將家族內部的圈子視為最後堡壘，將自己群體內的成員看作同一個大家族的一份子。換言之，反猶主義將猶太人民描繪為藉由血緣紐帶而緊密織成的家族，這一圖像與猶太人的自我描繪實有相通之處。

在十九世紀早期反猶主義的興起與發展過程中，上述情況乃是一個重要因素。在特定國家、特定歷史時刻，哪一個群體的人會倒向反猶主義，完全取決於普遍形勢是否已經讓他們準備好要以暴力對抗政府。但是那些一再被自動再生產出來的觀點與印象，都驚人地相似，這種狀況密切關聯著他們對真相的扭曲。我們發現猶太人總是代表著一個國際貿易組織，一個無論在何處都關心相同利益的世界家族，一股隱藏在王權背後並讓所有可見政府都淪為表面空殼的祕密力量。猶太人由於與國家權力淵源保持著密切關聯，而總是被等同為權力；同時又由於他們超然於社會之外，並專注於家族內部的封閉圈子，從而總是被人們猜疑是在致力於摧毀所有社會結構。

二、早期反猶主義

有一個顯而易見但常被遺忘的規律：只有在與某個主流政治議題相結合，或是猶太群體利益與社會主要階級的利益公開衝突的時候，反猶情感才會獲得實質的政治意義。正如我們在中歐、西歐國家那裡看到的，現代反猶主義的政治動機大於經濟動機，而在波蘭與羅馬尼亞，則是複雜的階級狀況催生出對猶太人的猛烈仇恨。在後者那裡，由於政府未能解決土地問題，也沒有通過解放農民而為民族國家帶來最低限度的平等，從而不僅讓封建貴族成功保住了政治統治，還防止了一般中產階級的興起。這些國家裡的猶太人數量十分龐大，但在其他方面都十分弱小；由於他們大多數是小零售商與小商人，而且是一個介於大地主與無產階級之間的群體，因此他們似乎履行著中產階級的某些功能。然而小型有產者們既可以在資本經濟中生存，也同樣可以在封建經濟中生存。這裡的猶太人正如在其他地方一樣，不能或不願意沿著工業資本主義的路線發展，因此他們最終的活動結果就是成為一個分散、無效率的消費組織，且不具備充足的生產系統。猶太人所佔據的位置對資本主義的正常發展是一種阻礙，因為他們看似是唯一有望推動經濟進步的群體，卻未能滿足這種期待。從外表看起來，猶太人的利益被認為與本可以正常發展出中產階級的那部分人口存在衝突。在另一方面，政府半心半意地鼓勵中產階級的發展，同時卻並沒有清除貴族與大地主。他們唯一認真的嘗試，就是在經濟上清除猶太人，這一部分是基於對公眾輿論的讓

步，一部分則因為猶太人實質上仍是舊有封建秩序的一環。他們數百年來身為貴族與農民的中間人；如今形成了中產階級，卻沒有履行生產功能，甚至還成為阻礙工業化與資本主義化的因素之一。[23]東歐的這些情況雖然構成了猶太大眾問題（Jewish mass question）的本質，但在我們的討論脈絡中卻不太重要。它們的政治意義僅限於落後國家，在這些國家中，對猶太人無所不在的仇恨，讓它幾乎無法成為有用的政治武器。❶

在普魯士，反猶主義的初次爆發，是在一八〇七年普魯士被拿破崙擊敗之後，當時「改革者們」改變了政治結構，從而使貴族失去特權，而中產階級則贏得了發展的自由。這一改革作為「自上而下的革命」，多少將普魯士開明專制的半封建結構轉變為現代民族國家，而其最後階段就是一八七一年的德意志帝國。

雖然當時大部分柏林銀行家都是猶太人，但是普魯士改革卻並沒有向他們尋求任何可觀的財政援助。普魯士改革者們毫不隱諱的同情態度，以及他們對解放猶太人的提倡，是來自讓全體公民獲得新式平等、廢除特權、引入自由貿易等政策的產物。他們對於為了特定目的而讓猶太人保持猶太人身份的做法並無興趣。對於有人主張在平等條件下，「猶太人將不復存在」，他們只會

❶ 譯註：東歐猶太人常常成為地主與貧民之間的財務中間人（或收租人），並沒有真正融入民眾當中，反而常遭憎恨。雖然東歐地區對猶太人的仇恨或許更為普遍，而且在納粹大屠殺當中，東歐猶太人的狀況也更為慘烈，但是鄂蘭認為就反猶主義與納粹極權的關係而言，主要根源仍在看似反猶程度不那麼嚴重的中、西歐。

[30]

回答：「不存在就不存在吧。只要他們是政府的好公民，這又有什麼關係呢？」[24]此外，這種解放也不會冒犯太多人，因為普魯士剛剛才失去居住著大量貧窮猶太人口的東部省份。❶一八一二年的解放敕令僅僅涉及那些富裕而有用的猶太人群體，他們早已被特許了大部分的公民權利，而且特權的普遍廢除，還嚴重損害了他們的公民地位。對於這些群體來說，解放只不過意味著在法律上確認了實際現狀而已。

但是普魯士改革者對於猶太人的同情，並不僅僅只是他們一貫政治訴求的邏輯結果。在十幾年後興起的反猶主義浪潮中，威廉・洪堡宣稱：「我真正熱愛的是大眾意義上的（en masse）猶太人，而在具體生活中（en détail），我寧可避開他們。」[25]當然，他這樣的宣稱是在公然反對當時的主流意見，後者偏愛個別的猶太人、蔑視猶太人民。一個真正的民主派會想要解放被壓迫的民族，而非賦予某些個人特權。但是這種觀點也存在於舊普魯士政府官員的傳統當中，在整個十八世紀，他們一向堅持要賦予猶太人更好的條件與更完善的教育，這一點早已被廣泛承認。他們的支持態度不僅僅是出於經濟或國家方面的理由，也是對於這個唯一同樣身處社會體之外、又處於國家領域之內的社會群體（儘管是基於跟他們全然不同的理由），抱持著自然的同情。舊普魯士國家的一項突出成就，就是培養出忠誠於國家、獨立於政府更迭、並切斷階級紐帶的行政官

---

❶ 譯註：拿破崙在一八〇七年擊敗普魯士之後，將普魯士東部領土分割出去，成立了華沙公國，該地區生活著大量波蘭猶太人。

員。這些官員在十八世紀的普魯士乃是至關重要的群體，也是改革者們的真正先驅；儘管他們在維也納會議後被貴族階層奪走了不少權勢，但在整個十九世紀仍然是國家機器的中堅力量。[26]

通過改革者的態度，尤其是通過一八一二年的解放敕令，國家與猶太人的特殊利害關係開始以一種奇怪的方式展現出來。原先坦率承認猶太人深具用處的態度（當普魯士的腓特烈二世聽說他們可能會大規模改宗時，驚呼道：「我希望他們別做出這種魔鬼般的事情！」）[27]已不復存在。解放代表的是一種原則，而且根據當時的認知，任何暗示了特殊猶太服務的行為，都是一種褻瀆。雖然相關人士都很明白是一些特殊條件導致了解放，這些條件此時卻被掩蓋起來，彷彿一樁重大而可怕的祕密。另一方面，在封建國家轉變為民族國家、社會上從今以後不存在特權的轉變過程中，此解放敕令本身則被視為最後的、也在某種意義上最輝煌的一項成就，遭受最嚴厲打擊的貴族階層，自然會產生一些憤恨的反應，其中就包括反猶主義突兀且出人意料的爆發。反猶主義最能言善道的發言人路德維希・封・德・馬維茨（Ludwig von der Marwitz），這位出類拔萃的保守意識形態創立者，曾向政府提交一份冗長的請願書，其中提出：猶太人如今已成為唯一還享有特殊利益的群體，而且他們還商量著「要將令人敬畏的普魯士舊君主制轉化為新型猶太國家」。政治攻擊同時還伴隨著社會抵制，這幾乎在一夜之間改變了柏林社會的面貌。貴族本是最早與猶太人建立友好社會關係的群體，他們曾使十九世紀初那些由猶太人主辦的沙龍聞名遐邇，也正是在這些沙龍裡曾有真正的混合型社會短暫存在。這種沒有偏見的行為，確實在某種程度上

要歸功於猶太放債人長期提供的服務，這些猶太人數百年來被排除在所有更大的商業交易之外，他們發現自己的唯一機會，就是貸款給那些以超出自身經濟能力的方式生活的人們，這在經濟上既無生產性也無意義，但有其社會重要性。值得注意的是，當君主專制以更巨大的財政可能，使私人貸款業務與小型個體宮廷猶太人都走入歷史的時候，這些社會關係竟倖存了下來。貴族自然不喜歡在緊急情況下失去有價值的援助，比起厭恨猶太人，他們更願意去娶一個有錢猶太人的女兒。

貴族階層之所以爆發反猶主義，也不是因為猶太人與貴族進行了更密切接觸的結果。相反地，他們都本能地對於中產階級新價值觀抱有敵意，這源自於非常類似的原因。在猶太家庭與貴族家庭中，個人首先是被視為家族的一份子，其職責首先是由超越了個人的生命與重要性的家族所決定。猶太家庭與貴族家庭同樣是非國族的、歐際的，他們也都理解對方的處世之道，亦即首先要忠誠於通常遍佈全歐的家族，國族忠誠則位居其次。他們同樣都有一種觀念，認為當下不過是連結過去世代與未來時代的不甚重要的一環。反猶的自由主義作家們正確地指出了這一出奇相似的原則，他們由此歸結出，或許唯有先除掉猶太人，才能除掉貴族；這不是因為他們兩者的金融聯繫，而是因為他們都會阻礙「天生個性」（innate personality）、自尊意識形態的真正發展，這些觀念乃是自由派中產階級用來對抗出身、家族、傳承這些觀念的武器。

這些親猶太因素使貴族們開始提出一連串反猶主義政治主張的行為，顯得愈發意義重大。在

[32]

貴族公然反對平等主義民族國家的情勢下，經濟紐帶或社會親密關係都顯得無足輕重。在社會層面上，對國家的攻擊往往將猶太人與政府相等同；儘管在經濟與社會層面上，中產階級才是改革中的真正獲益者，但是在政治上，他們卻並未遭到指責，也並沒有被待以那古老的輕蔑冷漠態度。

在維也納會議（譯按：歐洲列強在擊敗拿破崙後召開的會議）後由神聖同盟所保障的數十年和平期間，普魯士貴族已贏回了他們對國家的大部分影響力，短期間甚至比他們在十八世紀的地位更加顯赫，此時貴族的反猶主義就立即轉變為一種不再具有政治意涵的溫和歧視。[28]與此同時，在浪漫派知識份子的幫助下，保守主義充分發展為一種政治意識形態，在德國，它對猶太人採取了一種極為特殊、巧妙的曖昧態度。之後，民族國家就根據保守主義思想，在被需要的猶太人與不被需要的猶太人之間，劃出一條明確的界線。以國家基本的基督教特質為藉口（這多麼與開明專制相悖！），就可以公然歧視成長中的猶太知識階層，而不會損害銀行家與商人的利益。這種歧視試圖將猶太人排除出文職機關，進而向他們關閉大學之門，這種做法可謂一箭雙雕：既表明民族國家看重特殊服務更甚於平等，又阻止了、至少是延緩了一個對國家並無明顯用處，且甚至可能同化進社會的猶太新群體的誕生。[29]在八〇年代，當俾斯麥因保護猶太人免受斯托克（Adolf Stoecker）的反猶宣傳攻擊而陷入很大麻煩時，他明確表示說，他只反對攻擊「有錢的猶太人……他們的利益與我們國家機構的安穩息息相關」，而他的朋友普魯士銀行家布萊希羅德對於

攻擊一般猶太人並沒有什麼意見（他可能根本沒注意），但對於攻擊富有猶太人則表示了不滿。[30]

政府官員一方面反對所有猶太人的平等（尤其是職業上的平等），又或是抱怨猶太人在新聞界的影響力太大。另一方面，卻又真誠地「希望他們一切都好」，[31]這種看似曖昧的態度比先前改革者的熱情要遠遠更符合國家利益。畢竟，維也納會議已將那些數百年來生活著大量貧困猶太人的省份，都歸還給了普魯士，只有一些憧憬著法國大革命與人權的知識份子，才會想要讓這些猶太人享有與他們的富有同胞（他們無疑會是最不願意要求平等的人，這只會讓他們遭受損失）同等的地位。[32]這些富裕猶太人像其他人一樣明白，「每一項解放猶太人的法律或政治措施，都必然會損害他們的公民地位與社會處境」。[33]而且他們還比其他人更加明白，他們的權力是多麼仰賴自己在猶太社群內部的位置與聲望。因此他們唯一能夠接受的策略就是「努力為自身贏得更大的影響力，同時使他們的猶太同胞繼續與其他民族隔離，並假裝這種隔離乃是其宗教的一部分。為什麼呢？……因為其他人應該要更加仰賴他們，因此這些人作為『我們的人民』，便只能為掌權者所用。」[34]而結果確實是，到了二十世紀，一旦猶太大眾的解放頭一次成為事實，則特權猶太人的權力也就消失了。

由此，有權勢的猶太人與國家建立起了完美的利益協調。富裕的猶太人想要取得對猶太同胞的控制，並與非猶太社會隔離；國家則一方面對富裕猶太人採取仁慈政策，另一方面則在法律上歧視猶太知識階層，同時則像基督教國家本質的保守派理論所表達的那樣，推行著社會隔離。

貴族間的反猶主義並未帶來政治影響，並在神聖同盟時期迅速沉寂下去，相對地，自由主義激進知識份子則在維也納會議後立即發起了一場新的運動。自由派反對梅特涅的歐陸警治制度，並嚴厲攻擊了反動的普魯士政府，這些行為迅速導致反猶主義的爆發，也催生出鋪天蓋地的反猶主義小冊子。正因為他們在反對政府這方面，遠不像十幾年前的貴族馬維茨那般坦率耿直，所以他們攻擊的更多是猶太人，而非政府。他們主要關注的是機會平等，而且最憎恨的就是限制他們進入公務機關的貴族特權復興，因此他們在討論中區分了猶太個人（即「我們的同胞」）與猶太群體，這一區分從此成為左翼反猶主義的標誌。即便他們不完全明白從社會中強制獨立出來的國家，是為何、又是如何將猶太人保存和保護為一個隔離的群體，他們仍非常清楚其中存在某些政治連結，而且猶太問題不僅僅是猶太個人與人道寬容的問題。他們杜撰出民族主義新用語「國家中的國家」（state within the state）與「國族中的國族」（nation within the nation）。這首先當然是錯誤的，因為猶太人並無自己的政治野心，他們僅僅是唯一無條件忠誠於國家的社會群體；但這種說法也對了一半，因為就猶太人作為一個社會體而非政治體來說，他們確實在實質上構成了國族中的一個獨立群體。[35]

在普魯士（雖然不是在奧地利或法國），這種激進反猶主義幾乎像先前的貴族反猶主義一樣短命且無果。這些激進份子越來越被在經濟上崛起的中產階級所抱持的自由主義所吸收，後者在大約二十年後會遍布全德國，並將要求猶太解放與實現政治平等作為他們的日常功課。然而，這

種激進主張建立了某種理論上的、甚至是文學上的傳統，其影響可以在青年馬克思（他常常被不公平地指責為反猶主義）著名的反猶作品中看到。猶太人馬克思竟會寫出跟那些反猶激進份子相同的東西，這只能證明這種反猶主張跟真正成型的反猶主義之間存在多麼遙遠的距離。作為個別的猶太人，馬克思不會因為這些反對「猶太人」主張而感到不安，就像尼采也不會因為自己反對德國的主張而不安。確實，馬克思在後來的歲月中，從未再寫過或發表過有關猶太問題的觀點，但是這恐怕不是基於任何認知上的根本轉變。他完全專注於社會內部的階級鬥爭現象和資本主義生產問題（猶太人並未涉入此問題，他們既非勞動力購買者，也非出賣勞動者）。加上他完全忽略政治問題，這些自然會導致他沒能進一步檢視國家結構，並進而檢視猶太人所扮演的角色。馬克思主義對於德國勞工運動的強大影響力，是德國革命運動之所以很少顯現出反猶情緒的主要原因。[36]對於當時的社會鬥爭而言，猶太人實際上幾乎完全沒有什麼重要性可言。

無論在哪裡，現代反猶運動的開端都要追溯到十九世紀的最後三十年。在德國，它又一次出人意料地始於貴族階層，而貴族們對國家的敵意，則又一次是因為普魯士君主制於一八七一年後轉變為成熟形態的民族國家而引發。俾斯麥，這位德意志帝國的實際創立者，自成為首相以來就跟猶太人保持著密切關係；如今卻因為依賴猶太人、從猶太人那裡收受賄賂而遭到譴責。他努力嘗試清除政府中的大部分封建殘餘，並取得了一定成功，但這不可避免地導致了他與貴族的衝

突；貴族攻擊俾斯麥，說他若非無辜受害者，就是受僱於布萊希羅德的代理人。但實際上兩者的關係恰好相反；布萊希羅德無疑才是備受俾斯麥器重並獲得豐厚報酬的代理人。[37]

然而，即便封建貴族仍有足夠力量影響公眾輿論，他們自身也沒有強大或重要到足以啟動像八〇年代那樣真正的反猶主義運動。他們的代言人斯托克本身出生於中下層階級，他作為保守派利益代表的才能遠不及他的前輩，也就是那些在大約五十年前形塑了保守意識形態之主要信條的浪漫主義知識份子。此外，他之所以發現反猶主義宣傳的用處，並不是經由實踐上或理論上的原因，而僅僅是出於偶然，他具有蠱惑人心的非凡天賦，而這種宣傳很能夠幫他填滿空蕩蕩的大廳；然而他不僅無法理解自己的突然成功，且作為宮廷教士、作為皇室與國家雙方的僱員，他並沒有處在一個能夠恰當利用這種成功的位置上。他那些充滿激情的聽眾們清一色由中下層階級組成，包括小店主、小商人、工匠以及舊式手工業者。這些人還沒有、也絕非只有因為與國家起衝突，而被煽起了反猶情緒。

三、最初的反猶政黨

十九世紀最後二十年間，反猶主義作為一種重大政治因素，同時在德國、奧地利、法國興起，在此之前發生了一系列的金融醜聞與詐欺事件，其主要肇因是儲備資本（ready capital）的

過度生產。在法國，大部分國會成員以及多到難以置信的政府官員，一下子就深陷於詐欺與賄賂之中，以至於第三共和國在其執政的最初十幾年間喪失的聲譽再也沒有恢復；在奧地利與德國，最缺乏抵抗力的則是貴族階層。在上述三個國家中，猶太人都僅僅是扮演中間人的角色，沒有任何一個猶太家族從巴拿馬事件與虛設公司騙局（Gründungsschwindel）中獲得永久的財富。❶

然而除了貴族、政府官員、猶太人之外，還有另一個群體被捲入這些瘋狂的投資活動之中，其預期的利潤變成了難以估量的損失。這個群體主要由中下層階級構成，此時他們忽然轉向了反猶主義陣營。他們受到的傷害比其他任何群體都要嚴重：他們冒險投入為數不多的積蓄，結果換來永遠的破產。他們之所以容易被欺騙，有其重要原因。國內的資本主義擴張會消滅小資產所有者（small property-holders），因此對他們來說，是否能快速增加他們少得可憐的財產，已成為生死攸關的問題，因為他們太容易就會變得一無所有。他們開始意識到，如果他們不能成功攀升為布爾喬亞階級，就很有可能會淪落為無產階級。數十年的普遍繁榮有效減緩了這一發展進程（即便其趨勢並未改變），以至於他們的恐慌也顯得格外生疏。然而，當時中下層階級的焦慮不安，恰恰印證了馬克思宣稱他們將要迅速瓦解的預言。

中下層階級或小資產階級，乃是工匠行會與商人行會的繼承者，他們幾百年來都靠著排除競

❶ 譯註：巴拿馬事件是當時的重大金融詐騙醜聞，相關細節可參見第四章第二節。

爭的封閉系統、最後還靠著國家的保護，才免於生存上的風險。於是他們把自身的不幸怪罪給曼徹斯特系統（Manchester system，譯按：英國在十九世紀開始取消國內貿易保護的政策），這一系統使他們蒙受了競爭社會的艱辛，還剝奪了公共權威給予他們的所有特殊保護與特別待遇。因此他們是最早要求建立「福利國家」的人，希望能由此在危機中得到庇護，並且保有那些家族傳承的專業與職業。由於自由貿易世紀的一大特徵，就是猶太人開始進入各行各業，因此人們幾乎會理所當然地認為，猶太人乃是「將曼徹斯特系統運用到極致」[38]的代表，即便這與真相差距甚遠。

我們首先會在某些保守派作者那裡找到這種派生的憎恨，他們偶爾會把對布爾喬亞的攻擊和對猶太人的攻擊混合起來；當那些期望政府援助或想賭賭奇蹟發生的人，不得不接受銀行家頗為可疑的援助時，他們的憎恨就被強烈地激發起來。對於小零售商來說，銀行家之於他們，就像大工廠主之於工人一樣，都是同樣的剝削者。但是歐洲工人基於自身經驗以及馬克思經濟學教育，還知道資本主義履行著雙重功能，既剝削他們，同時也給予他們生產的機會；但是沒有人可以提點提點小零售商，告知其社會與經濟的命運為何。他的困境要更甚於工人，而且基於自身經驗，他將銀行家視作寄生蟲與高利貸者，卻得與之合夥，即便這個銀行家與工廠主相反，與他的生意並無關聯。一個專門將自己的錢直接用來生出更多錢的人，會比一個通過漫長而複雜的生產過程來獲利的人更招人憎恨，這自是不難理解。由於當時的人只要還有計可施（小零售商當然並非如此），就不會訴諸貸款，因此銀行家看起來在剝削的就不是勞動力與生產力，而是不幸者與苦難

者。

這些銀行家中有許多是猶太人，更重要的是，基於某些歷史原因，銀行家的形象本就披著明確的猶太外衣。因此中下層階級的左翼運動與反對銀行資本的整個宣傳，都或多或少變得反猶，這種在工業化的德國不甚重要的發展態勢，在法國，以及影響稍小的奧地利，都有著重大意義。在一段時間內，猶太人看似第一次在沒有國家干涉的狀況下，與另一個階級發生了直接衝突。在民族國家的體系內，政府的職能多少意味著其統治地位凌駕於相互競爭的各階級之上，因此這樣的衝突甚至有可能使得猶太人地位正常化，即便這條路有些危險。

然而在這種社會—經濟因素之上，很快就加上了另一種長遠而言更凶險的因素。猶太人作為銀行家的地位，並非基於他們貸款給不幸的弱勢民眾，而主要是建立在國債發行之上。小額貸款生意則留給他們的小同胞，這些人再依靠這種方式來為自己更富裕、更榮耀的前景鋪路。中下層階級對於猶太人的社會仇恨，由此轉變為一種高度破壞性的政治元素，因為這些令人痛恨的猶太人在通往政治權力的道路上一帆風順。他們在其他方面與政府的關係，不正是眾所皆知的事嗎？在另一方面，社會上與經濟上的仇恨，又增強了政治爭端中原本完全不存在的煽動性暴力。

恩格斯曾評論說，在他的時代，反猶運動的領唱者是貴族，而合唱隊則是由小資產階級組成的鼓譟暴民。這不僅在德國為真，在奧地利的基督社會主義、與法國的反德雷福派也是如此。在這些例子裡頭，貴族們都試圖最後一搏，以用基督教的武器來對抗自由主義為藉口，與教會保守

勢力（奧地利、法國的天主教教會與德國的新教教會）結盟。暴民僅僅是用以增強他們的地位，為他們帶來更大迴響的手段。很顯然，他們既無法也不想去組織暴民，一旦目的達成，他們就會遣散暴民。但是他們發現，反猶主義口號可以極有效地動員廣大人口。❶

宮廷教士斯托克的追隨者們並沒有組織德國的第一個反猶政黨。一旦清楚表達出反猶訴求，激進反猶主義者就立即與斯托克的柏林運動切割，進而走向對抗政府的全面戰爭，並創立政黨，其國會代表在所有重要國內議題上都與最大反對黨（社會民主黨）投同樣的票。[39] 他們迅速擺脫了原先與舊勢力妥協而締結的聯盟；波克爾（Otto Boeckel）作為第一位反猶主義的國會議員，通過黑森農民的投票而贏得席位，他宣稱要保衛這些農民以對抗「容克貴族與猶太人」，也就是那些擁有過多土地的貴族，以及農民依靠其貸款為生的猶太人。

這些最初的反猶政黨雖小，卻立即與其他所有政黨區分開來。他們提出了獨創性的宣稱：他們並不是眾多政黨之一，而是一個「凌駕所有政黨」的政黨。在充斥各種階級與政黨的民族國家裡，唯有國家與政府能夠宣稱凌駕所有政黨與階級，並代表國族整體。政黨乃是被承認代表其選民利益的團體。即便他們爭奪權力，也會被默認為是政府藉此在相互衝突的利益及其代表之間建

❶ 譯註：暴民（mob）這一主題在此首次出現，它是貫穿全書的重要線索，也是後來結晶出極權主義的關鍵元素之一。

[38]

立平衡的手段。反猶政黨「凌駕所有政黨」的宣稱，明確宣示他們志在成為全民代表，壟斷權力，乃至佔有國家機器，並以自身取代國家。另一方面，由於他們仍然是個政黨組織，因此同樣明確的是，他們想要國家政權以一個政黨的形式存在，這樣一來，其選民就可以在實質上支配整個國家。

當不再有單一群體能夠獨掌所有政治權力，民族國家的政治體便開始出現，這導致政府取得的實際政治統治權，不再仰賴社會與經濟層面的因素。為了徹底改變社會條件而奮鬥的左翼革命運動，從未直接觸及這一最高政治權威。他們挑戰的僅僅是布爾喬亞的權力及其對國家的影響力，因此在外交事務上（這被認為是攸關統一國族的利益），他們總是遵從政府的領導。另一方面，反猶團體的許多計畫一開始主要就是關於外交事務的；他們的革命對象指向政府，而非某個社會階級，而且他們實際上旨在通過一個政黨組織來摧毀民族國家的政治模式。

一個政黨宣稱自己凌駕所有政黨，這件事除了反猶主義外還具有更重大的意涵。如果它僅僅關乎清除猶太人的問題，那麼弗利奇（Theodor Fritsch）在早期的一次反猶會議上提出的建議，[40]應該會更快獲得成效：亦即與其創立一個新的政黨，不如大力宣傳反猶主義，直到當時的所有政黨都敵視猶太人。實際情況是，沒有人理睬弗利奇的建議，因為反猶主義在當時已經成為一種工具，不僅用來消滅猶太人，也用來消滅民族國家的政治體。

反猶政黨的主張與帝國主義早期階段相呼應，並在沒有陷入反猶主義的英國的某些傾向中、

在高度反猶的歐陸泛運動中，[41]雙雙找到確切對應，這同樣絕非偶然。唯獨在德國，這些新動向才是直接源自反猶主義，而反猶政黨也比純粹的帝國主義團體——例如全德意志協會（Alldeutscher Verband）——更早形成、也存活更久；這些帝國主義團體同樣宣稱自己凌駕於黨派團體。

事實是，沒有那麼積極反猶的類似組織避免了反猶主義招搖撞騙的一面，因而乍看起來更有望取得最終勝利；然而它們最終還是被反猶主義運動擊潰或消滅，這種情形很好地揭示了此議題的重要性。反猶主義者相信，他們要取得的全面統治，不過是猶太人早已達成的東西，這種信念為他們在國內運作進程上取得優勢，並提供了條件，一個人必須進入社會鬥爭的競技場，才可能贏得政治權力。反猶主義者可以假裝與猶太人戰鬥，就像工人和布爾喬亞戰鬥那樣。這樣做的好處是，藉由攻擊被人們視為各國政府背後祕密勢力的猶太人，他們便能公然攻擊國家本身，而帝國主義團體對猶太人的厭惡程度較輕，也較為次要，因而與當時的重要社會鬥爭從未發生聯繫。

新興反猶政黨的第二個極重要的特點在於，他們立即發展出一個由歐洲所有反猶團體所組成的超國族組織，並公然對當時流行的民族主義口號表示對抗與蔑視。藉由引入這種超國族元素，他們清楚表明其目標不僅在統治自身國族，更計畫進一步建立一個「凌駕所有國族」的歐際政府。[42]這第二個革命性元素意味著從根本上打破現狀，它之所以經常被人忽視，是因為反猶主義者，他們自己或基於傳統習慣、或基於有意識的謊言，都是使用反動保守政黨的語言來進行宣傳。

[40]

比起創建凌駕政黨的政黨，凌駕國族的團體組織甚至更清楚地揭示出，猶太人獨特的生存條件與這些團體的意識形態之間具有緊密關聯。很明顯，猶太人正是國族化的歐洲內部唯一的歐際元素。如果他們的敵人想要與這些據信祕密操控各國政治命運的人作戰，就必得依照同樣的原則組織起來，這聽起來完全合乎邏輯。❶

雖然這一主張在宣傳上無疑令人信服，不過超國族反猶主義的成功仍要建立在更普遍的考量之上。甚至早在十九世紀末，尤其是自普法戰爭以降，越來越多人開始覺得歐洲的國族組織已經過時，因為它不再能夠回應新的經濟挑戰。這種感受在當時成為一種支持國際社會主義組織的強大主張，同時也反過來為該組織所強化。整個歐洲存在一致利益的信念，在大眾中廣泛傳播。[43] 而國際社會主義組織則依然消極，對外交政策的議題漠不關心（他們的國際主義正是在這些議題上才可能得到檢驗），相較之下，反猶主義一開始就著眼於外交政策問題，甚至還承諾要在超國族的基礎上解決國內問題。如果不要太過從表面價值來看待意識形態，而是更仔細地觀察各政黨的實際規劃，則會發現更關注國內議題的社會主義者，遠比反猶主義者更適合民族國家。

這當然並不代表社會主義者的國際主義信念是不真誠的。相反地，比起社會主義者所發現的跨越國族疆界的階級利益，這種信念更強大、也更久遠得多。但正是對階級鬥爭之極端重要性的

❶ 譯註：後來的極權運動也利用了同樣的邏輯，參見本書第十一章第一節的分析。

意識，誘使他們忽略了法國大革命遺留給工人政黨的遺產，而單單是這份遺產，就本該導出一種明確的政治理論。社會主義者固然暗地裡原封不動地保留了「諸民族中的一個民族」（nation among nations），即所有民族都屬於人類大家庭這樣的原始觀念，但是他們從未找到一種策略，來將這種想法轉變為能夠在由主權國家構成的世界中發揮作用的概念。其後果是，他們的國際主義仍然只能作為一種眾所贊同的個人信念，而他們不關心民族主權的健康態度，則轉變成在國外政治方面極為不健康且不現實的冷漠態度。由於左翼政黨在原則上並不反對民族國家，而只是反對其中的國族主權面向；又由於他們自己心中不甚清晰的願望，想要最終將所有民族都平等地整合在聯邦結構之中，卻又多少預設了國族自由與所有被壓迫民族的獨立自決；因此他們既可以在民族國家的框架內運作，甚至也可以在其社會、政治結構都已衰敗的時代，作為全體民眾中唯一一個不陷入擴張主義狂熱、也不想摧毀其他民族的的團體而出現。

反猶主義者的超國族主義則從完全相反的觀點處理國際組織問題。他們的目標是建立一個足以摧毀所有本土出產的國族結構的超級支配結構。他們即便是在準備摧毀本族政治體的時候，也可以同時沉溺於極端民族主義的言論，因為部落民族主義（tribal nationalism）對征服有著毫無節制的貪慾，它是一種主導力量，可以強行衝破民族國家及其主權那狹隘而有限的邊界。[44] 沙文主義宣傳越是有效，就越是容易說服公眾輿論接受超國族結構的必要性，這種結構將通過全面壟斷

[41]

權力與暴力工具，來進行自上而下、不分國族的統治。❶

無疑地，猶太人民的特殊歐際境況，本可以有助於實現社會主義聯邦論的宗旨，至少就像它曾有助於超國族主義者的險惡陰謀那樣。但是社會主義太過關注階級鬥爭、太過忽視自己所繼承之概念當中的政治意義，以至於只有到了他們在國內遇上發展成熟的反猶主義這個重要對手時，才會意識到猶太人的存在乃是一種政治因素。接下來他們不僅沒能準備好將猶太議題融入其理論學說之中，實際上還根本就懼怕觸碰這一問題。在此，就像在其他國際議題上一樣，他們將戰場留給了超國族主義者，讓後者因而就像是唯一能解答各種世界問題的人。

在世紀交替之際，七〇年代的騙局影響已走到盡頭，一個繁榮與普遍安樂的時代（尤其是在德國）終結了八〇年代過早的騷動。沒人能預料到這個終結僅僅是一個短暫的緩刑，而一切還未解決的政治問題，連同一切還未平息的政治仇恨，將會在第一次世界大戰後加倍猛烈地捲土重來。在經歷了最初的成功後，德國的反猶政黨又跌落到微不足道的地位；在短暫地煽動了公眾輿論之後，其領袖們都穿過歷史的後門、消失在充滿瘋狂混亂與救世騙局的黑暗裡頭。

❶ 譯註：鄂蘭所說的民族主義一般指向具有明確領土邊界的民族國家，但是部落民族主義則具有超國族的擴張性質，是一種帝國主義。有關部落民族主義的討論，可參見本書第八章第一節。

四、左翼反猶主義

如果不是因為反猶主義在我們時代造成了可怕後果，我們恐怕就不會那麼關注它在德國的發展。作為一種政治運動，十九世紀反猶主義的最佳研究對象是法國，它在那裡支配政治舞台幾乎長達十年之久。而作為一種意識形態力量，它需要和其他更體面的意識形態競爭，以被公眾所接受。就此而言，它在奧地利發展出了最清晰的形式。

猶太人在奧地利為國家提供的巨大服務，是在別處都未曾有過的。在奧地利，眾多少數民族（nationalities）是靠著哈布斯堡家族二元君主制的存在才得以維繫在一起，而不同於其他所有歐洲國家的情況，猶太國家銀行家在君主制衰敗後仍倖存了下來。❷塞繆爾・奧本海默（Samuel Oppenheimer）的信用等同於哈布斯堡家族的信用，因此「奧地利的信貸最終就是奧地利信貸銀行（Creditanstalt，一家羅斯柴爾德銀行）的信貸」。[45]儘管這個多瑙河王國不具備單一人口這種進行民族國家革命最重要的先決條件，它仍是難以避免由開明專制轉為立憲君主制，並建立起現代行政機構。這意味著它不得不採用民族國家的某些體制。一方面，現代階級系統是依循著民族

❷ 譯註：在奧匈二元君主國中，存在眾多後來得以獨立建國的民族，比如捷克、斯洛伐克、匈牙利等等，但在德意志人主導的帝國體制下，它們只能作為各個（少數）民族或民族身份（nationalities）而存在，由於尚未獨立為國族，而只能成為類似階級的存在。關於少數民族問題，詳見第九章。

而發展，這就使某些民族身份開始被等同為某些階級，或至少是某些職業。德意志人成為統治民族，正如布爾喬亞成為民族國家中的統治階級。匈牙利地主貴族們發揮著比其他國家的貴族更為明顯的作用，但本質上仍與之類似。國家機器自身同樣盡其所能地維持與社會的絕對距離，以便統治各民族，正如民族國家之於各階級。對猶太人來說，其結果是猶太民族（Jewish nationality）既無法融入其他少數民族，也無法自己成為一個少數民族，正如它在民族國家中無法融入其他階級，或自成為一個階級。由於猶太人在民族國家中與國家存在特殊關係，他們和其他所有社會階級都不同，在奧地利，他們也因為與哈布斯堡王朝的特殊關係，而不同於其他少數民族。而且正如在別處一樣，每個與國家發生公開衝突的階級都變得反猶，在奧地利，被捲入無處不在的民族鬥爭、且也和君主制本身公開衝突的每一個民族，都以攻擊猶太人來打響戰鬥。但是這些在奧地利的衝突，與在德國、法國的衝突有明顯的差異。在奧地利的衝突不僅更加尖銳，而且在一戰爆發時，每一個民族（這意味著社會的每一個階層）都與國家相對立，因此這裡的民眾也比西歐或中歐的人民更受到活躍的反猶主義影響。

在這些衝突中尤為突出的，是德意志民族對國家持續增強的敵意，它在德意志帝國建立之後又更為加速，並在一八七三年的金融危機後則發現了反猶口號的好用之處。❶當時實際的社會狀

❶ 譯註：雖然德意志民族在奧匈帝國中是統治民族，然而奧匈帝國並非真正的民族國家，因此隔壁的德意志帝國於一八七一年建立後，就被視為真正能代表德意志民族的國家。

況與德國相同，但為了爭取中產選民，社會宣傳很快就更猛烈地抨擊國家，並公然自承對國家不抱忠誠。此外，由薛納爾（Georg von Schoenerer）領導的德意志自由黨（German Liberal Party），從一開始就是一個與貴族毫無關聯且不受其約束的中下層階級政黨，並且持有明確的左翼觀點。這個政黨從未真正獲得群眾基礎，但它在八〇年代的大學校園卻取得了不尋常的成功：它在公開的反猶主義基礎上，組織起第一個緊密團結的學生組織。薛納爾的反猶主義起初幾乎專門針對羅斯柴爾德家族，這為他贏得了勞工運動的同情，使他被視為一個真正徹底的離經叛道者。[46]他的主要優勢在於能夠以有目共睹的事實來進行他的反猶宣傳：作為奧地利帝國議會的成員，他曾為奧地利鐵路的國有化而奮鬥，而大部分鐵路自一八三六年以來，就由於一八八六年才會到期的國家許可證，而掌握在羅斯柴爾德家族手中。薛納爾成功收集到四萬份連署，反對這份許可證繼續延長，並使猶太問題成為公共利益的焦點。當政府在明顯對國家與公眾都不利的狀況下，仍試圖延長許可時，羅斯柴爾德家族與王室金融利益之間的密切聯繫也就變得昭然若揭。薛納爾在這個問題上引起的騷動，成為奧地利一場明確的反猶主義運動的實際開端。[47]關鍵在於，這場運動與德國的斯托克所引起的騷動相反，它的發起人兼領導者在真誠性上毋庸置疑，因此不會停止將反猶主義作為宣傳武器來使用，但是它迅速發展出了「泛日耳曼」（Pan-German）意識形態，後者對納粹的影響，將比反猶主義的所有德國分支都更為深遠。

雖然長遠來看是勝利的，但薛納爾的運動仍暫時敗給了第二個反猶政黨，也就是魯格（Karl

[44]

Lueger）所領導的基督教社會黨（Christian-Socials）。薛納爾曾攻擊天主教會及其對奧地利政治不容小覷的影響力，其猛烈程度不亞於他對猶太人的攻擊；相較之下，基督教社會黨則是一個天主教政黨，他們一開始就試圖與反動的保守勢力結盟，這一策略在德國與法國都證明十分有用。由於他們做出了更多的社會讓步，因此也比在德國或在法國更加成功。他們和社會民主黨都在君主制崩解後倖存下來，並成為戰後奧地利最有影響力的團體。不過遠在奧地利共和國建立之前的一八九〇年代，也就是魯格憑藉反猶主義的競選演說而當選維也納市長的時候，基督教社會黨就已經採取了民族國家對待猶太人的典型曖昧態度，亦即敵視知識階層、友善對待猶太商人階級。他們在奧地利縮減為德意志民族並建立民族國家之際（譯按：一戰後原奧匈帝國分裂，奧地利變成主要為德裔人口的小國），就通過與社會主義工人運動進行殘酷血腥的權力爭奪，並掌控了國家機器，這絕非偶然。他們變成唯一早已準備好扮演這一角色的政黨，甚至早在舊有君主制下，他們就已經因為其民族主義立場而贏得了支持。由於哈布斯堡家族乃是德意志家族，並賦予德裔臣民一定的優越地位，因此基督教社會黨從未攻擊王室。他們的作用更毋寧是為一個本質上不受歡迎的政府贏得大部分德裔選民支持。他們的反猶主義始終沒有帶來什麼影響；魯格統治維也納的那幾十年，實際上是猶太人的黃金時代。無論他們的宣傳會為了贏得選票而做到什麼地步，他們也從不可能與薛納爾及泛日耳曼主義者們一起宣稱：「我們認為反猶主義是我們民族意識形態的支柱，是對於真正的大眾信念最根本的表述，因此也是這個世紀的主要民族成就。」[48]而儘管他們

就如同法國的反猶運動那樣，受到教士圈的不少影響，然而他們攻擊猶太人時仍不可避免地遇到更多限制，因為他們並不像法國反猶主義者攻擊第三共和國那樣攻擊王室。

這兩個奧地利反猶政黨的成敗，顯示了社會衝突與時代的長期議題之間未必有充分關聯。相較於所有反政府力量的動員，獲得中下層階級的選票不過是一個暫時現象。事實上，薛納爾運動的主力乃是完全沒有猶太人口的德語省份，在這些地方，與猶太人競爭或仇視猶太人的現象從未發生。當泛日耳曼運動及其猛烈的反猶主義在各大中心城市沉寂，卻同時在這些省份中倖存了下來，這種情況完全要歸功於以下事實，就是這些省份從未因為戰前的普遍繁榮，而達到讓城市居民與政府和解的程度。

泛日耳曼主義者對自己的國家與政府完全不具有忠誠，取而代之的則是對俾斯麥帝國的公開投誠，由此產生的是某種獨立於國家與領土的國族地位（nationhood）概念，這些都將薛納爾的團體引導向一種貨真價實的帝國主義意識形態，它之所以暫時弱小卻最終強大的線索亦在於此。這也是從未逾越普通沙文主義界線的德國泛德意志政黨（泛德意志協會，Alldeutschen），為何始終對他們的奧地利德意志兄弟伸過來的橄欖枝，顯得極度猜疑、不情願的原因所在。❶這場奧地

❶ 譯註：此處將奧地利的"pan-German"譯作「泛日耳曼」，而將德國的"pan-German"譯作「泛德意志」，是因為只有前者具有跨國族的傾向，而後者則比較想要限制在德國境內，因此不太願意接受前者的橄欖枝。

利運動的目標不僅止於以政黨的身份掌權，也不僅止於掌控國家機器。它想要的是中歐的革命性重組，從而奧地利的德意志人將因德國的德意志人而壯大，並與他們一起成為統治民族，同時該區域內的其他民族，將和奧地利境內各斯拉夫民族一樣處於半奴役狀態。基於它與帝國主義的密切關係，以及它為國族地位的概念所帶來的根本轉變，我們將暫且擱置對奧地利泛德意志運動的討論。它至少就後續影響而言，已不再單純是十九世紀的一個準備性運動；它不僅僅是反猶主義的一個分支，而是要歸入我們這個世紀的事件進程之中。❶

法國反猶主義的情況恰恰相反。就純粹的意識形態面向與政治面向而言，德雷福事件讓十九世紀反猶主義的所有其他元素都浮上了檯面；它是從民族國家的特定條件下發展出來的反猶主義高峰。而且它的暴烈形式預示了未來的發展，因此事件中的主要角色有時看起來就像在為一場必須推遲三十年的演出舉行盛大的彩排。它匯集了所有公開或潛藏的、政治或社會的源流，從而讓猶太問題躍升到十九世紀的主要位置；在另一方面，它的太早爆發使它還停留在十九世紀的典型意識形態框架內，這種意識形態雖然僥倖在歷屆法國政府及各種危機中存活下來，卻從未適應二十世紀的政治條件。在法國於一九四〇年戰敗之後，反猶主義在維琪政府治下獲得了絕佳機會，

❶ 譯註：這裡觸及的是本書第八章所討論的泛運動問題，那裡會有更為詳細的分析。

這時它卻保留著已明顯過時的，而且對其主要目的而言毫無用處的特性，納粹德國的作家們也從未忘記指出這一點。[49]它對納粹的形成並無影響，在最終浩劫中也並沒有發揮積極的歷史作用。

造成這些良性限制的首要原因在於，法國的反猶政黨雖然在國內十分暴虐，卻沒有超國族的抱負。它們畢竟屬於這個歐洲最古老、最充分發展的民族國家。沒有任何反猶主義者曾認真嘗試過組織一個「凌駕政黨的政黨」，或是僅僅出於政黨利益，而以政黨的身份去掌控國家。少數人曾嘗試發動政變，這或許出自反猶主義與軍方高層的聯盟，但基本上都可笑地不成氣候，也明顯有不自然的成分。[50]在一八九八年，約莫有十九位國會議會憑藉反猶主義政見而當選，但這是一個此後再也無法達到的頂峰，接下來很快就一蹶不振。

在另一方面，這確實是反猶主義扮演了其他政治議題的催化劑的最早成功案例。這可以被歸因於第三共和國的缺乏權威，畢竟它僅是以微弱優勢贏得選舉。在大眾眼中，國家的聲望已連同君主制一起喪失，攻擊國家已不再是一種褻瀆。在法國，早期的暴動與在一戰後的奧地利共和國與德意志共和國發生的類似騷動之間，有著明顯的相似之處。納粹獨裁經常被與所謂「國家崇拜」（State-worship）連結在一起，以至於歷史學家都多少忽視了明明白白的事實：納粹其實是利用了國家崇拜的全盤崩解才趁機崛起，這種國家崇拜原本是出自對蒙神眷顧而安坐王位之君主的崇拜，這在共和國不會發生。在法國，早在中歐國家受到普遍君威淪喪影響的五十年前，國家崇拜就已屢遭挫敗。因此比起攻擊猶太人以便攻擊政府的中歐模式，將猶太人與政府放在一起攻

[46]

擊要容易得多。

此外，法國的反猶運動比它在歐洲其他地方也更為悠久，正如十八世紀末的法國猶太人解放，追溯起來也比其他地方悠久。為法國大革命做好充足準備的啟蒙時代哲人們，當然是看不起猶太人的；他們在猶太人身上看到的是黑暗時代的落後殘餘，他們也厭惡作為貴族財政代理人的猶太人。在法國，猶太人唯一明確的朋友是保守派文人，他們譴責反猶態度是「十八世紀的寵兒」。[51]更自由主義或更激進的文人則幾乎形成一種傳統，警告人們猶太人乃是仍生活在家長制政府之下、而且不承認其他國家形式的野蠻人。[52]在法國大革命期間和之後，法國教士與法國貴族們在普遍的反猶情緒中加入了自己的聲音，雖然這是出自其他更物質性的理由。他們指責革命政府下令拍賣教士的財產，來償付「政府欠猶太人和商人們的債務」。[53]在法國，這些陳舊的主張多少仍藉由教會與國家之間永無休止的鬥爭而保持活力，它們還支持了十九世紀末其他更現代的力量所引發的普遍暴力與痛苦。

由於教士對反猶主義的強烈支持，法國社會主義運動最終決定在德雷福事件中採取反對反猶宣傳的立場。然而直到當時，十九世紀的法國左翼運動都一直公開表示對猶太人的厭惡態度。他們單純是依循著十八世紀的啟蒙傳統（它是法國自由主義與激進主義的源頭），而且將反猶態度視作反教權不可或缺的一部分。左派的這些情緒因為下述事實又更加增強：首先亞爾薩斯的猶太

人仍繼續以放債給農民為生，而這種行為早已催生了一八〇八年的拿破崙法令（譯按：拿破崙於一八〇八頒布了一系列規定猶太人經濟與居住權利的法令）。在亞爾薩斯的狀況改變之後，左翼反猶主義在羅斯柴爾德家族的金融策略中找到了新的力量源泉：羅斯柴爾德家族左右了大部分波旁王朝的財政，又與路易・菲利普維持著密切關係，接下來則在拿破崙三世治下欣欣向榮。

在這些明顯且頗為表面的反猶誘因背後，還存在一個更深層的動因，它對於法國激進派的整個結構至關重要，而且還幾乎成功讓整個法國左翼運動轉向反猶。銀行家在法國經濟中的角色，要比在其他國家更強大得多，而法國的工業發展卻在拿破崙三世時期的短暫繁榮後，就遠遠落後於其他國家，從而使前資本主義的社會主義趨勢持續發揮著不小的影響力。在德國與奧地利，中下層階級只有在十九世紀七〇、八〇年代才變得反猶，當時他們已經絕望到既可以為反動政治所用，也可以為新興暴民政治所用；而在法國，中下層階級在大約五十年前就已經成為反猶主義者了，當時他們才剛在工人階級的幫助下，獲得了一八四八年革命的短暫勝利。在十九世紀四〇年代，圖森內爾（Alphonse Toussenel）出版了《世紀之王猶太人》（*Les Juifs, Rois de l'Epoque*），這是在鋪天蓋地反對羅斯柴爾德家族的小冊子中最重要的一本書，受到了整個左翼出版界（亦是鬧革命的中下層階級的喉舌）的熱情歡迎。正如圖森內爾所表達的，他們的情緒雖然不那麼清晰、不那麼精緻，但並不見得與青年馬克思有很大差別，相較於伯恩（Ludwig Boerne）五十年前在巴黎所寫的那些信件，圖森內爾對羅斯柴爾德家族的攻擊，只不過少了點才氣，多了點細緻

的變化。[54]這些猶太人（譯按：指馬克思與伯恩）同樣錯將猶太銀行家當作資本主義體系中的核心人物，這種錯誤直到我們的時代，都還在法國的市政階層以下的政府官僚中發揮著某種影響力。[55]

猶太銀行家與窮途末路的客戶之間的經濟衝突，催生了民眾反猶情感的爆發，然而這種情感爆發不再持續作為一種重要政治因素存在，而僅僅是純粹出於經濟或社會因素而產生的暴動。拿破崙三世統治法蘭西帝國的二十年，對法國猶太人來說是個繁榮安定的時代，就像是德國與奧地利在一戰爆發前的那二十年光景。

法國反猶主義中唯一歷久不衰，而且比社會反猶主義以及反教權知識份子的蔑視態度都持續更久的一脈，與某種普遍的仇外情結息息相關。尤其是在一戰後，外籍猶太人成了人們對所有外國人的刻板印象。西歐與中歐的所有國家，都區分了本地猶太人與那些從東方「入侵」本國的猶太人。在德國與奧地利，波蘭、俄羅斯猶太人受到的對待，就和羅馬尼亞、德國猶太人在法國受到的對待如出一轍；而德國的波森猶太人，或是奧地利的加利西亞猶太人，他們遭受的勢利輕蔑態度，也跟亞爾薩斯猶太人在法國所受的待遇一樣。❶但是唯獨在法國國內，這種區分才具有如此重要的意義。這很有可能是因為：比任何人都更經常成為反猶攻擊箭靶的羅斯柴爾德家族，已從德國移居到法國，因此直到二戰爆發之前，人們自然會懷疑猶太人對國家敵人抱著同情態度。

若和現代（反猶）運動相比，則民族主義的反猶主義顯得相對無害，它在法國從來不是反動份子與沙文主義者的專利。在這一點上，作家吉侯杜（Jean Giraudoux）這位達拉第（**Edouard**

Daladier）戰時內閣的宣傳部長，和貝當（Henri Pétain）與維琪政府的立場完全一致[56]，後者無論多麼努力討好德國人，也無法跨越舊有的敵視猶太人行為的界線。有鑑於法國已有一位對這個新武器的內容及可能性都瞭若指掌的傑出反猶份子，這一失敗尤其引人注目。此人被視為一個優秀的小說家，這是出於法國的典型國情，在法國，一般來說反猶主義從未像在其他歐洲國家那樣，在社會、在知識界變得聲名狼藉。

路易－斐迪南・賽林（Louis Ferdinand Céline）提出了一個簡單的命題，既巧妙又準確地涵括了理性的法國反猶主義所缺乏的意識形態想像。他宣稱是猶太人阻礙了歐洲演進為一個政治實體，且引發了自西元八四三年以來的所有戰爭，同時猶太人還策劃挑起法國與德國之間的敵意，來讓這兩個國家毀滅。賽林在他的《死屍學院》（*Ecole des Cadavres*）中提出這種瘋狂的歷史解釋，這本書寫於慕尼黑協定（譯按：因希特勒企圖吞併捷克斯洛伐克而舉行的國際協商，是二戰的前奏）期間，並在戰爭爆發的頭幾個月出版。他在這個主題上還寫過一本更早的小冊子《屠殺之慾》（*Bagatelle pour un Massacre*, 1938），雖然其中並無對歐洲歷史的新解釋，在方法上卻已極為現代；它避免在本地猶太人與外國猶太人之間、在好人與壞人之間做出嚴格區分，也不會多費

❶ 譯註：波森今屬波蘭，曾為普魯士領土；加利西亞今屬波蘭與烏克蘭，曾為奧地利領土；亞爾薩斯今屬法國，歷史上曾數度分別為德國、法國領土。這三個地方都出現了某個國家由於佔領了東面鄰國的部分領土，而要面對該地猶太人的狀況。

[49]

心思去仔細推敲法案（這是典型的法國反猶主義特色），而是開門見山地要求屠殺所有猶太人。

法國主流知識界對賽林的第一本書頗有好評，他們一半是因它攻擊猶太人而感到愉悅，一半則相信它不過是一個有趣的文學想像。[57]而正是由於相同的原因，法國本土的法西斯主義者從來沒有認真看待賽林，雖然納粹份子通常知道他才是法國唯一的真正反猶主義者。法國政治家們與生俱來的高尚情感與深植內心的品格，都阻礙了他們接受一個騙子兼瘋子。結果甚至連德國人（他們當然更懂得多）也不得不繼續任用那些不太堪用的支持者，比如墨索里尼的追隨者多希奧（Jacques Doriot），還有貝當這種壓根不懂現代問題的老法國沙文主義者，並徒勞地試圖說服法國人民，猶太人的滅絕將能拯救世界。在法國官方、甚至非官方都欣然與納粹德國合作的歲月裡，上述情況的發展更清楚揭示出十九世紀反猶主義對於二十世紀的新政治目標實在是毫無助益，甚至在一個它已充分發展並歷挺過了各種公眾輿論的國家也不例外。就算十九世紀才華橫溢的記者如愛德華．德魯蒙（Edouard Drumont），甚至是像喬治．貝納諾斯（Georges Bernanos）這樣偉大的現代作家，都投身於這個更主要是由瘋子與騙子主導的事業，也於事無補。

基於各種原因，法國從未發展出正式的帝國主義政黨，這後來成為一個決定性因素。正如許多法國殖民主義政客所指出的，[58]唯有建立起法德聯盟，法國才足以在瓜分世界這件事上與英國競爭，並成功參與非洲爭奪戰。然而法國雖然對大不列顛充滿了憎恨與敵意，卻從未被誘導進這一競爭之中。儘管重要性有所衰退，但法國曾經是、且仍然是歐洲大陸上的典型國族（nation par

excellence），甚至連她微弱的帝國主義嘗試，也通常會以催生新的民族獨立運動而告終。此外，由於法國的反猶主義主要源自法、德之間純粹的民族衝突，猶太議題也自然不會在帝國主義政策中扮演重要角色，只有阿爾及利亞的狀況是個例外，由於它的人口混雜了本地猶太人與阿拉伯人，便為反猶主義提供了一個絕佳的機會。[59] 德國的侵略簡單粗暴地摧毀了法蘭西民族國家，而德國的佔領與法國的戰敗則是對於德法聯盟的嘲諷，這些或許都證明了，在從過往的輝煌步入我們這個時代之際，法國自身這種典範國族的力量並沒有延續下去；它並未改變其根本的政治結構。❶

五、安定的黃金時代

從反猶運動暫時衰落到一戰爆發之間，僅有短短二十年的時間。這一時期被恰如其分地描述為一個「安定的黃金時代」[60]，因為這期間只有少數人感覺到潛藏在某種明顯過時的政治結構中的缺點；儘管預言已指出大難將要臨頭，它依然保持著虛假的輝煌，且令人費解地、一成不變地

❶ 譯註：值得一提的是，鄂蘭從以一九三三年逃離德國到一九四一年移民美國之間的這段時期，都旅居在法國，她最終能夠成功逃離已被納粹佔領的法國，或許也要感謝法國這種不那麼激進的反猶傳統。

繼續運作下去。同樣處於此時期且同樣一成不變的，還有俄羅斯時代錯亂的君主專制、奧地利腐敗的官僚體系、德國愚蠢的軍國主義，以及法國不斷遭遇危機的半吊子共和國；它們都處於大不列顛帝國霸權的陰影下，力圖保持自身的存續。這些政府中沒有一個能得人心，也全都面臨著日益壯大的國內反對派；然而沒有人願意認真地徹底改變政治環境。歐洲的所有民族、所有社會階層，都為了擴張經濟而忙得不可開交，沒人把政治問題當一回事。因為無人關心，因此一切照常運行。或借用卻斯特頓（Gilbert Chesterton）一針見血的說法，「一切事物都在通過否認自身的存在來苟延殘喘」。[61]

工業與經濟能力的巨幅成長導致純粹的政治因素不斷減弱，與此同時，經濟力量也在國際權力遊戲中佔據了主導地位。在人們發現經濟與工業能力不過是現代權力的必要條件之前，權力就是經濟能力的同義詞。在某種意義上，經濟權力確實能夠讓政府就範，因為政府和普通商人一樣信仰經濟，而商人多少已經使政府確信，國家的暴力手段必須專門用來保護商業利益與民族財產。在一段很短的時間內，如拉特瑙所說的，彼此認識的三百個人掌握了全世界的命運，這一說法確實有幾分真實性。這種古怪的情勢一直持續到一九一四年戰爭的發生，大眾對於經濟擴張的信仰才終於土崩瓦解。

相較於其他歐洲民族，猶太人更容易被這種安定黃金時代的表象矇騙。反猶主義似乎已是塵封往事；政府越是喪失權力與聲譽，人們也就越是不再關注猶太人。當國家扮演的代言人角色日

益狹隘、空洞，政治活動也就變成了良莠不齊的戲劇表演，直到最後，奧地利劇院本身就成為了國民生活的中心，甚至比國會更具有公共意義。政治世界的戲劇性質已變得如此顯而易見，以至於劇場看起來就是現實世界。❶

大型商業活動對國家的影響力日益增加，國家對猶太服務的需求則日漸減少，這給猶太銀行家帶來了毀滅性的威脅，迫使猶太人的職業發生了某些轉變。猶太銀行家家族衰落的第一個徵兆，就是他們開始喪失猶太社群內部的聲望與權力。他們不再有能力集中、或在一定程度上壟斷廣大猶太人的財富。越來越多猶太人離開國家金融界，去發展獨立的生意。猶太人為軍隊與政府的衣食供應需求，發展出了猶太糧食貿易，他們在所有國家的服裝產業界也迅速取得突出地位；小鄉鎮的當舖與小雜貨店則發展成城市大型百貨公司。這並不意味著猶太人與政府之間的關係已不再存在，但個別猶太人的涉入確實減少了，因此這一階段末尾的景象幾乎就如同其開端：佔據重要金融位置的個別猶太人，他們與廣大猶太中產階級之間很少有、或是完全沒有關聯。

在職業結構上的另一種轉變，比獨立猶太商業階級的擴張更為重要。中歐與西歐的猶太人在

❶ 譯註：對於一戰前這段「黃金時代」，尤其是政治冷感、以劇院為中心的奧地利文化生活，作家褚威格在《昨日世界》中有非常生動的描寫。鄂蘭雖對此不乏同情，卻也同時指出褚威格沉浸在名聲的光芒之中，未能面對猶太人的政治現實，鄂蘭在一九四三年寫過該書的長篇書評〈史蒂芬・褚威格：昨日世界中的猶太人〉（"Stefan Zweig: Jews in the World of Yesterday", JW: 317-328）。

財富與經濟資產上已經達到飽和。現在或許正是時候觀察他們是為了金錢本身、還是為了權力而賺錢的時刻。如果是前者，那麼他們就會繼續拓展事業，並將其傳承給子孫後代；如果是後者，那麼他們就會更堅定地投入國家事務，並努力提升大型工商業對政府的影響力。然而以上兩者都沒有發生。恰恰相反，富商以及（數量稍少的）銀行家的子女們荒廢了父輩的事業，轉而追求自由職業，或是他們在幾個世代前還無法負擔的純粹知識研究。民族國家曾經十分恐懼的猶太知識階層的誕生，如今正以難以置信的速度推進。猶太富家子弟紛紛湧入文化工作領域，這一現象在德國與奧地利尤其明顯，在這些地方，諸如報紙、出版、音樂、戲劇等文化機構，很大一部分都成為了猶太人的事業。

猶太人傳統上向來就頗為偏好、尊重知識性職業，這造成了他們與傳統的真正斷裂，以及西歐與中歐重要猶太階層在知識上的同化與國民化。在政治上，這表明猶太人已從國家保護下解放，與公民同胞共命運的意識不斷增強，而曾經使猶太人成為歐際元素的紐帶則大為鬆弛。在社會上，猶太知識份子作為一個群體，是第一批需要且想要被非猶太社會接受的人。對他們的父輩來說，社會歧視根本不算什麼，因為他們並不在意與非猶太人之間的社會互動，但對於這些知識份子卻是一個首要問題。

為了尋求進入社會的道路，這個群體被迫接受那些在十九世紀被社會所承認的個別猶太人所設立的社會行為模式，也就是成為歧視原則下的例外。他們很快就發現了讓他們無往不利的力

量，亦即「名聲的耀眼權力」（褚威格語），百年來對天才的盲目崇拜，已使它無可抗拒。猶太人對名聲的追求，和當時一般的名聲崇拜有所區別，關鍵在於猶太人對名聲的興趣並非為了自己。生活在名聲的光暈（aura）之中，這一點比成名本身更重要；因此他們成為各種知名人事物的評論者、批評者、收集者、組織者。這「耀眼權力」是一種非常真實的社會力量，讓在社會上沒有立足之地的人藉此找到歸屬之處。換言之，猶太知識份子試圖成為、也在一定程度上成為了，將個別名人與名流社會連結在一起的活躍紐帶；這個社會在定義上就是國際性的，因為精神成就超越了國族疆界。政治因素的減弱，二十年來造就出一個讓現實與表象、政治現實與戲劇表演能夠輕易彼此戲仿的情境，使他們得以成為一個朦朧不明的國際社會的代表，在其中民族偏見似乎已不再有效。弔詭的是，這個國際社會似乎是唯一一個既認可其猶太成員的國民化、同時又認可其同化的社會；一個奧地利猶太人要被承認為奧地利人，在法國要比在奧地利更容易得多。這個世代的虛假世界公民身份，是他們一被問及自己的猶太血統就會自我標舉的虛構民族身份，它有點類似於後來那種護照，也就是某種讓持有者有權旅居在原換發國之外的所有國家的憑證。

就這些境況的本質而言，一旦猶太人在這個表象世界（the world of appearance）中的各種活動、滿足與幸福，都證明了他們作為一個群體實際上既不要錢也不要權，那麼讓他們獲得名聲就是唯一的結果。於是，當嚴肅的政治家與政論家們自猶太解放以來，第一次如此無須為猶太問題操心，當反猶主義幾乎已完全從公開政治舞台消失，猶太人儼然成為了這個社會的象徵，以及所

有不被社會接納者的仇恨對象。而反猶主義失去了十九世紀那些促進其發展的特殊條件根基，於是騙子與狂徒得以將其任意發揮，編織成由部分事實與野蠻迷信構成的詭異混合物（它一九一四年之後開始在歐洲出現），亦即一種充滿了挫敗與憤恨元素的意識形態。

猶太問題在社會面向上變成了社會動亂的催化劑，直到分崩離析的社會最終圍繞著可能發生的猶太大屠殺，在意識形態上重新結晶（recrystallized）起來。因此我們有必要勾勒十九世紀的布爾喬亞社會中，那些被解放猶太人的社會史的一些主要特徵。

譯者識

本章處理猶太人與國家的關係，確切來說，主要是處理十九世紀的政治反猶主義，而下一章則處理社會反猶主義。本章處理的時空範圍頗廣，初讀起來難免會有些找不到頭緒，不過其中處理的許多主題都會在本書其他章節進一步發展，在整體上頗具綱領意味。

本章大體可分為三個部分。第一節總體分析現代猶太人的政治處境，其核心論點在於，由於特殊的歷史條件，猶太人始終是作為直接由（民族）國家保護的一個群體，因此其自身並未形成一個階級或國族，而是成為了一種「歐際元素」；與此同時，這種國家保護早已為富有猶太人提供了特權，因此他們反而抵制法國大革命以來對猶太人的普遍解放，由此形成了平等與特權的弔詭狀況。

第二部分以三個小節分析了幾種反猶思潮，它們與本書其他部分皆有所呼應。「早期反猶主義」處理了貴族對待猶太人的態度轉變，這與下一章的猶太人與社會問題密切相關；「最初的反猶政黨」中提出的超政黨、超國族立場，預示了其後帝國主義、部落民族主義的思潮；而「左翼反猶」則有奧地利與法國之別，前者是在多民族國家的架構中提出泛運動，後來成為納粹最早的直接源頭，後者則與第四章的德雷福事件相關，揭示出在十九世紀的典型民族國家中，反猶主義具有某種局限性。

最後一部分則描述一次世界大戰前的所謂黃金時代，當時猶太人還沉浸在無視政治現實的安全幻想之中；值得注意的是，鄂蘭上一代的著名猶太知識份子（班雅明、褚威格），以及鄂蘭本人的童年時期，都生活在這種時代氛圍中。

第 3 章

猶太人與社會

The Jews and Society

猶太人對政治的無知，使他們能夠很好地扮演特定角色，很好地扎根在國家的商業領域，而對平民的偏見、對權威的迎合，則使他們對反猶主義的政治危險視而不見，同時導致他們對各種形式的社會歧視變得過於敏感。他們很難看清，在政治主張與單純反感之間存在至關重要的差異，尤其是在兩者並行發展的時候。然而關鍵在於，這兩者恰恰是從猶太解放的兩個對立面中成長起來的：政治反猶主義之所以開始發展，是因為猶太人乃是一個獨立群體，而社會歧視的出現，則是由於猶太人與其他群體之間日益平等。

條件平等雖然無疑只是正義的基本要求，但它卻也無疑是現代人類最大也最充滿不確定性的冒險之一。條件越是平等，也就越是無法解釋人與人之間實際存在的差別；從而個體之間、群體之間也就變得更加不平等。一旦人們不再以上帝這樣全能的存有者，或是死亡這樣無可避免的共同命運來看待平等，這種令人困惑的結果就會全幅顯現。無論何時，一旦平等自身成為世俗界之內的一項事實，同時沒有任何其他標準來衡量、解釋它的話，那麼只有百分之一的機率，人們會單純將它當成政治組織的一種運作原則，從而讓未獲平等的人享有平等權利；但是更有百分之九十九的機率，它會被誤解為所有個體與生俱來的特質，無論他是像其他所有人一樣「正常」，還是恰好與人有別而「不正常」。[1]當一個社會只給特定群體與特定個人留下很少的空間時，這種

[1] 譯註：前一種只有百分之一機率的狀況正是鄂蘭自己的政治理念，而後一種狀況則是她在此所要分析的不幸現實。

將作為政治概念的平等扭曲為一種社會概念的做法，就會變得尤其危險，因為他們與其他人的差異也會變得越發顯眼。

近代所面對的巨大挑戰及其獨特危險在於，人與人要首次在沒有那些造就彼此差異的環境條件保護之下，來相互面對。而也正是這種新的平等概念使現代種族關係變得如此困難，因為我們要處理的這種自然差異，若不是由於各種可能且可設想的條件變化，就不會變得那麼顯而易見。正是由於平等要求我承認每一個體都是跟我同等的人，不同群體之間的衝突才會變得如此可怕的殘忍，因為這些群體基於他們自身的理由，根本不情願賦予彼此這種基本平等。

因此賦予猶太人的條件越是平等，他們與其他人的差異也就越是令人訝異。這種新的意識既在社會上引發了對猶太人的仇恨，也同時讓他們具有一種特別的吸引力；這些不同反應的結合，決定了西方猶太人的社會史。然而無論是歧視還是吸引力，在政治上都沒有造成什麼結果。它們既不會產生一個反對猶太人的政治運動，也不會以任何方式保護他們免受敵人的傷害。即便如此，它們確實成功地毒害了社會氛圍，敗壞了猶太人與非猶太人之間的所有社會互動關係，也對猶太人的行為產生了一定的影響。猶太人的行為風尚的形成乃是同時肇因於兩件事：特別的歧視與特別的偏愛。

對猶太人的社會性反感及各種歧視形式，並沒有在歐洲國家造成重大政治傷害，因為真正的社會平等與經濟平等從未達成。各方面看起來，新興階級都是發展為依出身而形成的群體。無疑

只有在這樣的框架當中，社會才能容忍猶太人自己建立一個特別的小圈子。

如果是像在美國那樣，人們將條件平等視作理所當然；如果社會的每一個成員，無論他來自什麼階層，都堅信憑藉自己的能力與運氣就有可能當上成功故事的主角，那麼情形就會全然不同。在這樣的社會裡，歧視變成了唯一的區分手段，變成了一種普遍法則，藉以讓各個群體在公民／政治／經濟平等的領域之外找到自己的位置。當歧視不再僅限於猶太議題，它就會成為一場政治運動的結晶點，該運動會企圖通過暴力、暴民統治還有種族觀念純然粗俗的行為，來解決所有的自然差異，以及多民族國家中的各種衝突。美利堅共和國敢於在這個無論在生理條件還是歷史條件上的不平等，都堪稱世界之最的人口基礎的上實現平等，這無疑是它最充滿希望也最具危險的悖論之一。在美國，社會反猶主義或許終有一天將成為一場政治運動的危險核心。[1] 然而在歐洲，它卻不太會造成政治反猶主義的興起。

一、賤民與新貴之間

民族國家在社會與政治上，都仰賴社會與國家之間那種不可靠的平衡，這催生出准許猶太人進入社會的一條特別管理法則。在猶太人真正生活在西歐各民族中間（而非僅僅作為其鄰人）的一百五十年間，他們總是不得不為了社會榮耀而忍受政治不幸，不然就是要為了政治上的成功而

蒙受社會上的屈辱。只有在他們明確成為從猶太大眾中區分出來的例外時（即便仍處在同樣受限且屈辱的政治條件下），或是後來在經歷了業已達成的解放及其產生的社會隔離後，乃至他們的政治地位遭到反猶運動挑戰的時候，他們才獲得了被非猶太社會接受的同化機會。面對猶太人在政治、經濟以及法律上的平等，社會很清楚地顯示出，沒有任何階級打算賦予他們社會上的平等，唯有猶太人中的例外能夠被接受。那些聽到他們係屬例外這種稱讚的猶太人，都非常瞭解正是這種曖昧性（他們既是猶太人同時又大抵不像猶太人）為他們打開了社會的大門。如果他們渴望這種互動關係，就會努力「既是猶太人又不是猶太人」。[2]

這種情形看似矛盾，卻擁有牢固的事實基礎。非猶太社會既要求新成員像它自身一樣「有教養」，同時要求新成員就算在行為上不像「普通猶太人」，也應該具備或做出某些合乎常規的事情，因為他畢竟是個猶太人。猶太解放的所有倡導者都要求同化，也就是要適應社會並為社會所接受；他們不是把同化視作猶太解放的必要條件，就是視作解放的當然結果。換言之，一旦那些確實想要改善猶太人處境的人，試圖從猶太人的角度來思考猶太問題，他們就會馬上從社會面向著手。這在猶太民族的歷史上真是最不幸的事實之一：只有它的敵人理解猶太問題乃是一個政治問題，而它的盟友卻幾乎從來不曾理解這一點。

捍衛解放的人們往往將它描述為一個「教育」問題，這概念既適用於猶太人，也適用於非猶太人。[3]人們理所當然地認為，雙方陣營的先驅者都應該由那些特別有教養、特別寬容且有文化

的人所組成。由此帶來的結果當然就是：那些特別寬容、特別有教養、有文化的非猶太人在社交活動方面，只會搭理那些例外地有教養的猶太人。於是順理成章地，在有教養的人士當中，廢除偏見的要求就迅速成為一項格外單方面的事務，直到猶太人最終都被誘導去接受教育為止。

然而這只是問題的其中一面。猶太人被告誡要變得足夠有教養，以便在行為上不像普通猶太人，但是在另一方面，他們之所以被接納，又僅僅因為他們是猶太人，具有某種外來的異國魅力。在十八世紀，這源自於渴求「人性新樣本」（赫爾德，J. G. Herder）的新興人文主義，它認為與這類樣本進行來往互動，將樹立起一個典範，藉以打開與各種人類密切往來的可能性。對於孟德爾頌（Moses Mendelssohn，譯按：當時著名的猶太學者，音樂家孟德爾頌的祖父）時代的啟蒙柏林來說，猶太人就是所有人（men）都是人類（human）的活生生的證據。在這一世代看來，與孟德爾頌或赫斯（Markus Herz）締結友誼，就是對人的尊嚴的持續證明。而且由於猶太人是一個被蔑視、被壓迫的民族，他們也就因此成為一個更純粹、更具典範性的人類模型（exemplary model）。正是赫爾德這位坦率的猶太人之友，首次使用了那個後來屢被誤用、誤引的措詞：「被驅趕到我們這個地域的亞洲陌生民族」。[4] 赫爾德及其人文主義夥伴們是在透過這番話向「人性新樣本」致意，十八世紀曾為它「在全世界尋尋覓覓」，[5] 最終卻在自己古老的鄰人身上覓見。由於渴望強調人類在根本上的一體性，他們想要將猶太人的起源呈現得比實際情況更為陌異、更為異國情調，從而就更能夠有效展現作為普遍原則的人性。❶

十八、十九世紀之交的數十年間，當法國猶太人已然享有解放的福祉時，德國猶太人還幾乎對此不抱希望也不敢奢求，而普魯士的啟蒙知識份子卻使「全世界的猶太人都將目光投向柏林的猶太社群」[6]（而非巴黎的！）。這在很大程度上要歸功於萊辛（Gotthold Ephraim Lessing）《智者納旦》（*Nathan the Wise*）的成功（或是人們對它的誤讀）；這種誤讀主張「人性新樣本」已成為人類的範例，因此必然也會是更富有人性的個體。[7]米哈波（Honoré Q. R. de Mirabeau）就深受這種觀念的影響，而且曾援引孟德爾頌為例。[8]赫爾德希望有教養的猶太人將更能免於偏見，因為「猶太人能夠免受某些政治判斷的束縛，而我們卻很難放棄或是不可能放棄這些判斷」。為了對抗當時慣於「對新興商業利益讓步」的作法，他建議為了將猶太人從猶太教中解放，從「那些不屬於我們時代、我們體制的古老而驕傲的民族偏見、習俗」中解放出來，應當將教育視為正確的道路，從而讓猶太人變得「純然人性化」，並為「科學與整個人類文化的發展」而服務。[9]大約同一時間，歌德在評論一本詩集時表示：該詩集作者身為一名波蘭猶太人，「卻還比不上一個修習文學的基督徒學生」，並抱怨說他在原本期待看見某些真正新穎之物、某些膚淺常規之下隱藏著某種力量的地方，都只發現了平庸。[10]

[58]

❶ 譯註：鄂蘭在一九三二年的一篇文章〈啟蒙與猶太問題〉（"The Enlightment and the Jewish Question", JW: 3-18）中，將孟德爾頌、赫爾德以及下文提到的萊辛並列為討論猶太問題的重要啟蒙思想家，並詳細分析了三人的立場差異。

對新近西方化的有教養猶太人所抱有的言過其實的善意，帶來了災難性的後果，並大大影響了他們的社會處境與心理狀態；對此人們再怎麼高估都不為過。這些猶太人不僅僅要面對成為本民族之例外的去道德化要求，要承認他們與其他人之間存在尖銳的差別，要追求「讓這樣的區隔由政府予以法律化」；[11] 他們甚至還被期待要成為人性的例外樣本。而且正是這種行為而非海涅（Heinrich Heine）式的宗教改信，構成了進入歐洲文化社會的入場券，於是這一世代以及未來世代的猶太人，除了竭盡全力不辜負任何人的期望以外，還能做些什麼呢？[12]

在進入社會的最初幾十年間，同化尚未成為一個可依循的傳統，而是僅僅由少數擁有特別天賦的個人達成，它事實上運作得非常順利。當法國因為率先承認猶太人為公民，而成為猶太人的政治榮耀之土時，普魯士則似乎正在轉變成一個充滿社會光輝的國度。在啟蒙的柏林，孟德爾頌已與當時的許多名人建立起密切關係，但這僅僅是個開始。他與非猶太社會的連結，仍然很類似於幾乎在歐洲歷史的所有階段都出現過的那種學術紐帶，它們會將有知識的猶太人與基督徒捆綁在一起。新出現的驚人元素則是，孟德爾頌的朋友們將這些關係用於非個人的、意識形態的、甚至是政治上的意圖。孟德爾頌本人明確否認所有這些不可告人的動機，而且一再表示他對於日前不得不接受的生活條件很滿意，彷彿他已預見到這例外的社會地位與自由，與他仍然屬於「普魯士國王統治下的）境內最低等的居民」這一事實有所關聯。[13]

對政治與公民權利的這種漠然態度，比孟德爾頌與同時代啟蒙知識份子之間的單純關係延續

了更久；它後來盛行於那些猶太女性的沙龍當中，正是她們聚集起柏林前所未見的最輝煌的沙龍社會。直到普魯士於一八〇六年戰敗，拿破崙法規被引入廣大德語地區，遂促使猶太解放問題被放入公共討論議程表的時候，這種漠然才轉變為徹頭徹尾的恐懼。因為這會將有教養的猶太人連同「落後的」猶太人民一起解放，平等會將珍貴的區隔一掃而空，而他們非常清楚地意識到自己的社會地位正是建立在這一區隔之上。當解放最終成真之時，大部分已同化猶太人都以改信基督教來逃避，這很典型地反映出他們發現在解放之前，身為猶太人是可忍受且不危險的，但解放之後就不是如此了。

這些沙龍中最具代表性的，也是在柏林真正組成一個混合型社會的，要屬拉赫爾・范哈根（Rahel Varnhagen）的沙龍。她那本色且不落俗套的原創才智，再加上她對人的興趣，以及真正的熱情天性，使她成為最才氣煥發、最富有趣味的猶太女性。在拉赫爾的閣樓上舉行的那些低調而著名的晚宴，聚集了「啟蒙」貴族、中產知識份子以及演員們，也就是所有像猶太人一樣不屬於體面社會的人。因此，拉赫爾的沙龍就性質與宗旨而論，乃是建立在社會的邊緣，且並未沾染這個社會的任何習俗或偏見。❶

---

❶ 譯註：雖然鄂蘭在本書中對拉赫爾・范哈根的描述不多，但在《極權主義的起源》之前，她投入最多精力的著作就是拉赫爾的傳記式研究（約寫作於一九三〇年到一九三八年之間）：《拉赫爾・范哈根：一個猶太女性的人生》（*Rahel Varnhagen: The Life of a Jewish Woman*）。在這本帶有一定自我投射性質的傳記中，鄂蘭詳細描寫了拉赫爾試圖同化進柏林社會的曲折歷程，其中也反映出鄂蘭對猶太人與政治、政治與社會、內心生活與世界等眾多重要主題的初步思考。

好笑的是，猶太人同化進社會的過程，亦步亦趨地依循著歌德曾在《威廉・麥斯特》中提出的教育規劃，這部小說後來成了中產階級教育的偉大典範。在書中，年輕市民接受貴族與演員的教育，學習如何展現、表現自己的個性，以便從地位不高的市民子女晉升到貴族。對於中產階級和猶太人——也就是那些實際上身處高等貴族社會之外的人——來說，一切都取決於「個性」（personality）以及表達個性的能力。知道如何扮演一個人的真實角色，似乎才是最重要的事情。在德國，猶太問題被看作一個教育問題，這一獨特事實無疑與其初始狀況密切關聯，它所導致的後果是：在猶太與非猶太的中產階級中都出現了教育上的市儈主義，另一個後果則是猶太人成群結隊地轉投自由職業。

早期柏林沙龍的魅力在於：除了個性，除了性格、天賦與表達能力的獨特性外，其他事物都無關緊要。階位、金錢、成功乃至文學名氣都無法取代它，僅僅憑藉這種獨特性，就足以達成幾乎不受約束的交流與不受限制的親密關係。在此發生的是真實個性的短暫相遇：像是霍亨索倫王公斐迪南（Louis Ferdinand）與銀行家孟德爾頌（Abraham Mendelssohn）的相遇，像是政治共和派、外交家亨茨（Friedrich Gentz）與當時最新潮的浪漫派作家施萊格爾（Friedrich Schlegel）的相遇；這些還只是拉赫爾「閣樓」的知名訪客中的一小部分。這些相遇全都在一八〇六年終結了，根據女主人的說法，這個獨特的相會場所「像一艘運載著生命之最高享受的航船一樣沉沒了」。隨著貴族們、浪漫派知識份子們變得反猶（即便這並不意味著他們拋棄了所有猶太朋

友），這種純真與光輝也就一去不復返了。❶

在德國猶太人的社會史上，真正的轉捩點並非發生在普魯士戰敗的那一年，而是發生在兩年後的一八〇八年，當時政府通過了賦予猶太人完整公民權利（而非政治權利）的國內法案。在一八〇七年的和平協議中，普魯士已經失去了擁有最多猶太人口的東部省份；❷其境內剩下的猶太人都是「被保護的猶太人」，也就是說，他們早已通過個人特權的形式享有公民權利。國內法案所帶來的解放只是合法化了這些特權，並在一八一二年的普遍解放敕令之後留存了下來；當普魯士在擊敗拿破崙之後重新獲得波森省及其猶太人口，就在具體措施上廢除了一八一二年敕令（這一法令如今意味著甚至連貧窮猶太人也擁有政治權利），卻保留該國內法案原封不動。

儘管在政治上，猶太人地位的實際提升不具有多少重要性，但是這些最終的解放敕令，加上失去了擁有大多數普魯士猶太人口的省份，還是帶來了巨大的社會影響。在一八〇七年之前，普魯士的被保護猶太人僅佔全部猶太人口的百分之二十。當政府頒布解放敕令的時候，被保護的猶太人已佔了普魯士猶太人口的大多數，相較之下，只有百分之十的猶太人口是「外國猶太人」。如此一來，黑暗的貧窮與落後就不復存在了；原本若與這種背景相對照，「例外猶太人」的財富

---

❶ 譯註：鄂蘭對於柏林沙龍的詳細描寫，可參見她寫於一九三二年的一篇文章〈柏林沙龍〉（“Berlin Salon”, EU: 57-65）。

❷ 譯註：如上一章所言，拿破崙擊敗普魯士後，將後者中的波蘭的領土分離出來，其中包括了以波森為中心與以華沙為中心的兩個省。拿破崙失敗後，普魯士重新獲得了波森省，但未從重獲華沙省。

與教養就可以輕易被凸顯出來。而這種根本性地構成了社會成功與心理自尊的對照背景，已再也不會變回拿破崙到來之前的樣子。當普魯士在一八一六年重新獲得波蘭省份的時候，❶原先的「被保護猶太人」（如今已登記為有猶太信仰的普魯士公民）仍佔了猶太人口的百分之六十以上。14

在社會層面上，這意味著留在普魯士的猶太人已喪失了讓他們得以被對照為例外的本地背景。如今他們自身就構成了這樣的背景，只不過是一個縮小版本，在這一背景中，個人不得不加倍努力以從所有人中脫穎而出。「例外猶太人」又變回僅僅是猶太人了，他們不是一個受蔑視的民族中的例外，而是這個民族的代表。同樣糟糕的是政府干預的社會影響。情況已不僅僅是對抗政府的各階級會公開敵視猶太人，而是社會中的所有階層都開始多少意識到，他們所熟識的猶太人已不再是某個群體中那麼例外的成員，國家也不再會為了取悅他們而採取特別措施。而這正是「例外猶太人」一直以來就懼怕的狀況。

柏林社會很快就以無可匹敵的速度拋棄了猶太沙龍，在一八〇八年，這些會面場所已被有頭銜的貴族家族與上層中產階級所取代。我們從當時的眾多書信中都可以看到，無論是知識份子還是貴族，都開始將他們原本對於不熟悉的東歐猶太人的蔑視，轉移到他們所熟悉的有教養的柏林

❶ 譯註：這裡的比率落差似乎過大，除了其他因素外，我們或許還要考慮到，普魯士重獲的波蘭省份只有波森省，而未包括華沙省。

猶太人身上。後者將再也無法從自視為例外的集體意識中獲得自尊；因此他們每一個人都不得不證明，他雖然是猶太人，但同時也不是猶太人。僅只是從一群不為人知的「落後同胞」中區別出來，已不再足夠；要成為能夠被奉為例外的個體，一個人就必須從「猶太」（*the* Jew）中，也就是從民族整體中脫穎而出。

發現「猶太」幽靈的是社會歧視，而非政治反猶主義。在猶太個體與「一般猶太人、到處存在又到處不存在的猶太人」之間做出區分的始作俑者，乃是一位不知名的共和派人士，此人在一八〇二年就針對猶太社會及其對教養的飢渴，乃至他們用以獲得普遍社會接受的法寶，撰寫了一篇辛辣的諷刺文章。文中把猶太人描繪為市儈（philistine）與暴發戶社會的一種「根源」（principle）。[15]這篇頗為粗俗的文章不僅被拉赫爾沙龍的一些傑出成員欣然閱讀，甚至還間接激發布倫塔諾（Clemens von Brentano）這樣偉大的浪漫主義詩人，寫出一篇非常風趣的文章，再次把市儈與猶太人畫上等號。[16]

某些東西伴隨著早期混合型社會的田園牧歌一起消失了，在任何國家、任何時代都無法重返。也不再有任何社會群體能夠以自由的心智與心靈來接受猶太人了。如果有人友善對待猶太人，他要嘛是因自身的大膽與「惡癖」而感到興奮，要嘛就是為了阻止賤民（pariah）成為其公民夥伴的防衛行為。但是無論在何處，只要猶太人不再在政治上、民事上受排斥，他們就變成了社會賤民。

作為集體現象的同化只有在猶太知識份子當中才真正存在，記住這一點是很重要的。孟德爾頌是第一個有教養的猶太人，同時也是第一個縱然公民地位低下卻仍獲准進入非猶太社會的人，這一點並非偶然。宮廷猶太人及其後繼者們、西方的猶太銀行家與商人們，都從未得到社會的接納，他們也不在意自己是否能離開無形隔都的狹隘限制。剛開始，他們像所有尚未敗落的暴發戶一樣，驕傲於他們所出身的那個悲慘、窮困的黑暗背景；之後，當他們遭到來自四面八方的攻擊時，他們就通過大眾的貧困乃至落後，來獲取既得利益，因為這成為確保他們自身安全的一項主張、一個標記。慢慢地，他們帶著不安被迫離開較為嚴格的猶太律法要求（他們從未完全離開宗教傳統），同時又因為猶太大眾的要求而變得越發正統。[17]猶太共同自治體的瓦解，不僅使他們更加渴望為了保護猶太社群而對抗當局，而且還要在國家的幫助下統治他們；在此情況下，貧窮猶太人「雙重依賴」著「政府與富有同胞」的說法，完全反映了現實。[18]

猶太顯貴們（正如他們在十九世紀的稱號）統治猶太社群，但他們在社會上、甚至在地理上都不屬於這些社群。他們站在遠離猶太社會的位置上，正如他們同樣遠離非猶太社會。他們在建立輝煌的個人事業並從主子那裡獲得許多特權後，就形成了某種社會機會極其有限的例外者共同體（community of exceptions）。他們自然會遭受宮廷社會的鄙視，與非猶太中產階級也缺乏商業聯繫，因此他們的社會關係外在於社會法則，他們在經濟上的崛起也獨立於當時的經濟環境。這種孤立與獨立使他們具有一種權力感和自豪感。流傳於十八世紀的一則軼事對此有所描繪：「一

位高尚而有教養的醫生溫和地指責一名猶太人說：猶太人中沒有王公貴戚，也未參與政府，卻自帶（猶太式）驕傲態度。這位猶太人以傲慢的態度回答：我們不是王公貴戚，但是我們統治他們。」[19]

這樣的驕傲幾乎是階級傲慢的對立面，後者只是緩慢地在特權猶太人中間發展著。縱然他們的統治就像專制君主之於人民，他們仍然覺得自己是第一公民。相較於主子所授予的任何頭銜，更使他們驕傲的是身為「猶太人中的特權拉比」，或「聖地君王」。[20]在十八世紀中葉之前，他們都會同意那位荷蘭猶太人所說的「我們從未臣屬於世界上的任何國家」（Neque in toto orbi alicui nationi inservimus）；而無論是當時還是後來，他們都沒能充分理解那位「博學的基督徒」的回答：「但這僅僅意味著少數人的幸福。被視作一個整體的民族到處被追獵，沒有自己的政府，只能臣服於異族的統治，沒有權力也沒有尊嚴，他們在世界各地流浪，在哪裡都是異鄉人。」[21]

唯有在各國國家銀行家之間建立起商業連結之後，階級傲慢才開始出現；接下來則很快會出現各大主要家族間的通婚，並最終形成一個真正的跨國等級系統，而猶太社會目前仍對此種系統一無所知。這種階級傲慢在非猶太的觀察者眼中格外顯眼，因為它的出現，正值舊封建階層、等級迅速消失在新興階級的當下。人們錯誤地得出結論，認為猶太人是中世紀的殘餘，卻沒有看出這一新興等級是晚近才出現的事。它直到十九世紀才得以完成，而且可能只包含了不超過一百個

家族。但是由於這一切都被放在聚光燈下檢視，才造成了猶太民族整體被視為一個社會等級（caste）。[22]

雖然在政治史上以及在催生反猶主義方面，宮廷猶太人都發揮了重大作用，但若不是因為他們與猶太知識份子（畢竟後者通常都是商人們的子女）之間存在某些共通的心理特徵與行為模式，則社會史會很容易忽略他們。猶太顯貴們想要支配猶太民族，因此無意離開它，而猶太知識份子的特徵則是想要離開自己的民族，並獲准進入社會；兩者都具有他們係屬例外的感覺，這種感覺完美地與當時環境對他們的評判相一致。富有的「例外猶太人」覺得自己就像是猶太民族共同命運的例外，而各國政府也認可他們例外地好用；有教養的「例外猶太人」覺得自己既是猶太民族的例外，也是人類的例外，這一點亦得到了社會的認可。

無論是否引發了極端的轉變，同化從來不會真正威脅到猶太人的生存。[23]無論他們是被歡迎還是被拒絕，都是因為猶太人的身份，而且他們對此也很清楚。第一代有教養的猶太人仍然真誠地想拋棄他們的猶太認同，例如伯恩就充滿苦澀地寫道：「有人因為我是猶太人而譴責我，有人因此而稱讚我，有人因此而原諒我，但無論如何，所有人都會想到（我是猶太人）這件事。」[24]他們所受的仍然是十八世紀觀念的薰陶，他們渴望一個沒有基督徒也沒有猶太人的國家；他們獻身於科學與藝術，同時卻發現那些會授予猶太銀行家各種特權與榮譽的政府，宣判猶太知識份子應該餓死，從而受到了很大的傷害。[25]在十九世紀初，宗教改信之所以大受推動，是因為他們害

怕被與猶太大眾混為一談，然而改信如今卻已成為獲得每日食糧之必要條件。為了因喪失原有特質而得到的獎賞，一整代猶太人被迫艱苦地與國家、社會相對立。這些「人性新樣本」（如果他們還能勝任這一稱號的話）全都成為了反叛者，而且由於當時最反動的政府都由猶太銀行家提供財政援助，因此他們對於本民族官方代表的反抗尤其暴烈。只有在富裕猶太人與猶太知識份子的這種衝突的背景下，我們才有辦法恰當理解馬克思與伯恩的反猶言論（譯按：參見上一章第二節）。

然而這種衝突只在德國充分顯現了它的力量，而且存在的時間也不比十九世紀的反猶運動更長。在奧地利，要直到十九世紀末，當人們直接感受到反猶主義壓力的全幅影響之後，才會有猶太知識份子出來發言。這些猶太人就像他們的富有同胞一樣，寧願將自己託付給哈布斯堡王朝提供的保護，而且直到一戰後社會民主黨掌權時，他們才開始成為社會主義者。在這一法則下最重要的（雖非唯一的）例外就是卡爾・克勞斯（Karl Kraus），他是海涅、伯恩、馬克思這一傳統的最後一位代表。克勞斯一方面譴責猶太商人，另一方面則譴責猶太新聞界組織化的名聲崇拜，他這些行為中蘊含的怨恨，或許比他的前輩們還更大，因為他更嚴重地被孤立在一個不存在任何猶太革命傳統的國家裡。在法國，解放敕令歷經政府與政體的各種變遷而保存了下來，為數不多的猶太知識份子們既非新階級的先驅者，在智識生活中也不特別重要。在這樣的文化中，只把教育當成一項計畫，並不會像在德國那樣形塑出猶太人的行為模式。

在其他任何國家，都不曾出現過像短期的真正同化這樣決定性地影響德國猶太人歷史的情況：一個民族真正的先鋒不僅接受猶太人，甚至還帶著奇特的渴切想要跟他們團結在一起。這種態度從未完全從德國社會消失。就算到了最後的終局時刻，其痕跡也依然清晰可辨，這無疑揭示出人們與猶太人的關係從未被視作理所當然。在最好的情況下，它被當作一項計畫，在最糟的情況下，則被當作一個奇特而刺激的實驗。俾斯麥那個廣為人知的評論「以德國種馬來配對猶太牝馬」，只不過是當時流行觀點最粗俗的表達。

很自然地，這種社會情境固然在第一批有教養的猶太人中製造了一些反叛者，但長遠來看，它更多是催生出了一種特別的奉從主義（conformism），而非一個有影響力的反叛傳統。[26]社會一方面歧視「普通」猶太人，另一方面，有教養的猶太人普遍又比同等條件的非猶太人更容易進入上流社會；猶太人既然遵從了這個社會，他們就不得不將自己從「一般猶太人」中清楚區辨出來，並同樣清楚地表明自己是猶太人；在任何情況下，人們都不允許他們就這樣簡單地隱身在鄰人之間。為了合理化某種他們自己也不完全理解的曖昧性，他們會同時假裝成「大街上的其他人與家中的猶太人」（be a man in the street and a Jew at home）。[27]這相當於，既自覺跟大街上的其他人不同，因為自己是猶太人，同時又自覺跟家中的其他猶太人不同，因為自己不像是「普通猶太人」。

這種持續專注於讓自己有別於眾人的努力，決定了已同化猶太人的行為模式，進而創造出一

種隨處可見的猶太類型。於是猶太人不再是由民族身份或宗教界定，而是被轉化為一個社會群體，其成員共享著某些心理特質、某些反應模式，也就是一切被認為構成了「猶太性」（Jewishness）的東西的總和。換言之，猶太教（Judaism）成了一種心理特質，而猶太問題則成為涉及每個猶太個體的個人問題。❶

在通過區辨與區分來遵從社會的悲慘努力中，這種新猶太類型已經和被懼怕的「一般猶太人」幾無共同之處，也不同於每當猶太新聞業者被攻擊時，猶太護教士就會召喚出來護身的「先知的繼承者以及正義在大地上的永恆推手」。護教者眼中的猶太形象被賦予了那些實則專屬於「賤民」（pariah）的特質，某些生活在社會邊緣的猶太反叛者也具備這些品質：博愛、善良、不帶偏見、富有正義感。麻煩在於，這些特質與先知們毫無關聯，更糟的是，這些猶太人通常既不屬於猶太社會，也不屬於非猶太的上流社會。在猶太人的同化史中，他們只扮演無足輕重的角色。❷在另一方面，「一般猶太人」則正如職業猶太仇恨者所描述的，展現出想要成為「新貴」

---

❶ 譯註："Judaism"一般譯作「猶太教」，但確切來說，它意指猶太人的整體生活方式，也就是一種宗教性的民族／族群特質，因此可以說它實為「猶太主義」；然而在去民族化、去宗教化之下，它就變成了一種個人心理特質。

❷ 譯註：這裡所說的「賤民」呼應的是前文所提到的那個反叛傳統，也對應後文所說的「自覺的賤民」，鄂蘭在本書重點論述的是較為主流的同化猶太人（「新貴」）的問題，而其背後則隱藏著另一個「賤民」傳統。在鄂蘭的系譜中，前文提及的拉赫爾建立猶太沙龍但最終失敗的案例，可以說構成了在「賤民」與「新貴」之間搖擺的原型。

（parvenu）的猶太人必須具備的特質：無情、貪婪、傲慢、諂媚的奴性、往上爬的決心。此處的麻煩在於，這些特質也與民族屬性毫無關聯，更有甚者，這些猶太商業階級對非猶太社會顯得興趣缺缺，而且在猶太社會史上也同樣幾乎微不足道。只要被誹謗的民族與階級依然存在，那麼在猶太社會以及其他任何地方，新貴與賤民的特質就會在每一時代以無比單調的方式，不斷重新產生。

然而在十九世紀的歐洲社會內部，同樣在形塑猶太人的社會史方面至關重要的因素，就是在某種程度上，每一代猶太人都多少必須在某個時刻決定：他究竟是要維持賤民的身份，並全然置身社會之外，還是要成為一名新貴，也就是不惜在去道德化的條件下遵從社會，以至於他已不太隱瞞自身血統，而是要「利用血統祕密來出賣民族祕密」。[28] 後一條道路事實上不容易，因為這樣的祕密並不存在，只能被杜撰出來。❶由於拉赫爾．范哈根在官方社會之外建立社會生活的獨特嘗試已宣告失敗，賤民與新貴的道路就成為了同樣極度孤獨的道路，而奉從主義的道路又總是讓人悔恨。大部分猶太人的所謂心理情結，乃是建立在某種曖昧的情境上，而在一些被看好的案例中，這種心理狀態還發展成一種非常現代的敏感狀態。猶太人既感覺到賤民無法成為新貴的悔

---

❶ 譯註：鄂蘭的意思是，猶太人為了獲准進入上流社會，不見得會完全隱瞞自己的猶太出身，反而會利用這種身份來博取社會的興趣，同時為了增強猶太人的特殊性與吸引力，就需要自己杜撰出猶太社會的陰謀與祕密，本章第二節的迪斯雷利、第三節的法國猶太人，都呈現出這種現象。

恨，也同時感受到新貴背棄民族、用平等權利來換得個人特權的內疚。只有一件事情是確定無疑的，如果一個人想要避免其社會生活中的所有曖昧之處，就只能屈服於下述事實：作為一個猶太人，意味著要嘛屬於濫享特權的上層階級，要嘛屬於落魄的大眾人民；而在西歐與中歐，唯有通過一種多少依靠人為努力的知性上的團結，才能夠歸屬於後者。❷

永恆的缺乏決斷，決定了普通猶太人的社會命運。社會當然也不會強迫他們下定決心，因為正是這種情境與特質的曖昧性，使它覺得與猶太人建立關係是有吸引力的事。大部分同化猶太人因而生活在福禍難明的朦朧之中，他們唯一可以確定的是，無論成敗，都與自己身為猶太人這一事實脫不了關係。對他們來說，猶太問題已永遠喪失了所有政治意義；但卻又更加專橫地縈繞著他們的私人生活、影響他們的個人決定。「大街上的人與家中的猶太人」這句格言已悲慘地實現了：當猶太人試圖通過內在經驗與私人情感的方式來解決政治問題，這些問題就被扭曲到純屬曲解的地步；當原本更適合以無法預測的激情法則而非審慎策略來管理的私人生活領域，被具有公共性質的未解難題施以重負，私人生活就被毒害到了殘忍非人的地步（例如在異族通婚問題上）。

[67]

❷ 譯註：鄂蘭的意思似乎是，對於富裕人口比例較高的西歐、中歐猶太人來說，要成為無權無勢的大眾人民（賤民），反而是一件需要通過有意識的自覺來實現、來堅持的事情，這一狀況跟生活著大量貧窮猶太人的東歐有很大差別。

要表現得不像「一般猶太人」，同時又仍然是一個猶太人，這絕非易事；這意味著要假裝不像是猶太人，又仍然要充分清晰地展示出自己是猶太人。一個既不是新貴，也不是「自覺的賤民」（拉扎爾）的普通猶太人，只能強調某種空洞的差異，人們持續從心理學上的各種可能面向、從與生俱來的異國性轉變為社會性疏離所帶來的各種變化，來解釋這種差異。只要世界仍是和平的，這種態度就還不至於太糟，甚至在幾個世代以來已成為某種權宜的生活方式。專注於刻意造作的複雜內在生活，使猶太人得以回應社會的不合理要求，亦即要他們看起來既陌生又讓人興奮，要他們發展出隨時自我表達、自我表現的能力，而這本是演員與表演家們的屬性，也就是社會通常以半否定半欣賞的態度來對待的那些人的屬性。而對於自身猶太性半是驕傲又半是羞恥的同化猶太人，顯然也屬於此種範疇。

除了經濟飽和、對政治問題普遍冷漠之外，在脫離革命傳統與記憶之廢墟的發展過程中，布爾喬亞社會也產生了黑色幽靈般的枯燥無聊。猶太人從而成為人們期待能夠用來消磨點時間的一群人。人們越不把他們當作平等同類來對待，他們也就越是具有吸引力與娛樂性。對於布爾喬亞社會來說，只要一個個體與平常人類有異，就能夠在他身上找到樂趣、找到熱情洋溢的興致所在，因此每個可以被認為（帶有神祕邪惡或隱祕惡癖的事物，都會強烈地吸引它。而正是這種狂熱偏好，為猶太人打開了通向社會的大門；因為在這個社會的框架內已扭曲為一種心理特質的猶太性，能夠輕易被曲解為一種惡習。對這類異域（exotic）、不正常、與眾不同之事物的病態渴

求，一步步取代啟蒙時代真誠的寬容、對一切人類事物的好奇心。在社會裡逐一出現的幾種類型，都再現了這種異域、病態、異樣，但沒有一個與政治問題有絲毫關聯。因此唯有猶太人在這個墮落社會所扮演的角色，能夠承擔起一種超越社會事務之狹隘限制的形象。

在我們開始追溯那些引導「例外猶太人」（那些名聞遐邇又聲名狼藉的異鄉人）進入世紀末法國的聖日耳曼區沙龍的奇特道路之前，我們必須先召喚出「例外猶太人」那精心營造的自我欺騙所催生出的唯一一位偉人。似乎每個老生常談的觀念都至少在一個個體身上，有機會成就所謂的歷史偉業。這個作為「例外猶太人」的偉人就是班傑明．迪斯雷利。

二、蓋世魔法師[29]

迪斯雷利人生的主要事業，是以比更士菲（Beaconsfield）伯爵的身份所開展的，有兩件事確立了他的與眾不同：第一件就是我們現代人會平凡地稱作運氣、而其他時代的人則會尊稱為命運女神的天賜好運；第二件是他與命運女神的關係，比人們所能解釋的還更為密切、更為奇妙，這就是他的頭腦與想像力具有無憂無慮的天真無邪，它使人們無法將這個男人視作野心家，即便他唯一認真考慮的事情就是他的事業。他的天真無邪使他認定，自覺落魄是非常愚蠢的，而無論是對他自己還是其他人來說，更使人來勁、對自己的事業也更有益的，乃是「通過與眾不同的打

扮、古怪的髮型、怪異的措辭方式」，[30]來強調自己是猶太人這一事實。比起其他猶太知識份子，他以更激情也更無恥的態度，熱衷於獲准進入上層社會及最上層社會一事；但他也是他們之中唯一一個發現了如何維持運氣（這對於賤民而言乃屬天降奇蹟）的祕密的人，他從一開始就知道一個人絕不應該為了「越爬越高」而折腰。

他就像戲劇表演中的演員一樣玩著政治遊戲，只不過他將自己的角色扮演得如此之好，以至於連自己也相信了他所營造的假象。他的人生與事業聽起來像是一則童話故事，他在其中就如同一個王子，為他的公主（英國女王）獻上浪漫主義者的藍花——在此則是英帝國的櫻草。❶大不列顛的殖民事業是日不落的仙境，而它的首府則是神祕的亞洲德里，王子想要帶著公主逃離霧濛濛的枯燥倫敦，一起奔向那裡。這或許是愚蠢而孩子氣的；但是當比更士菲夫人在寫給她丈夫的信中說道：「你知道你娶我是為了錢，但我知道如果不得不再娶我一次，你會是為了愛」時，[31]這似乎抗拒所有規則的幸福又使人們沉默了。這裡有這樣一個人，他一開始把靈魂出賣給了魔鬼，但是魔鬼不想要他的靈魂，而眾神則將大地上的所有幸福都賜給了他。

迪斯雷利出自一個已經完全同化的家庭；他的父親，一位開明紳士，讓自己的兒子接受了洗禮，因為他想要兒子享有正常人的機會。迪斯雷利與猶太社會沒有多少聯繫，也對猶太宗教或習

❶譯註：迪斯雷利尤其喜愛櫻草，後來的英國櫻草節就是為了紀念他而設立。

俗一無所知。從一開始，猶太性就只是一個血統上的事實，他可以自由地修飾美化，不受實際知識所限。這使得他看待這一事實的態度非常接近一個非猶太人。他比其他猶太人更加明白，身為猶太人既意味著障礙也意味著機會。他不像他單純而謙虛的父親，他不想要只當個普通人，而是要「在同代人中出人頭地」，[32]因此他開始打造自己「橄欖色的皮膚與炭黑色的眼睛」，乃至「強有力的穹頂般的前額（當然不是基督教教堂的穹頂），迥異於人們所見過的任何生物」。[33]他本能地知道一切都取決於「他與普通凡人的區別」、取決於如何凸顯出自己幸運的「奇異性」。

這些行為都展現了對社會及其規則的獨特理解。意義非凡的是，迪斯雷利說出了「在廣大群眾中被視為罪惡（crime）的東西，在少數人眼中不過是一種惡習（vice）」[34]；這恐怕是一種最為深刻的洞見，它洞察出那種暗地裡促使十九世紀社會緩慢墮落到暴民與底層社會的道德層次的原則。由於他深知這一規則，從而也就知道正是在那些假裝排斥、歧視猶太人的圈子裡，猶太人有著最好的機會；因為縱然這些少數人的圈子，還有廣大群眾，都將猶太性視作一種罪惡，但這種「罪惡」可以隨時被轉化為一種有吸引力的「惡習」。迪斯雷利所展現的異域情調、奇異性、神祕感、魔法以及從祕密源頭獲得的權力，都精準擊中了社會的這種脾性。而他在社會遊戲中的敏銳嗅覺使他選擇了保守黨，為他贏得了議會的席位、首相的位置，最終還讓他獲得了長久的社會讚賞與女王的友誼。

他獲得成功的原因之一，是他在表演中展現的真誠。較不帶偏見的同時代人對他的印象是一

種奇特的混合體，融合了表演與「絕對的真誠坦率」。[35]唯有通過真正的天真才能達成這一點，這種天真有一部分要歸因於排除了一切特殊猶太影響的成長背景。[36]但迪斯雷利的問心無愧也要歸功於他生為一名英國人的事實。英國自從中世紀的猶太大驅逐以來，已經接納猶太人數百年之久，因此這裡沒有猶太大眾與猶太窮人的存在；十八世紀來英國定居的葡萄牙猶太人是富裕而有教養的。要直到十九世紀末，當俄國的集體迫害催生出現代猶太移民潮，猶太窮人才開始進入倫敦，猶太大眾與富有同胞間的區別也才隨之出現。在迪斯雷利時代，歐陸形態的猶太問題仍鮮為人知，因為生活在英國的完全是受國家歡迎的猶太人。換言之，英國的這些「例外猶太人」並不像他們的歐陸兄弟那樣覺得自己是個例外。當迪斯雷利嘲諷「人與人生而平等是現代的有害教條」時，[37]他是有意追隨伯克的腳步，後者曾宣稱「比起人權，他更在意英國人的權利」，但是他忽略了少數人的特權已被所有人的權利所取代這一實際情況。他對猶太人民的真實處境十分無知，同時又確信「猶太種族對於現代社群具有影響力」，因此他坦率地要求猶太人「應當接受北方與西方種族所給予的榮耀與恩典，在文明高尚的國家中，這本就是那些使公眾著迷、振奮公眾的人所應得的」。[38]由於猶太人在英國的政治影響力，主要是以羅斯柴爾德家族的英國分支為核心，因此他為羅斯柴爾德在擊敗拿破崙一事上的貢獻感到十分驕傲，也看不到在政治觀點上避免以猶太人身分發言的任何理由。[39]身為受洗的猶太人，他當然不會是任何猶太社群的官方發言人，不過他仍然是同儕間、同時代裡唯一一個試圖在政治上代表猶太民族、也知道如何去做的猶

太人。

迪斯雷利從未否認過「他是猶太人這個根本事實」，[40]他對所有猶太事物都頗為欣賞，恰與對它們的無知相匹配。然而在這些問題上混合著驕傲與無知，正是所有新晉同化猶太人的典型特質。但大不相同的是，迪斯雷利對於猶太人的過去與現在甚至知道得更少，因而別人會在恐懼與傲慢之下說得吞吞吐吐的話，他都敢於公然說出。

迪斯雷利以一個正常民族的政治願景來評估猶太人的可能性，這帶來的政治結果更為嚴重；他幾乎是自發地杜撰出了一整套有關猶太人的權勢與組織的理論，它們通常是見於更惡意的反猶主義之中。首先，他深信自己乃是「天選種族中的天選之人」。[41]還有什麼能比他的事業生涯更能證明這一點呢？一個沒有名氣也沒有財富的猶太人，僅僅憑藉幾個猶太銀行家的幫助，就攀升到了英國第一人的位置；一個不受歡迎的議員成為了首相，並且在人民之中贏得了貨真價實的聲望，而這些人民在很長一段時間裡，還曾「認為他是個騙子，視他為賤民」。[42]政治上的成就從未讓他滿足。被倫敦社會接受，遠比被下議院接受更困難也更重要，而比起成為女王的大臣，獲選為格里利翁會餐俱樂部（Grillion's dining club）成員，無疑是更重大的勝利；這個俱樂部乃是「一個按例由兩黨政治新秀所組成的精挑細選的小圈子，在社會上聲名不佳者都會被排除在外」。[43]但是在這一切甜蜜的勝利中最出人意表的巔峰，莫過於女王的真摯友誼；即使英國王室在這個嚴格控制下的憲政民族國家中已喪失了大部分政治特權，它在英國社會中仍贏得並保持了

無可爭議的至高地位。在衡量迪斯雷利的成功時，人們不應忘記羅伯特・塞西爾（Robert Cecil）這位迪斯雷利在保守黨的傑出同僚，他在大約一八五〇年時，仍會為一個尤其辛辣的攻擊辯護說，他只是「坦率說出有關迪斯雷利的評論而已，每個人都在私底下嚼舌不已，卻不會在公開場合談論」。[44] 迪斯雷利最大的勝利就是，最終這些會在公開場合讓他不滿意、不開心的言論，也在私人場合消失了。迪斯雷利透過只關注生為猶太人的優勢、只宣揚其特權的策略，贏得的正是這種獨一無二、貨真價實的名望。

迪斯雷利的好運部分源自於他總是適應他的時代，這也導致相較於其他大部分偉人，他的眾多傳記作者往往更徹底地理解他。他是活生生的野心化身，那強有力的激情是在一個似乎已容不下任何個性與歧義的世紀中發展出來的。無論如何，卡萊爾（Thomas Carlyle）這個根據十九世紀的英雄理念來詮釋整個世界歷史的人，他拒絕從迪斯雷利手中接受頭銜，這明顯是個錯誤。[45] 以卡萊爾那完全缺乏具體成就的「偉大」概念來說，同時代人中再沒有誰能夠像迪斯雷利這樣完美地符合此種英雄形象了；沒有任何人比這個騙子更確切地滿足了十九世紀後期人們對有血有肉的天才人物的需求；他認真扮演自己的角色，並以真誠的天真、以千奇百怪、妙趣橫生的絕凹演出，展現偉大人物的偉大之處。政治人物們也為這個騙子而著迷，因為他將無聊的商業交易轉化為東方情調的夢幻；當社會在迪斯雷利精明的交易手腕中感受到黑魔法的魅力時，這位「蓋世魔法師」已經不折不扣地贏得了時代的心。

迪斯雷利有別於凡人的野心，以及他對進入貴族社會的渴望，都屬於他那個時代英國的中產階級特質。他之所以加入保守黨，並在路線上始終「與輝格黨敵對、與激進份子結盟」，[46]既不是出於政治理由也不是出於經濟動機，而是其社會野心使然。在歐洲國家，中產階級從未獲得足以讓其知識水準與社會地位相稱的自尊，因此貴族階層在喪失了一切政治地位後，仍得以繼續決定社會等第。貴族們在衰敗過程中，基於保護貴族頭銜以對抗布爾喬亞金錢之必要，而發展出一種等級傲慢，而那些不快的德國市儈則在與這種等級傲慢進行絕望鬥爭的過程中發現自己「與生俱來的個性」。在歐洲貴族的歷史中，籠統的血統理論與嚴格的通婚管控是相對晚近的現象。在迎合貴族階層的要求這方面，迪斯雷利比德國市儈們更懂得多。布爾喬亞希望獲得社會地位的所有嘗試，都未能說服等級傲慢，因為他們只考慮個人本身，卻忽略了等級自負中最重要的因素，就是並非憑藉個人努力與功績，而是僅僅憑藉出身就享有的特權驕傲。「與生俱來的個性」永遠無法否認其發展需要教育與個人的特殊努力。當迪斯雷利「召喚出種族驕傲來對抗等級驕傲」時，[47]他知道無論其他人會怎麼談論猶太人的社會地位，這種地位至少完全建立在出身事實上，而非建立在個人成就上。

迪斯雷利甚至還走得更遠。他知道貴族階層年復一年來眼見許多富有的中產階級購買貴族頭銜，因而腦中總是縈繞著對自身價值的嚴重懷疑。因此他要在他們自己的遊戲中擊敗他們，他用頗為陳腐而流行的想像，大膽描述了英國人是如何「源自一個暴發戶、一個混血種族，而他自己

則出自歐洲最純正的血統」，描繪了「一個大不列顛貴族的人生如何受到阿拉伯法律與敘利亞習俗所規約」，同時也描繪了「一位猶太女性如何是天國的女王」，或是「猶太種族菁英如何至今仍安坐在萬軍之主的右手邊」。[48]當他最終寫出「英國實際上已不再有貴族，因為人在肉身上的優越正是貴族的本質所在」的時候，[49]他其實已經觸及現代的貴族種族理論最薄弱的環節，之後這會成為布爾喬亞與新興種族觀的出發點。

猶太以及歸屬於猶太民族一事，都降格為已同化猶太人在出身上的單純事實。它原本意味著一個特定的宗教、一個特定的民族身份，共享著特定的記憶與希望，甚至在特權猶太人中間，它也還至少意味著共享特定的經濟優勢。猶太知識份子的世俗化與同化，已然改變了自我意識與自我詮釋，其改變方式使那古老的記憶與希望除了受選民族歸屬意識外，就再沒有留下任何東西。迪斯雷利固然不是唯一自認受選卻同時不相信那個揀選之神的「例外猶太人」，卻是唯一一個從歷史使命的空洞概念中編造出一套成熟的種族學說的人。他已準備好要宣稱猶太原則「代表了我們天性中的所有精神性事物」，宣稱「這些歷史變遷已獲得它們的主要解答——一切皆種族」，這是無關乎「語言與歷史」的「歷史鑰匙」，因為「只有一樣東西造出了種族，這就是血緣」，而且只存在一種貴族，亦即「天然貴族」，其中包含了「擁有第一等組織的未混血的種族」，[50]

我們已無須強調這些說法與更現代的種族意識形態之間的密切關係，而迪斯雷利的發現更證明了它們可以極有效地用來對抗社會自卑感。雖說種族學說最終會被用在更險惡、更直接的政治

意圖上，但無可否認地，它的合理性與說服力，有很大部分是因為它能夠讓任何人都覺得自己是個貴族，是藉由「種族」資格的力量而憑出身獲選的貴族。這些新晉的受選者不屬於受選的少數菁英團體（這畢竟根植於貴族的驕傲之中），而是必須與不斷增長的暴民共享受選資格，但這不會對學說造成根本性傷害，因為那些不屬於受選種族的人口在數量上也以同比例增長。❶

然而迪斯雷利的種族學說既源自於他對社會規則的非凡洞見，也是已同化猶太人特別的世俗化產物。猶太知識份子一方面趕上了普遍的世俗化進程，而在十九世紀的此一進程中，人們已喪失了啟蒙的革命訴求，也連帶喪失了對獨立、自立之人性的信心，從而對於早先的真誠宗教信仰轉變為迷信的過程毫無抵抗力。不僅如此，在另一方面，猶太知識份子也受到猶太改革者的影響，後者想要將民族宗教轉變為一種宗教派別。這樣一來，猶太知識份子就不得不轉變猶太信仰中的兩個基本要素，亦即彌賽亞的希望與以色列人係屬上帝選民的信念；他們從猶太祈禱書中刪除了重建錫安的終極願景，也刪除了猶太民族與世界各民族之間的隔離將會終結的虔誠祈盼。若沒有彌賽亞的希望，則上帝選民的觀念就意味著永恆的隔離；若沒有讓一個特定民族來救贖世界的上帝選民信念，則彌賽亞的希望就會消散在廣泛的博愛與普世主義的黯淡雲霧之中，後者已尤

---

❶ 譯註：此處呼應的是本書第七章所討論的帝國主義下的種族主義問題，在殖民非洲的過程中，當地土著就構成了與受選的白人種族相對的非受選種族。

其成為猶太政治熱情的典型特質。

猶太世俗化中最致命的因素，就是將上帝選民的觀念從彌賽亞的希望中分離出來，而在猶太宗教中，這兩個元素正構成了上帝救贖人類之計畫的兩個面向。從彌賽亞希望中發展出朝向最終解決政治問題的傾向，其宗旨正是在大地上建立樂園。從上帝選民的信念中，則發展出為不信教的猶太人與非猶太人所共享的異想天開的妄想，亦即相信猶太人生來就更聰明、更優秀、更健康，也更適合生存下來，他們是歷史的原動力，是大地上的中堅力量。充滿激情的猶太知識份子夢想著地上的樂園，對於擺脫一切民族紐帶與偏見的自由也確信不疑，然而他們實際上比祈盼彌賽亞到來、祈盼有朝一日重返巴勒斯坦的父輩們，都更遠離了政治現實。在另一方面，缺乏熱烈願景的同化主義者則相信自己是大地上的中堅力量，他們因為這種不虔誠的自大而與眾民族相隔離的程度，還更甚於他們的父輩；後者只是為律法的樊籬所隔離，而且虔誠地相信這種樊籬固然隔離了以色列人與異教徒，但終究會在彌賽亞到來之日被摧毀。這些「例外猶太人」已經太過「啟蒙」，以致無法信仰上帝，同時由於他們到處擁有的例外地位，而迷信到盲信自己的地步；實際上正是這些「例外猶太人」的自大，拆毀了由虔誠希望所構築的強大紐帶，這些紐帶曾將以色列人與其他人類聯繫在一起。

世俗化因而最終產生了在現代猶太人心理上具有決定性影響的一種悖論。在同化過程中，猶太人致力於清除民族意識，將民族宗教轉化為告解宗派，並以同樣曖昧的對策與心理詭計，來滿

足國家與社會半心半意的曖昧要求；猶太同化藉由這種悖論產生出一種非常真實的猶太沙文主義，如果我們將沙文主義理解為「個體自身就是被崇拜的對象，且個體就是自身的理想、乃至偶像」（用卻斯特頓的話來說）的倒錯民族主義的話。自此之後，上帝選民的古老宗教觀念便不再構成猶太教的本質；而是變成了猶太性的本質。

這一悖論在迪斯雷利身上找到了它最強有力也最具魅力的化身。他是一位英國帝國主義者，也是一位猶太沙文主義者；但是要原諒一種更毋寧是想像遊戲的沙文主義，這並不困難，畢竟「英國就是他想像中的以色列」；[51]而要原諒他的英國帝國主義，也同樣不太困難，畢竟他「從來就不是一個徹頭徹尾的英國人，也為此感到驕傲」。[52]這些奇特的矛盾都清楚顯示出，這位蓋世魔法師從未認真正視自己，同時始終扮演足以贏得社會與名望的角色；它們匯集成一種獨特的魅力，讓他所有的言辭都帶有一種夸夸其談的激情與白日夢的元素，這讓他與他的帝國主義追隨者們截然不同。他十分幸運，他仍能夠繼續自己的夢想，在他活躍的那個年代，曼徹斯特及其商人們（譯按：亦即上一章提到的曼徹斯特系統，倡導自由貿易，反對奴隸制與帝國主義）尚未接受帝國主義夢想，甚至還尖銳、瘋狂地反對「殖民冒險」。迪斯雷利對血緣與種族的盲目信仰中，還混合著黃金與血脈間具有強大超國族連結的那種古老而浪漫的民間迷信，但這些都不太有可能被懷疑會造成大屠殺，無論是在非洲、亞洲，或是在歐洲本土。他以一個不是很有天賦的作家起家，繼而運氣雖使他一路成為議會成員、黨魁、首相以及英國女王的朋友，卻仍維持著知識份子的身

份。

對於猶太人的政治角色，迪斯雷利所抱持的觀念要追溯到他仍只是個作家，也還未開始政治生涯的年代。他的想法因而也不是實際經驗的產物，但是他在往後的人生中卻異常固執地堅持這些想法。

迪斯雷利在他的第一部小說《阿爾洛伊》（*Alroy*, 1833）中，發展出一個猶太帝國的計畫，在其中猶太人是一個嚴格區分出來的統治階級。這部小說既反映了當時流行的關於猶太人握有權力的種種錯覺，也顯示出這位年輕作者並不了解當時實際的權力狀況。十一年後，議會的政治經驗以及與重要人士的密切互動，讓迪斯雷利學習到「無論以往和今後是如何，猶太人在這個時代的目標，就是遠離一切的政治民族身份主張」。[53] 在新的小說《科寧斯比》（*Coningsby*, 1844）中，他放棄猶太帝國的夢想，開展出一個幻想式的圖景，其中猶太人用金錢支配各個王朝、各大帝國的興衰，並在外交事務中佔據最高統治地位。他一生中從未放棄這第二種觀念，亦即天選民族的天選之人具有祕密而神祕的影響力，他以此取代了先前的夢想，亦即公開建立且進行神祕統治的等級。這成為他的政治哲學的核心樞紐。迪斯雷利與他非常欣賞的那些借貸給政府並賺取佣金的猶太銀行家相反，他是以局外人的不解出發，來看待整個事務；他不能理解，對權力毫無野心的人怎麼可能日復一日地掌控這樣大的權力。他不理解為何猶太銀行家對政治的興趣，甚至還

不如他的非猶太同僚；對迪斯雷利來說，無論如何，猶太財富當然都只是猶太政治的一種手段。他越是瞭解猶太銀行家在商業事務上運作良好的組織、以及他們交換新聞與消息的跨國管道，他就越是確信他面對的乃是某種類似祕密社團的東西，沒有人知道它掌握了整個世界的命運。

眾所周知，相信猶太陰謀是由祕密社團所主導的信念，最是有利於推廣反猶主義的宣傳，而且也大大勝過諸般關於血祭與井中投毒的傳統歐洲迷信。❶迪斯雷利基於全然相反的意圖，並且身處一個沒有人會認真看待所謂祕密社團的時代，卻得出了一模一樣的結論，這顯然具有重大意義，因為它清楚顯示了這些謊言在多大程度上是源自於社會動機與社會仇恨，也顯示出相較於平凡無奇的真相，它們對於各種事件或政治、經濟活動的解釋是多麼煞有其事。在迪斯雷利眼中，以及在他之後許多較不知名也更不高尚的騙子眼中，整個政治遊戲就是在各個祕密社團之間進行的。對於迪斯雷利而言，不只猶太人，還包括其他未曾成為政治組織的權勢團體、或對立於整個社會和政治系統的群體，都儼然是隱身幕後的勢力。在一八六三年，他認為自己見證了「祕密社團與歐洲富豪之間的鬥爭；而羅斯柴爾德已經勝出」。[54]此外「祕密社團宣稱人人生而平等，也宣稱要廢除財產」；[55]直到一八七〇年，他仍然認真談論著「表面下」的力量，而且真誠地相信

---

❶譯註：血祭與井中投毒都是中世紀曾流行的對猶太人的誹謗，前者是指猶太人會殺害基督徒兒童來進行宗教儀式，後者是指黑死病的流行與猶太人在井水中下毒有關。

[76]

「祕密社團及其國際能量，羅馬教會及其主張、方法，還有科學與信仰之間的永恆鬥爭」，他相信這些仍然決定著人類的歷史進程。[56]

迪斯雷利難以置信的天真讓他把這些「祕密」力量全都跟猶太人聯繫在一起。「最初的耶穌會成員是猶太人；俄羅斯那些讓西歐警覺的神祕外交權謀乃是猶太人組織並主導的；此刻正在德國醞釀而且事實上將會引發第二次更偉大變革的非凡革命，也都是在猶太人的贊助下發展起來的」；「猶太族人佔據了每一個（共產主義與社會主義團體）領導位置。上帝的選民們與無神論者合作；最高明的財主與共產主義者結盟，獨特的受選種族與歐洲的渣滓、底層攜手！這一切都是因為他們希望摧毀忘恩負義的基督教世界，這個世界的名字本是他們所賜，而這世界中的暴君已讓他們無法忍受。」[57]在迪斯雷利的想像中，這個世界已經變成了猶太人的世界。

在這個奇特的幻想中，甚至連希特勒最有創意的宣傳妙招，也就是怒斥猶太資本家與猶太社會主義者之間存在祕密聯盟，都已經被預見到了。無法否認的是，無論多麼天馬行空、多麼瘋狂，這整個圖像架構仍有其自身的一套邏輯。如果有人像迪斯雷利一樣，從猶太富豪乃是猶太政治的製造者這個假設出發，如果有人考慮到猶太人已遭受了長達數百年的攻擊（這些攻擊的確真實存在，但仍被猶太護教宣傳愚蠢地予以誇大），如果有人見證過那些還不算常見的猶太富豪的兒子成為工人運動領導者的時刻，並從親身經驗中瞭解到猶太家族紐帶連結得多麼緊密，那麼迪斯雷利所想像的圖景，亦即有計畫地對各基督教民族進行復仇，也就顯得不那麼牽強了。真相當

然是猶太富豪的兒子之所以會傾向於左翼運動，恰恰是因為他們的銀行家父輩們從未捲入與工人的公開階級衝突。因此他們完全缺乏普通布爾喬亞家庭理所當然都會具有的階級意識，而在另一方面，正是基於同樣的原因，雖然其他階級都理所當然地會對猶太人展現公開或隱藏的反猶情緒，工人們卻沒有擁抱這種情緒。很顯然，在大部分國家中，左翼運動為同化提供了唯一真實的可能性。

迪斯雷利以祕密社團來解釋政治的頑固偏好，是建立在某些後來說服了許多歐洲二流知識份子的經驗上。根據他的基本經驗，要在英國社會中獲得一個位置，要比贏得議會席位困難得多。在他的時代，英國社會聚集在那些獨立於政黨分歧之外的高級俱樂部裡。這些俱樂部雖然在形塑政治菁英上極其重要，卻不受公眾管控。在局外人眼中，它們看來必定非常神祕。它們的祕密之處在於不是所有人都能夠獲准加入。而它們之所以會變得神祕，是因為其他階級成員請求加入時，不是直接遭拒，就是得經歷不可計數、不可預料且明顯不合理的重重困難之後方能獲允。毫無疑問，沒有任何政治榮耀能夠取代與特權者建立親密聯繫所帶來的勝利。最明顯的表現是，甚至連在晚年遭遇的重大政治挫敗，都沒有損及迪斯雷利的野心，因為他仍然是「英國社會最威風凜凜的形象」。[58]

迪斯雷利對祕密社團的至高重要性抱持天真的信念，他毋寧是那些出身在社會框架之外、永遠無法恰當理解其規則的新興社會階層中的一位先驅。他們發現自己處在這樣的事態之中：社會

與政治之間的區分不斷被混淆，而且無論狀況看起來多麼混亂，同一種狹隘階級利益總是會獲勝。局外人只能歸結說，一定是某種基於明確宗旨而有意建立的機構造成了這樣異常的結果。而整個社會遊戲只欠缺一份堅定的政治意志，將它漫不經心的利益遊戲與基本上漫無目的的花招詭計，都轉化為明確的政策。這正是在德雷福事件期間短暫發生在法國，希特勒掌權前十年又再次發生在德國的情況。

然而迪斯雷利不僅身處於英國社會之外，還身處於猶太社會之外。他不太瞭解他深深讚賞的猶太銀行家們的頭腦，如果他意識到這些「例外猶太人」雖然被排除在布爾喬亞社會之外（他們從未真正試圖獲得進入的門票），卻共享了它的首要政治原則，也就是政治活動應以保衛財產與利益為核心，那麼他恐怕會大失所望。迪斯雷利看到、且讓他印象深刻的，僅僅是一個缺乏外在政治組織、其成員卻仍然藉由似乎無窮盡的家族與商業紐帶而相互連結的群體。每當他不得不面對它們，而且發現一切都得到了「證實」，他的想像力就會開始運作：比如英國政府是透過亨利・奧本海姆（Henry Oppenheim）的情報（他得知埃及總督渴望出售），才得知蘇伊士運河的股份在出售，後來購買股份時，也是有賴於羅斯柴爾德（Lionel Rothschild）資助的四百萬英鎊。

在最後的分析中，迪斯雷利的種族信念以及祕密社團理論，都始於他渴望解釋那些看似神祕但實則異想天開的事物。他無法從空想的「例外猶太人」權力中製造出政治現實；但他可以，也確實助長這種空想轉化為公眾的恐懼，進而以極其危險的童話來娛樂無聊的社會。

基於大部分種族幻想具有的一貫特性，迪斯雷利談及「多愁善感的現代新型民族身分原則」時，只顯露出蔑視的態度。[59]他憎惡基於民族國家的政治平等，他也擔心猶太人是否能在這樣的條件下繼續存在。他幻想種族將為抵抗平等化提供一個社會的同時也是政治的避難所。由於他對於當時的貴族階層的瞭解，要遠勝於他對猶太民族的瞭解，因此他也不意外地依照貴族階層的概念來建立其種族概念。

有關這些社會落魄者的觀念無疑本可大有用處，但它們若在瓜分非洲之後要用於政治目標時，未能滿足真正的政治需求，就不會在歐洲政治中具有多大意義。布爾喬亞社會願意相信這些想法，這使迪斯雷利成為十九世紀唯一具有真正聲望的猶太人。使他獲得非凡好運的同樣趨勢，最終引發了猶太民族的巨大災難，這並非是他本人的過錯。

三、惡習與罪惡之間

巴黎曾被恰如其分地稱為十九世紀之都（班雅明語）。十九世紀曾充滿希望地以法國大革命為開端，而在接下來的一百多年裡，則歷經了對公民退化為布爾喬亞過程的徒勞抵抗，並在德雷福事件中跌至它的最低點，之後又經歷了十四年的病態緩刑。靠著克里孟梭這位最後的大革命之子的雅各賓魅力，法國還有辦法贏得第一次世界大戰，但典範國族（nation par excellence）的光

榮世紀已走向終結，[60]遺留下來的只有巴黎；對各國的知識先鋒們來說，巴黎已不再具有政治意義與社會榮光。在二十世紀，巴黎已不再扮演重要角色；這個世紀緊承迪斯雷利的辭世，並以瓜分非洲與歐洲的帝國主義支配競賽為開端。因此巴黎的衰落，部分是由於其他國家的經濟擴張，部分則是由於內部的解體；這種衰落依循那種似乎內在於民族國家的形式與法則。

在某種程度上，發生在十九世紀八〇、九〇年代法國的情況，在三、四十年後也發生在歐洲所有的民族國家中。暫且不計年代差距的話，則威瑪共和國與奧地利共和國（譯按：兩者都在一戰結束的一九一八年建立）在歷史上都與法蘭西第三共和國有許多相通之處，而在二十世紀二〇、三〇年代，德國、奧地利的某些政治、社會模式，看起來都幾乎是在有意步踵法國的世紀末模式。

無論如何，十九世紀的反猶主義在法國達到了高峰，後來它之所以敗下陣來，是因為它仍只是一個國族性的國內議題，並沒有與帝國主義潮流搭上線，該潮流也並未在議題中出現。這種反猶主義的主要特徵，後來在一戰後的德國與奧地利再次出現，它對各個猶太群體造成的社會影響幾乎如出一轍，只是不那麼尖銳、不那麼極端，也更受到其他的勢力干擾。[61]

然而我們之所以選擇聖日耳曼區的沙龍這個例子（譯按：聖日耳曼區是法國上流社會聚集的地方），來說明猶太人在非猶太社會所扮演的角色，主要是因為別的地方再也找不到同等宏偉的社會，或更真實可信的紀錄。當普魯斯特開始追尋「逝去的時光」時（他本身是半個猶太人，而且

正處在準備自我認同為猶太人的特別狀態中），他實際上寫出的東西，在他一篇令人讚賞的評論中被稱作「自我人生辯護」。這位二十世紀最偉大法國作家的一生，完全在社會中度過；向他顯現的所有事件，無不映現（reflected）在社會之中，並已經過個體的重新思慮（reconsider），因此正是反思（reflections）與再思（reconsiderations）構成了普魯斯特世界的特定真實與肌理。[62] 在整部《追憶似水年華》中，個體及其再思活動都屬於社會，甚至連他退隱到無聲且不與人溝通的孤獨時也不例外，這種孤獨正是普魯斯特因決心寫作而自己最終隱遁之處。❶在這裡，他的內在生活堅持將發生在世界中的所有事件都轉化為內在經驗，從而變得像是一面讓真理在反照中顯現的鏡子。內在經驗的沉思者就像是社會中的旁觀者，兩者都不直接接觸生活，而是只看到經過映現／反思的現實。普魯斯特固然出生在社會的邊緣，卻仍當之無愧地以局外人之姿屬於這個社會，他擴大了這種內在經驗，來全幅涵括向社會成員們顯現、也從他們身上反映出來的各個面向。❷

❶ 譯註：鄂蘭這裡所說的「社會」（society）跟現在的一般理解有所不同，它往往指涉一種將人隔離於世界／政治的社交場域，後來她會在《人的條件》中正式提出「社會性」（social）與「政治性」（political）的區分。

❷ 譯註：值得注意的是，在這一段以及接下來的幾個段落中，鄂蘭對 reflect/reflection 一詞的使用都頗為微妙，在中文脈絡中，該詞可依不同狀況譯作「反思」、「映現」、「反射」、「映像」等等，但鄂蘭的使用方式恰好是要將這幾種意思糅合在一起。在鄂蘭看來，內在生活與社會作為對現實世界的一種反思／映現，會造成與現實隔離的去政治化效果，對於這一主題，鄂蘭早年在描寫拉赫爾．范哈根的時候，有過類似的討論，當時更多使用的是「內省」（introspection）一詞（RV: 21-22）。

對於這個歷史階段，我們再沒有更好的見證了；在此階段，社會已完全不用再關注公共議題，而政治本身則正轉變為社會生活的一部分。布爾喬亞價值勝過了公民責任感，意味著政治議題已被分解為社會中炫人耳目、引人著迷的各種映像（reflections）。必須順帶一提的是，普魯斯特本人無疑不折不扣地是這個社會的代表，因為他涉入了其中最流行的兩種「惡習」，而他「作為去猶太化之猶太教的最偉大見證者，用西方猶太教名義下最黑暗的比較方式，將這兩者相互聯繫起來：[63]這就是猶太性「惡習」與同性戀「惡習」，它們在映現與個體再思之下，確實會變得非常相似。[64]

迪斯雷利曾發現，惡習不過就是罪惡對應在社會中的一種映像。人類的邪惡一旦為社會所接受，就會從意志行動轉變為內在固有的心理特質；對於這種內在特質，人們無從選擇或拒絕，但它卻又是自外強加其上的，它支配人的強迫程度正如毒品支配癮君子。藉由將罪惡吸收、轉化為惡習，社會否認了所有的責任，建立起一個讓人們深陷其中無法自拔的命運世界。道德主義判斷之下，人們每次都根據規範而判定罪惡，就算這種做法因為展現出低劣的心態，而往往被上流社會目為狹隘、庸俗，但它至少還對人類尊嚴表達了更高的尊重。如果罪惡被理解為某種自然的或經濟上的命數（fatality），那麼最終每個人都會被猜疑具有某種與之相關的特別宿命（predestination）。用普魯斯特的話來說，「如果法官基於種族宿命的理由，而原諒性別倒錯中的謀殺與猶太人的背叛，那麼懲罰就會成為一種被從罪犯身上剝奪掉的權利」。❶隱藏在如此扭曲的寬容

背後的，是謀殺與背叛的吸引力，因為它立刻就能夠轉換成這樣一個決斷：消滅所有犯了罪的人，還要消滅掉在「種族上」就注定會犯下某些罪惡的人。❷只要法政機器並未與社會分離，從而社會標準得以滲透其中並成為法政律則，那麼這樣的轉變就有可能發生。無論法律在尊重、承認人自身行為的獨立責任方面表現得多麼嚴苛，如果這種將罪惡等同為惡習的看似寬大的想法，被准許去建立自身的法律準則，最終必定會比法律更殘忍、更不近人情。

然而正如普魯斯特所描寫的，聖日耳曼區還處在這種發展過程的早期階段。它之所以接納性別倒錯者，是因為它在自己判定為惡習的事物上感受到吸引力。普魯斯特筆下的德・夏呂斯先生（Monsieur de Charlus）儘管身負惡習，卻因其個性魅力與古老姓氏而得到寬容，其後則攀升到了社會高位。他不再需要過雙面人生，不再需要隱藏他那些可疑的相好，而是被鼓勵將他們帶進上流家族。他一度因為害怕被懷疑不正常而迴避的種種話題，如愛、美、嫉妒，如今則由於人們認為他的見解背後充滿了奇異、隱祕、精巧與奇形怪狀的經驗，而大受歡迎。[65]

非常類似的情況也出現在猶太人身上。在第二帝國的社會中，例外個體、晉升貴族的猶太人固然都得到了寬容，甚至受到了歡迎，但如今這樣的猶太人卻正變得越來越流行。在這兩個案例

---

❶ 譯註：從人類尊嚴的角度來說，基於特定規範而做出的有罪判斷，就算再迂腐、墨守陳規，也仍是承認犯人具有因犯罪行為而受到懲罰的權利；反之，基於種族宿命而免除懲罰，則是剝奪了這種基於人類尊嚴的權利。

❷ 譯註：在此存在一條頗為隱晦的線索，預示著極權統治下的「客觀敵人」概念，讀者可參看本書第十二章第二節的分析。

中，社會都遠遠不是試圖修正其偏見。他們並不懷疑同性戀者是「罪犯」，或猶太人是「叛徒」；他們只是改變了對待罪惡與背叛的態度。當然，這種新式寬大思想的問題，並不在於他們不再對倒錯行為反感，而是在於他們不再對罪惡反感。他們絲毫不懷疑約定俗成的判斷。十九世紀隱藏得最好的疾病，那可怕的無聊與普遍的厭倦，已像膿腫一樣爆發。在此困境中，社會稱之為棄民與賤民的那些人，他們無論變成了什麼樣，都至少沒有染上這種倦怠，而且假如我們信賴普魯斯特的判斷，則他們也是這個世紀末社會中唯一仍擁有激情的一群人。普魯斯特僅僅憑藉人的愛的能力這一線索，就帶我們穿越了由各種社會關係與野心所構成的迷宮；這種愛的能力呈現在德．夏呂斯先生對莫雷爾（Morel）的反常激情中，呈現在猶太人斯萬（Swann）對他情婦的毀滅性忠誠上，也展現在敘述者本人對阿爾貝蒂娜（Albertine）絕望的嫉妒中，而阿爾貝蒂娜就是惡習在這部小說中的人格化身。普魯斯特的意思很清楚，他認為這些局外者與新來者，這些「索多姆與戈摩爾」（*Sodome et Ghomorre*）的居民們不僅更有人性，而且也更正常。❶

聖日耳曼區忽然發現了猶太人與性倒錯者的吸引力，暴民則叫囂要「猶太人去死」，這兩者

❶ 譯註：在《聖經》中，索多姆與戈摩爾是兩座因其居民的罪惡而被上帝毀滅的城市，普魯斯特以這兩座城市的名字作為《追憶似水年華》第四卷的標題，該卷中有大量篇幅描寫了同性戀的相關情節。德．夏呂斯先生是作者重點描寫的上流社會中的同性戀者，而斯萬與他出身風塵的情人（後來的太太）之間的糾纏關係，也是小說中的重要情節，至於阿爾貝蒂娜則一度是小說敘述者（我）的女友，後來敘述者（我）卻發現她是隱藏的同性戀者。

之間的差別在於沙龍尚未公然讓自己與罪惡扯上關係。這意味著他們一方面還不想積極參與殺戮，但另一方面仍公然坦承了他們對猶太人的反感、對倒錯的恐懼。這也反過來導致那種典型的曖昧處境，在其中新晉成員既不能公開承認他們的身份，也不能隱藏它。正是在這樣的處境中，產生了由暴露與隱藏、不徹底的坦白與虛假的扭曲、誇大的謙卑與傲慢所組成的複雜遊戲，這一切都源自一項事實，即只有憑藉一個人的猶太性（或同性戀特質）才能夠打開排外沙龍的大門，但與此同時，這也讓這個人處於極其危險的位置。在這種曖昧的處境中，對猶太個人而言，猶太性既是肉體上的污點，也是一種神祕的個人特權，兩者都內在於「種族宿命」之中。

普魯斯特花費許多篇幅，描寫時刻警惕著陌生、異國的危險事物的社會，如何最終將優雅與異形相等同，並已準備好接受各種奇形怪狀之物（無論是真實的或者幻想的），比如「由本地演員所飾演的」古怪而陌生的「俄羅斯或日本的戲劇」；[66]「塗脂抹粉、大腹便便、鈕扣緊綳的（性倒錯）人物，讓人聯想到一個源自曖昧異域的匣子，從中飄出奇特的果香，光是一動嚐鮮之念就叫人心蕩神馳」；[67]「天才人物」就該周身散發「超自然感」，社會將會圍繞他而「聚集，就像是圍繞一座旋轉展示台，去認識永恆的祕密」。[68]在這樣的「巫術」氛圍中，一位猶太紳士或是一位土耳其女士會顯得「如同真是經由靈媒的召喚而來。」[69]

顯然，這種異域、古怪、異形的角色無法由那些個別的「例外猶太人」來扮演，他們在近百年間已作為「異國新貴」被接納、寬容，而且「已經沒有人會再夢想著通過跟他們建立友誼來自

我誇耀」。[70]更適合的人選當然是那些籍籍無名者，那些在他們的最初同化階段中，並未被認為屬於猶太社群、也並未代表猶太社群的人，因為與這樣眾所周知的形象畫上等號，將會大大限縮社會的想像與期待。那些像斯萬一樣有著不可思議的社交才能與普遍品味的人當然會被接受；但更受歡迎的，是像布洛克一樣屬於「不知名的家族，而且就像身在海底似的，不得不承受巨大的壓力；這些壓力不僅來自海面上的基督徒，也來自於中間層那些高於他的猶太等級，每一層級都帶著蔑視壓迫著它下面的層級」。❶社會樂意接受全然陌異之物，以及它所認定的全然邪惡之物，這種意願縮短了以往新來者要經歷數個時代的攀爬歷程，「他們原本必須從一個猶太家族上升為另一個猶太家族，必須披荊斬棘」。[71]這發生在巴拿馬醜聞期間本地的法國猶太人，讓位於一些充滿主動意識、狂妄精神的德國猶太冒險家之後不久，這絕非偶然；無論是否擁有貴族頭銜，那些例外個體都比以往更加渴望在反猶主義與君主派的沙龍社會中謀得地位，夢想著第二帝國的舊日好時光，然而最終他們卻發現自己與那些他們從未邀請到家中的猶太人被歸在同一類。如果作為例外特性的猶太性是猶太人被接納的原因，那麼那些受青睞的明顯是「自成一個同質化團體，並與從他們身旁經過的人群毫無相似之處」，是那些尚未像他們的新貴同胞那樣「達到同樣的同化階段」的人。[72]

❶ 譯註：在《追憶似水年華》中，斯萬屬於有教養的上一輩猶太人，而布洛克則是與「我」同輩的猶太年輕人，書中有不少筆墨描寫布洛克初入上流社會沙龍時的莽撞行為。

雖然迪斯雷利仍屬於那些因為例外而被社會接納的猶太人，但是他作為「天選種族的天選之人」的世俗化自我呈現，已然預先勾勒了即將出現的猶太自我詮釋路線。如果這種瘋狂而粗魯的方式不是正好怪異地符合社會對猶太人的期待，猶太人就沒有機會扮演他們那曖昧可疑的角色。當然，他們並非有意識地接受了迪斯雷利的信念，也不是刻意要發揚十九世紀初的普魯士先輩們最初那種戰戰兢兢的、扭曲的自我詮釋；他們大部分人都幸福地對猶太歷史一無所知。但是在西歐、中歐曖昧的社會與國家形勢下，無論猶太人是在什麼地方受教育、世俗化、同化，他們都喪失了衡量自身血統所蘊含的政治責任的準繩，而猶太顯貴們仍能感受到這種責任，儘管是以特權與統治的形式。不帶宗教與政治意涵的猶太血統，在所有地方都變成了一種心理特質，都被轉變為「猶太性」，且從此以後，只能以美德或惡習的範疇來看待它。如果不存在視其為罪惡的偏見，那麼「猶太性」也就不可能被扭曲為一種有趣的惡習；同樣千真萬確的是，這樣的扭曲之所以可能，也是因為這些猶太人將其視為與生俱來的美德。

已同化猶太人因疏離於猶太教而受到譴責，而最終降臨到他們身上的大災難，也常常被視為一種無意義的苦難，其程度恰與其可怕性質相當，因為他們已喪失了殉教這種古老價值。這種主張忽視了以下事實：假使這是關乎信仰與古老的生活方式，那麼「疏離」在東歐國家也同樣明顯。但是關於「去猶太化」的西歐猶太人的一般觀念之所以會誤導人，是出於另一個原因。普魯斯特所描繪的圖像，並沒有對官方猶太教表現出太過明顯的興趣，而是顯示出在已同化猶太人的

私人生活與每日生存中，猶太出身的事實扮演了前所未有的重要角色。猶太改革者將民族宗教轉變為一個宗教流派，並將宗教理解為私人事務，猶太革命者則偽裝成世界公民，以便擺脫自己的猶太民族身份，至於有教養的猶太人，則成為「大街上的人，家中的猶太人」；上述每一種做法都成功將民族特質轉化為私人事務。結果就是：他們的私人生活、他們的決定、他們的情緒反應，構成了他們的「猶太性」的核心。而猶太出身的事實越是失去宗教、民族及社會經濟意義，猶太性也就變得越是具有固執性；猶太人被它糾纏著，就像某種身體缺陷或身體優勢始終伴隨著一個人，同時也對它上癮，就像一個人染上了某種惡習。

普魯斯特所說的「與生俱來的秉性」也就是這種個人的、私人的固執特質，它被一個成敗取決於猶太出身事實的社會大大正當化了。普魯斯特將它誤認為「種族宿命」，因為他看到、描寫的僅僅是它的社會性面向與個人性思慮活動。對於旁觀記錄者來說，猶太群體確實與後來性別倒錯者的行為模式展現出相同的固執特質。他們都會自覺優越或自卑，但無論如何都驕傲地自覺不同於其他正常人；他們都相信他們的與眾不同是由出生所決定的自然事實；他們要辯護的通常都不是他們之所為，而是他們之所是；最後，他們通常都擺盪在滿懷歉疚的態度與唐突挑釁的菁英宣言之間。他們都無法從一個小圈子轉移到另一個小圈子，彷彿他們的社會位置被其本性永久凍結了一般。社會的其他成員也有歸屬的需要，但程度有所不同：「問題不再像哈姆雷特所說那樣，是存在還是不存在（to be or not to be），而是屬於還是不屬於（to belong or not to

belong）」。[73] 一個社會分裂成多個小圈子，也不再寬容局外者，無論是猶太個體或性倒錯個體，但它接納這兩種個體的特殊條件，會讓它看起來像是這種黨派性質的化身。

每個社會都會要求其成員在一定程度上呈現、表現、展現出他的實際樣貌。當社會分裂為多個小圈子，這樣的要求就不再施於個人，而是施於小圈子的成員。從而掌控行為的不再是個人能力，而是沉默的要求，這正如一個演員的表演，必須配合戲劇中其他角色所組成的集體。聖日耳曼區的沙龍就包含了這樣一個許多小圈子的集合體，每個小圈子都呈現出一種極端的行為模式。性倒錯者扮演的角色是展現出他們的不正常，猶太人扮演的角色是表演黑魔法（「巫術」），藝術家的角色是展示另一種形式的超自然、超人類連結，而貴族的角色則是顯示出他們不同於普通（「布爾喬亞」）人。即使存在這樣的黨派性質，但正如普魯斯特所觀察，「除了在發生全面災難，使大部分人會前來支援受害者的時候，一如猶太人在德雷福事件中施以援手」，這些新來者都會避免與他們的同類相往來。因為一切的區分都是建立在各個小圈子所組成的集體上，因此猶太人或性倒錯者感覺他們若身處猶太人或倒錯者的社會中，就會喪失獨特性，因為在這裡猶太性或同性戀是世界上最自然、最無趣、最平庸無奇的事物。然而小圈子的主人們也需要一個讓他們得以顯出自己與眾不同的集體，其中的非貴族將會欣賞貴族，正如人們欣賞猶太人或同性戀。

即便這些小圈子自身並不穩定，而且一旦沒有其他小圈子的成員圍繞周邊，就會立即崩解，但其成員仍會使用一種神祕的暗語，彷彿他們需要某些奇特的東西來辨認彼此。普魯斯特就以不

少篇幅記錄了這些暗號的重要作用，特別是對於新來者而言。掌握暗語的性倒錯者至少還擁有一個真正的祕密，然而猶太人使用這種語言，卻僅僅是為了創造出人們期待的神祕氛圍。他們所使用的暗號神祕而可笑地揭示出某些舉世皆知之事：在某某公主的沙龍角落裡，坐著另一個不被允許公開承認其身份的猶太人，但他若不是擁有這種無意義的特質，就不可能在這個角落廁身。

值得注意的是，十九世紀末這種類似柏林的最初猶太沙龍的新興混合社會，再次以貴族為核心。如今貴族們已失去對文化的飢渴、對「人性新樣本」的好奇，但仍保有對布爾喬亞社會的古老蔑視。第三共和國的建立宣告了政治平等，使貴族喪失了政治地位與特權，而貴族的回應則是迫切要求進行社會區分。在經歷第二帝國時期短暫而虛假的崛起之後，法國貴族僅能通過社會派系，以及敷衍地為子女預留軍隊高階位置來自我維繫。比政治野心更強大的，是對中產階級準則的挑釁蔑視，這無疑是他們認可某些個人或整個群體（他們屬於在社會上不被接受的階級）的最大動機之一。這個曾經讓普魯士貴族會在社交場合碰上演員與猶太人的動機，最終在法國導致性倒錯者獲得了社會聲譽。在另一方面，中產階級卻並未獲得社會自尊，即便他們此時已掌握了財富與權力。民族國家的缺乏政治等級系統，以及平等的勝利，使「社會表面上變得更加民主，暗地裡則變得更加等級化」。[74] 聖日耳曼區的排他性社會圈子中體現出了等級原則，進而法國的每個社交圈子，「無論其成員的地位或所持政治觀念為何，都同樣體現了這一典型特徵，即便是以多少有所改動、有點滑稽模仿的方式，有時還會假裝予以蔑視。」貴族社會只有在表面上成為過

往雲煙；實際上它已通過掌握「上流社會生活的要訣與語法」，滲透到了整個社會體中（而且不僅止於法國人民）。[75]當普魯斯特感覺到為自我人生辯護的需要，並重新思考他在貴族圈子中度過的人生時，他就對這樣的社會進行了分析。

關於這個世紀末社會中的猶太人角色，主要關鍵在於，正是德雷福事件中的反猶主義為猶太人打開了社會的大門，而也正是此事件的終結，或毋寧說是發現德雷福的清白無辜，使他們的社會榮耀走向終結。[76]換言之，無論猶太人怎麼看待自己或德雷福，只有在社會確信他們乃屬背叛的種族的情況下，他們才有辦法扮演社會指派的角色。當叛國者被發現不過是尋常栽贓陷害行為的愚蠢受害者、當猶太人被證明無辜時，對猶太人的社會興趣就像政治反猶主義一樣迅速消退。猶太人再次被視作凡人，跌落到不重要的位置，正是他們其中一員被假想的罪惡一度使他們攀升高位。

本質上來說，在一戰後更加嚴酷的處境下，德國與奧地利的猶太人享有的是同一種社會榮耀。在那個時候，他們被假想的罪惡是戰爭罪責，這種罪惡不再能夠等同為單一個體之單一行為，也無從爭論；因此暴民將猶太性視為罪惡的評價就一帆風順地持續了下去，而社會也得以繼續被它的猶太人取悅、吸引，直到最後的終結。如果說替罪羊理論中存在任何心理學上的真相，就是這種對待猶太人的社會態度所帶來的影響；因為當反猶法案強制要社會驅逐猶太人的時候，這些「愛猶份子」（philosemites）的感覺，就像是不得不戒除自己的祕密惡癖（secret vicious-

ness），不得不清除掉自己曾神祕而邪惡地鍾愛著的污點。這種心理當然還不足以解釋這些猶太「讚賞者」為何最終會成為殺人犯，同時儘管在實際執行屠殺者中，所謂有教養階級的比例高得令人咋舌，但這些人在運作死亡工廠的過程當中是否真的有擔當重任，則仍可存疑。不過它的確解釋了這些曾經與猶太人最親密、最讚賞也最喜愛他們的猶太朋友的社會群體，為何會做出令人難以置信的不忠行為。

對猶太人來說，從猶太教的「罪惡」到合乎上流社會口味的猶太性「惡習」的這種轉化極端危險。猶太人曾經從猶太教逃離到宗教改信，卻無從逃離猶太性。更有甚者，罪惡可以用懲罰來加以對治，而惡習卻只能夠予以消滅。社會對於猶太出身事實的詮釋，以及猶太人在社會生活框架中所扮演的角色，與讓反猶措施得以運作的那種災難徹底性密切相關。從反猶主義中分化出來的納粹，既根植於政治環境，也根植於這些社會條件。而且雖然種族概念有其他更直接的政治意圖和功能，但它之所以能夠在最兇險的面向上應用於猶太問題，很大部分仍要歸因於社會現象，以及那些實質上獲得了公眾贊同的信念。

在猶太人走向事變風暴中心的命運之旅中，起決定作用的力量無疑是政治的；但是社會對反猶主義的反應，以及個人層面上對猶太問題的心理反應，都與施加在具猶太血統的每一個體身上特有的殘忍，以及有組織、有計畫的攻擊有所關聯，這些在德雷福事件中就已經構成了反猶主義的特色。如果人們將反猶主義的歷史視作一個獨立自在體，一個純粹的政治運動，就無法理解這

種在激情驅動下對「一般猶太人」、「無所不在又無處可見的猶太人」所展開的狩獵。政治史或經濟史未予說明的社會因素，隱藏在事件表層之後，從未被歷史學家覺察，只有詩人或小說家（他們被社會驅迫到為自己進行人生辯護的絕望的孤獨寂寞之中）以更銳利、更富激情的力量將它們記錄下來；這些社會因素改變了純粹的政治反猶主義本可能會走上的道路。那條道路或許會導致反猶法案，甚至大規模驅逐，但不會導致大規模的滅絕。❶

由於德雷福事件及其對法國猶太人權利所構成的威脅，已產生一個讓猶太人享有某種曖昧榮耀的社會情境，反猶主義在歐洲看起來就像是一個由各種政治動機與社會元素構成的無解混合物。面對一場猛烈的反猶運動，社會的最初反應總是明顯偏愛猶太人，因此迪斯雷利的評論「在此刻，沒有任何種族像猶太人這樣讓歐洲感到愉悅、著迷，乃至振奮、提升」，在這危險時代變得尤其真確。社會「愛猶主義」最終總是為政治反猶主義增添了神祕的狂熱，若沒有這種狂熱，反猶主義就幾乎不可能成為組織大眾的最佳口號。資本主義社會所有的落魄者終於準備好要聯合起來建立自己的暴民組織；他們的宣傳與吸引力是基於如下假設：一個曾意欲將罪惡以惡習的形式整合到自身結構之中的社會，如今已經準備好要藉由公開准許罪行、公然犯罪的方式，來清除掉自己的邪癖。

---

❶ 譯註：值得玩味的是，雖然鄂蘭一再表示政治反猶主義更具決定性作用，但是奠定納粹大屠殺之特殊性的，卻似乎更是社會反猶主義。

譯者識

本章主要處理猶太人與社會的關係，分析猶太人自啟蒙時代以來的複雜社會處境與反應機制。可以說，本章的主題在本書的整體架構中頗為特別，因為上一章所分析的政治反猶主義，實際上更與後面的「帝國主義」、「極權主義」有著直接關聯，而本章所處理的社會反猶主義則似乎只是政治反猶主義外的一個補充條件而已。然而本章對於猶太人自身困境的分析卻極為深入、精采，也更富有鄂蘭的特色，背後恐怕不乏她自身的經驗基礎。

在具體內容上，本章分為三個小節，第一節處理德國社會自啟蒙時代以來，出現的賤民與新貴之間的掙扎，第二節與第三節則分別以迪斯雷利與普魯斯特作為兩個個案進行分析，這三個小節雖然針對的具體地域有所不同（德、英、法），但大體上仍依照一定的時間先後順序。

第一節首先分析了啟蒙時期短暫的真正同化，繼而深入剖析這一階段後，猶太人不得不在賤民與新貴之間抉擇的複雜心理機制，大部分「例外猶太人」選擇了依從、同化於社會的新貴道路，而後面兩個章節則主要順著這一道路來進行分析。

第二節是本章比較複雜、迂曲的部分，它偏離了德法這個核心區域，轉而分析英國歷史上一位著名的猶太裔首相；基本上，鄂蘭是將他作為一個範例，藉以說明猶太人有可能在同化進社會的道路上發展出什麼樣的驚人想法。該節的重點在於，迪斯雷利所形成的猶太選民的種族思想，似乎與後來的帝國主義／殖

民主義思想，乃至納粹的種族主義有著隱含的關聯；換言之，作為種族主義受害者的猶太人自身，竟可能構成了種族主義思想的最初源頭之一。

第三節則分析了普魯斯特筆下的十九世紀末法國上流社會，以及新貴猶太人身上的所謂「猶太性」結構，其中包含著猶太人如何為了贏得貴族社會的偏愛，而自我形塑出某種宿命「惡習」的複雜過程，是非常犀利且具有批判性的分析。另外，該節對法國狀況的分析，也鋪墊了下一章對德雷福事件的討論。

值得注意的是，在本章正面論述的脈絡背後，還隱含著兩條重要線索。首先，例外猶太人在普遍平等的政治條件下，努力維持社會上實質不平等的特權，這主要是仰賴貴族沙龍圈子對猶太人的曖昧偏愛，因此本章所分析的實為社會上的「愛猶」主義；與此形成強烈反差的是，下層民眾尤其是所謂暴民，則因社會不平等，而對猶太人抱有強烈的仇恨，正是這種仇恨構成了政治反猶主義的重要動因。

另一個隱藏的脈絡則是賤民問題。根據鄂蘭在一九四六年前後所寫的早期大綱，本章原本還會收錄〈作為賤民的猶太人：一個隱藏的傳統〉（"The Jew as Pariah: A Hidden Traditon", JW: 275-297）這篇文章作為附錄，其中以海涅、拉扎爾（Bernard Lazare）、卓別林、卡夫卡作為這個賤民傳統的代表人物。換言之，賤民傳統乃是本章所分析的作為主流的新貴傳統之外的猶太人出路，鄂蘭對這一傳統給予了很高的讚譽；不過或許是考慮到新貴的線索跟本書的總體架構有更密切的關聯，所以後來鄂蘭並未將這篇文章收入本書。

第 4 章

德雷福事件

The Dreyfus Affair

一、案件事實

事件發生在一八九四年末的法國。阿爾弗雷德・德雷福，法國陸軍總參謀部的一位猶太裔軍官，被指控並認定為德國間諜。繼而法庭一致判決將他終生流放魔鬼島。審判是祕密進行的。在據說卷帙浩繁的起訴檔案中，只有所謂的「備忘錄」（bordereau）公諸於世。這其實是一封寫給德國武官斯瓦茨柯本（Maximilian von Schwartzkoppen）的信，據說出自德雷福之手。一八九五年七月，畢卡爾（Georges Picquart）上校成為總參謀部情報部門的長官。一八九六年五月，他告訴總參謀長布瓦斯德弗（Charles le Mouton de Boisdeffre）說他確信德雷福是無辜的，罪犯是另一名軍官，瓦爾桑—埃斯特哈齊（Ferdinand Walsin-Esterhazy）少校。六個月後，畢卡爾就被調任到突尼西亞的一個危險職位上去了。與此同時，拉扎爾（Bernard Lazare）代表德雷福的兄弟們出版了有關該事件的第一本小冊子：《一個司法錯誤：德雷福事件的真相》。一八九七年六月，畢卡爾向參議院副議長舍雷爾—克斯特納（Auguste Scheurer-Kestner）報告了審判中的事實，以及德雷福的清白無辜。一八九七年十一月，克里孟梭開始為爭取重審案件而奮鬥。四個星期後，左拉（Emile Zola）加入了德雷福派陣營。一八九八年一月，「我控訴」（J'Accuse）一文在克里孟梭的報紙上刊登。與此同時，畢卡爾被逮捕了。左拉則因誹謗軍方的罪名被起訴，普通法院與上訴法院皆判其有罪。一八九八年八月，埃斯特哈齊因侵吞公款而被不光彩地解除軍職。

他馬上會見了一位英國記者，並告訴記者說他才是那份「備忘錄」的作者，而非德雷福，他之所以偽造德雷福的筆跡，是奉了桑德爾（Jean Sandherr）上校的命令，後者是他的上司兼反間諜部門的前長官。幾天後，同樣隸屬於該部門的亨利上校，供認德雷福祕密檔案的另一些部分亦係屬偽造，隨即自殺。於是上訴法院下令調查德雷福案件。

一八九九年六月，上訴法院撤銷了一八九四年對德雷福的原審判決。八月，該案在雷恩進行重審。判決基於「減輕情節」而改為十年徒刑。❶一個星期後，德雷福被共和國總統予以特赦。一九〇〇年四月，世界博覽會在巴黎舉行。五月，當世博會已經確定能夠順利舉辦，眾議院就以壓倒性的票數，決議反對進一步重審德雷福案件。❷同年十二月，所有與該事件相關的審判與訴訟，都在一場大赦下被抹消殆盡。

一九〇三年，德雷福要求重新判決。他的請求直到克里孟梭成為總理的一九〇六年才被接受。在一九〇六年七月，上訴法院撤回了雷恩判決，並撤銷德雷福的所有罪名。然而上訴法院無權做出無罪宣判；它本該下令進行重審。但若在軍事法庭進行重審，則縱然存在對德雷福有利的

---

❶ 譯註：鄂蘭在此的表述稍嫌簡略，實際情況是，在形勢開始對德雷福派有利的趨勢下，雷恩軍事法庭卻最終以五比二的法官投票結果，再次做出了德雷福有罪的判決。但由於法官內部也有分歧，因此妥協性地添加了「減輕情節」的但書。

❷ 譯註：正如本章後面會提及的，一九〇〇年的巴黎世界博覽會在舉辦前，曾因德雷福事件而遭到世界各地的抵制，這種抵制活動明顯影響了法國國內的態度。

壓倒性證據，也很可能會導致一次新的定罪。❶因此德雷福從未依法獲得無罪判決，[1]而德雷福案件也從未真正解決。被告的平反從未被法國人民所認可，而由此喚起的激情也從未完全消退。遲至一九〇八年，也就是特赦九年後、德雷福洗清罪名兩年後，當左拉的遺體在克里孟梭的提議下被送入先賢祠時，德雷福竟在大街上遭到公然襲擊。巴黎法院宣判攻擊者無罪，並表明它對宣判德雷福無罪的決定「持有異議」。

更奇怪的是，無論是一次世界大戰還是二次世界大戰，都無法讓世人徹底遺忘這個事件。在「法蘭西運動」（Action Française）組織的指示下，《德雷福事件綱要》[2]在一九二四年重新出版，並從此成為反德雷福派的標準參考手冊。一九三一年，《德雷福事件》（Hans Rehfisch與Wihelm Herzog以筆名René Kestner創作的一部戲劇）首演時，十九世紀九〇年代的氛圍仍瀰漫社會，並引發了觀眾席的爭吵、包廂裡的謾罵，還有法蘭西運動的突擊部隊站在四周，不斷在演員、觀眾及旁觀者之間製造恐怖。拉瓦爾（Pierre Laval）政府的做法跟三十年前的政府也沒有多大差別：它欣然承認自己無法保障任何一場表演不受干擾，由此帶給反德雷福派一場遲來的勝利。這部戲劇不得不暫停上演。當德雷福於一九三五年過世，除了左派報紙仍在用老舊論調宣揚

---

❶ 譯註：德雷福的有罪判決最初是在軍事法庭做出的，因此要完全合法地還德雷福清白，也必須在軍事法庭進行。然而，軍方勢力主導的軍事法庭為了維護自身，很有可能會不顧一切地堅持原本的誤判，當時的政府當局也害怕這種結果會再度讓國家的名譽受損，因此就讓上述法院越權做出了無罪判決。

德雷福的無辜，右派則叫囂德雷福的罪責外，一般輿論界都不敢觸碰這個議題。[3]即便到了今天，雖然程度已有減輕，但德雷福事件仍是法國政治的某種「示播列」（shibboleth）。❷當貝當（譯按：納粹在法國設立的傀儡政府的首腦）被追責時，深具影響力的地方報紙《北方之聲》（里爾）就將貝當的案例與德雷福案件聯繫起來，並主張說「自德雷福案件以來，這個國家一直是分裂的」，因為法院判決無法解決政治衝突，也無法「為所有法國人帶來精神或心靈上的和平」。[4]

雖然德雷福事件就更廣的政治面向來看，應屬於二十世紀，但是德雷福案件本身，亦即對於德雷福上尉的各種審判，卻具有非常典型的十九世紀風格：人們極端遵循法律訴訟程序，因為每一個程序都是在檢證該世紀最偉大的成就——法律的全然公正。這一時期的特色就是：司法不公可以喚起強烈的政治激情，引發無窮盡的審判與重審，更不用說各種爭鬥、互毆。法律面前人人平等的學說仍然深深根植於文明世界的良知之中，以至於單是一件司法不公的案例，就足以喚起從莫斯科到紐約的公眾義憤。在法國之外，也還沒有任何地方會「現代」到要將這個問題與政治議題聯繫起來。[5]單單是對一個法國猶太裔軍官做出不義之事，就足以在世界各地引發熱烈、團結的反應，其程度更甚於一個世代後對猶太人的迫害所引起的反應。甚至帝俄也譴責法國的野

---

❷ 譯註：「示播列」出自希伯來語，據《聖經》所說，基列人曾根據這個詞的發音來辨識並屠殺異族；鄂蘭藉此描述德雷福事件如何長久構成了區辨法國政治派系的標誌，而下文提到的貝當，則曾在納粹德國佔領法國期間出任傀儡政府首腦，因此成為法國人眼中的叛國者。

蠻，在德國，皇帝的侍從們則公然表達憤慨，其程度僅有一九三〇年代的激進輿論足以相匹。[6]

這一案件中的登場人物，像是從巴爾扎克的小說中走出來的；一方面，充滿階級意識的軍方將領急於包庇自己的小圈子成員，而另一方面，他們的對手畢卡爾，則展現出冷靜、銳利而略帶諷刺的真誠。此外還有議會中那一大群面目模糊的人，個個都恐懼著自己旁邊的人或許知道些什麼；還有共和國總統這位巴黎妓院聲名狼藉的恩客，以及僅僅為社交活動而活的檢察官。接下來則是實為新貴的德雷福本人，他不斷向同僚誇口他在女人身上揮霍了多少家族財產；而他的兄弟為求釋放親人，先是可憐地願意貢獻出他們的所有財產，繼而又減少為十五萬法郎，我們始終不太清楚他們是真的想要做出犧牲，還是僅僅想要收買總參謀部；而德芒熱（Edgar Démange）律師雖然真的相信其委託人的清白，卻將辯護建立在一個有疑問的論點上，以求保護自己及個人利益免受攻擊的傷害。最後還有冒險家埃斯特哈齊，擁有古老貴族出身的他，由於對布爾喬亞社會感到徹底的無聊，因而想在英雄行動與流氓行徑中找尋排解。在還是一名外籍兵團的少尉時，他就因為過人的大膽與厚顏無恥而蜚聲同儕。他經常惹上麻煩，靠著為猶太籍軍官充當決鬥副手、以及敲詐富有猶太人為生。當然，為了獲得必要的引薦，他也樂意供猶太長官差遣。甚至連他最終的淪落也完全符合巴爾扎克傳統。不是叛國，也不是那種會讓成千上萬醉醺醺的普魯士槍騎兵策馬橫穿巴黎、[7]縱情歡樂的狂野夢想，而僅僅是微不足道的侵吞親戚錢財的事件，就讓他走上絕路。那麼，我們又該如何評論左拉那狂熱的道德激情、他那多少有些空洞的感染力，還有他在

流亡倫敦前夕那個戲劇性宣言，宣稱自己已聽到德雷福祈求他做出這一犧牲的聲音？[8]

這一切都典型地屬於十九世紀，且未能在經歷兩次世界大戰後倖存下來。暴民對於埃斯特哈齊的舊式熱情，就像他們對左拉的憎惡一樣，早已沒入灰燼，但那曾經激勵饒勒斯（Jean Jaurès）並確保德雷福最終獲得釋放的，反抗貴族與教士的熾熱激情也同樣如此。正如煙囪帽黨事件（the Cagoulard affair）所顯示的，當總參謀部的官員們策劃政變陰謀時，已不必再恐懼人民的怒火了。❶法國由於實現了政教分離，自然已不再需要操心教士問題，同時反教權情緒也大大減弱了，正如天主教會自身也大大喪失了政治野心。貝當政府曾企圖將共和國轉變為天主教國家，但由於人民的態度十分冷淡，低階教士也對教會法西斯主義抱持敵意，從而不得不中斷。

就政治意義來說，德雷福事件之所以仍維持影響，是因為其中有兩個要素在二十世紀變得更為重要。第一個要素是對猶太人的仇恨；第二個要素則是對共和國本身、對議會、對國家機關的猜疑。無論對錯，很大一部分民眾仍繼續認為後者處在猶太人與銀行權力的影響之下。直到我們的時代，反德雷福派這個詞彙仍可以用來幫助我們辨識所有反共和、反民主以及反猶主義。短短數年前，它仍無所不包，從法蘭西運動的君主派，到多希奧的國家布爾什維克與戴亞（Marcel

❶ 譯註：煙囪黨（La cagoule）是所謂「革命行動祕密委員會」的別稱，該組織是法國右翼法西斯組織，曾於一九三七年策劃推翻政府，後被警方逮捕了數十名成員；據說該組織與法國軍方亦有關連。

Déat）的社會法西斯主義。然而第三共和國的崩潰，不應歸咎於這些為數不多的法西斯團體。相反地，清楚卻弔詭的真相是，在共和國真正崩潰之時，也正是這些團體的影響力最微弱的時候。致使法國衰落的是她不再擁有真正的德雷福派，也不再有人相信民主與自由、平等與正義能夠在共和國之中得到保護或實現。[9]最終，共和國就像過熟的水果一樣自動落入舊有的反德雷福集團（它始終是共和國軍隊的核心部分）手中，[10]而在這一時刻，共和國並沒有太多敵人，卻幾乎沒有朋友。貝當政府並不太是德國法西斯主義的產物，這一點清楚顯示在它對四十年前的舊有準則的盲目遵從上。

當德國巧妙地通過分界線將法國截成兩部分，並摧毀了她的整個經濟的時候，維琪政府的領導人們則在笨拙地試圖修訂舊有的巴雷斯（Maurice Barrès）「自治省」準則，結果只是讓自己變得更加蹣跚難行。他們比其他傀儡政府更迅速地引入了反猶法案，並始終誇口說他們沒必要從德國引入反猶主義，他們統治猶太人的法律在本質上也與德國有別。[11]他們試圖動員天主教士來反對猶太人，卻只證明了教士們不僅已喪失政治影響力，而且實際上早已不再是反猶份子。相反地，正是這些維琪政府想要再次納入政權的主教們，對迫害猶太人的行為表達了最有力的抗議。

提供我們二十世紀之預兆的，並非德雷福案件的審判，而是德雷福事件之整體。如同貝納諾斯在一九三一年指出的，[12]「德雷福事件屬於那個並未隨著上一次戰爭而結束的悲劇時代。這個事件揭示一種同樣野蠻非人的特性，它在激情肆虐的混亂與仇恨的火焰之中，竟仍保持著一顆冷

酷無情得不可思議的心。」當然這並不是說在法國德雷福事件真的引發了後續，但是法國之所以會輕易在納粹的入侵下淪為俘虜，其原因亦不難理解。希特勒的宣傳出自一種久已熟悉、從未完全被遺忘的語言。法蘭西運動的「凱薩主義」[13]、巴雷斯與莫拉斯（Charles Maurras）的虛無民族主義，之所以都從未以其原本的形式獲得成功，要歸咎於眾多因素，而這些因素全都是負面的。他們缺乏社會洞察力，且沒有能力將他們因蔑視理智而產生的精神幻覺，轉化為大眾語彙。

本質上來說，我們在此關注的是德雷福事件的政治影響，而非案件的法律面向。二十世紀的許多典型特質在其中鮮明地呈現了出來。在二十世紀的最初幾十年間，它們仍然微弱且難以辨認，但最終還是全幅朗現於光天化日之下，並儼然躋身現代主流趨勢之列。經過長達三十年溫和的社會式反猶歧視，人們已經有點難回憶起「猶太人去死」這一口號曾在這個現代國家內部四處迴響，而當時該國的國內政策都聚集到反猶主義議題之上。三十年來，老舊的世界性陰謀傳說已淪為不入流小出版社與廉價小說的慣用題材，而世界也不容易想起，就在不久以前「錫安長老會紀要」尚不為人知的時候，曾有一整個國家絞盡腦汁地試圖確認「祕密羅馬」或是「祕密猶太」是否支配著世界政治。[14]

同樣地，精神上自我憎惡的激昂而虛無的哲學[15]，正遭遇某種低潮，因為當時的世界正處於暫時的和平之中，沒能產生著名的罪犯來證立獸性與不法情況的升高。朱勒．居埃倫（Jules Guérins）之流還得等待將近四十年，讓準軍隊化的突擊部隊得以出現的氛圍才會再度成熟。十九

[94]

世紀經濟下的落魄者還得持續增加，直到他們成為各國內部的強大少數；在此之前，政變在德國幾乎不花半分力氣就得以實現，而在法國則僅僅淪為可笑怪誕的陰謀。[16] 納粹的前奏曲在整個歐洲舞台上響起。因此德雷福事件不僅僅是一件怪異的、未被完美解決的「罪惡」，[17] 不僅僅是用假鬍鬚與黑色鏡片偽裝起來的參謀部成員們，趁夜在巴黎大街上販賣愚蠢的偽造文書的事件。它的故事主角不是德雷福，而是克里孟梭，而且它也並非始於一個猶太籍參謀部軍官被逮捕，而是始於巴拿馬醜聞。

二、第三共和國與法國猶太人

一八八〇年與一八八八年之間，巴拿馬公司在曾經成功開鑿蘇伊士運河的德．雷塞布（Ferdinand de Lesseps）的領導下，只取得了很有限的實際成果。儘管如此，在此期間它仍在法國內部成功籌得至少十三億三千五百五十三萬八千四百五十四法郎的私人貸款。[18] 考慮到法國中產階級向來在錢財事務上保守謹慎，這一成功更顯非同尋常。公司的成功祕密在於，它的各種公共貸款總能獲得議會批准。修築運河一般被視作公共國家建設，而非私人事業。因此當公司破產時，真正遭受打擊的也就是共和國的外交政策。而要到幾年後，人們才清楚瞭解更重要的真相——大約五十萬法國中產階級因此破產。新聞界與議會調查委員會都得出了大致同樣的結論：公

司早在數年前就已經破產。他們堅決主張：雷塞布是活在出現奇蹟的盼望中，夢想著新資金會繼續推動工程進行。為了讓新的貸款獲得批准，他不得不賄賂新聞界、賄賂了半個議會以及所有高層官員。然而這要求中產人士的投入，而這些人又反過來要求過高的佣金。於是，最初激發公眾投資此事業信心的原因，也就是議會的貸款批准，在將不太可靠的私人生意轉變為巨大騙局這一過程中，成為了關鍵因素。

無論是在受賄的議員中或在公司的董事會成員中，都沒有猶太人。然而賴納赫（Jacques Reinach）與赫茲（Cornélius Herz）為了在議會成員中分配紅利一事而展開爭奪（譯按：這兩人都是猶太人）：前者在右翼的布爾喬亞政黨中工作，而後者則在激進份子（小資產階級的反教權政黨）中間工作。[19]在八〇年代，賴納赫是政府的祕密金融顧問[20]，因此掌握著政府與巴拿馬公司的關係，而赫茲則扮演著雙重角色。赫茲一方面為賴納赫聯絡議會中的激進黨派（賴納赫本人在這方面缺乏管道）；另一方面，他因其職權而充分洞察到了公司的破產程度，進而得以經常敲詐他的老闆，使他又更深地捲入了這場混亂。[21]

當然還有許多較小的猶太商人為赫茲與賴納赫服務。然而他們的名字早已被世人遺忘，也理當被遺忘。公司的情形越不確定，佣金率也就自然變得越高，直至最後公司本身已只能收到很少的錢。在破產前不久，赫茲單單從議會內的一筆交易中，就收取了不少於六十萬法郎的預付金。然而這筆預付金顯然有欠考慮。貸款沒有成立，股東們只是白賠了六十萬法郎。[22]整場醜陋騙局

以賴納赫的災難告終。他最終因忍受不了赫茲的敲詐而自殺。[23]

然而在自殺前不久，他做了一件事情，這件事對於法國猶太人的影響之大，可謂無以復加。他給記者德魯蒙的反猶日報《自由言論》提供了他所買通的議員名單，也就是所謂的「匯款人」名單，唯一條件則是報紙公開刊行時要隱去他個人的名字。《自由言論》一夜之間從一份在政治上毫不重要的小印刷品，搖身變為三十萬印量的法國最有影響力的報紙之一。它以最大的謹慎與技術運用了賴納赫提供的這個黃金機運。涉案人員名單被刊登在分期連載的小欄目裡，從而讓數以百計的政客們不得不每天過著提心吊膽的生活。德魯蒙的刊物，連同整個反猶新聞界、整個反猶運動，最終在第三共和國成為一股危險的力量。

用德魯蒙的話來說，巴拿馬醜聞是讓不可見人之事昭然於天下，它揭露出兩件事情。首先，議員與公務員們已變成了商人。其次，私人企業（此案例中的巴拿馬公司）與國家機關的中間人幾乎全是猶太人。[24]最令人訝異的是，這些與國家機關維持密切關係的猶太人都是新來者。在第三共和國建立之初，國家金融的掌控權完全為羅斯柴爾德家族所壟斷。他們的競爭對手佩雷爾兄弟（Péreires Brothers）曾創立動產信貸銀行，試圖從他們手中分一杯羹，最終卻只能以妥協收場。到了一八八二年，羅斯柴爾德集團仍有足夠的力量讓天主教聯合總會（Catholic Union Générale）破產，後者的真正目的是摧毀猶太銀行家。[25]在一八七一年的和平協議中，財政條款是由法方的羅斯柴爾德家族與德方的布萊希羅德（該家族先前的代理人）所掌控；協議簽訂之

後，羅斯柴爾德家族馬上開始實施一項前所未有的策略：他們開始公然支持君主派，反對共和派。[26]其真正的新穎之處不是君主派傾向本身，而是第一次有一股重要猶太金融力量站到了現行體制的對立面。在此之前，不管掌權的是什麼政治體系，羅斯柴爾德家族總是會設法適應。由此看來，共和制似乎是頭一個對他們來說毫無用處的政府形式。

數百年來，猶太人的政治影響力與社會地位都源自於如下事實：他們是一個直接為國家工作的封閉群體，也因其提供的特殊服務而受到國家的直接保護。猶太人與政府機構之間密切而直接的關係，只有當國家與人民維持著一定距離，而統治階級又對管理國家漠不關心的情況下，才得以可能。在這樣的環境下，猶太人在國家眼中就是社會中最可仰賴的元素，因為他們並不真正屬於社會。議會制允許自由派布爾喬亞掌控國家機器。然而猶太人從未屬於這個布爾喬亞階級，因此他們對它的猜疑態度並非毫無根據。政權不再像從前那樣需要猶太人了，因為它現在可以通過議會來擴張財政，乃至達到先前的君主專制或立憲君主制作夢也想不到的程度。因而主要的猶太家族就逐漸從金融政治的舞台上退場，並越來越多投身於貴族的反猶沙龍之中，在那裡夢想著通過資助反動運動來恢復舊日好時光。[27]然而與此同時，其他猶太圈子、猶太財閥中的新晉成員，則日益積極地投身於第三共和國的商業活動。羅斯柴爾德家族幾乎忘記了一個簡單的事實，這幾乎讓他們丟掉了權力：一旦他們從體制的積極利益關係中撤離，哪怕僅僅是離開了一會兒，他們馬上就會喪失掉對內閣圈子的影響力，也會喪失對猶太人的影響力。猶太新移民首次看到了他們

的機會。[28]他們完全清楚這個共和國正如其發展樣態所顯示的，並非團結一致的人民起義帶來的合理結果。這是屠殺了大約兩萬名巴黎公社成員的結果，是軍事失敗與經濟崩壞的結果，事實上這是一個從誕生伊始，其統治能力就讓人懷疑的政權。在它接近崩潰的三年間，社會甚至吵嚷著期待一位獨裁者的出現。當這一期待終於在總統麥克馬洪將軍（他唯一稱得上特別的就是在色當戰役中吃的敗仗。譯按：色當戰役就是導致第二帝國崩潰、第三共和國成立的普法戰爭中的關鍵戰役）身上實現，人們卻很快發現此人乃是一位老派的議會主義者，而且短短幾年後（一八七九年）就辭職了。然而與此同時，社會中的各路人馬，從機會主義者到激進份子，從聯盟主義者到極端右派，對於需要政黨代表提出什麼政策、以及應當採用什麼方法，都已經拿定了主意。正確的政策就是保護既得利益，而正確的方法就是腐敗。[29]用賽伊（Léon Say）的話來說，一八八一年後，欺騙已成為唯一的法則。

人們已正確無誤地觀察到，在法國歷史的這一階段，每個政黨都有它自己的猶太人，正如每個皇室家族都曾擁有宮廷猶太人。[30]然而兩者之間仍有深刻差別。猶太資本在國家中的投資，使猶太人得以在歐洲經濟中扮演一個有生產力的角色。若少了他們的協助，則我們將難以想像民族國家在十八世紀的發展及其獨立運作的行政機構。畢竟西方猶太人的解放要歸功於這些宮廷猶太人。賴納赫與其盟友們不可告人的交易甚至沒能帶來長久的財富。[31]他們所做的一切只是將商業與政治之間那神祕而可恥的關係，埋藏到更深的黑暗之中。這些腐屍上的寄生蟲，為一個徹底墮

落的社會提供了極端危險的託辭。由於他們是猶太人，因此在必須平息眾怒的時候，還可以讓他們成為替罪羊。之後，事情就可以再照老樣子進行下去。反猶份子可以立即在一個腐敗的社會中指出猶太寄生蟲，以便「證明」各地猶太人都是白蟻蟲害，否則該地人民的身體就會是健康的。政治體在沒有猶太人協助之下就已經墮落；布爾喬亞社會（猶太人並不屬於它）中商人的策略和他們對自由競爭的理想，導致了國家在政黨政治中解體；統治階級已被證明無力再保護自身利益，更遑論國家整體的利益；以上這些對於反猶份子來說都不重要。自稱愛國者的反猶份子引入了新品種的國族情感，這種情感主要是對自己本國的人民粉飾袒護，而對他國人民則一概予以斥責。

只有在多少是同質的、穩定的國家機關覺得猶太人還有用處，並且有興趣保護他們的情況下，猶太人才能繼續作為一個處在社會之外的群體。國家機關的衰微，使得與它長期休戚相關，且原本緊密團結的猶太人也跟著瓦解。在由新近歸化的法國猶太人所領導的事務中，已顯現出此事的最初跡象，而本土猶太同胞則無法再掌控他們，正如它以同樣的方式發生在通貨膨脹時期的德國。新來者填補了商業世界與國家之間的裂隙。

遠為不幸的是同樣開始於這一時代且自上而下強加的另一個過程。當國家解體為眾多派系時，雖然打破了猶太人的封閉社會，卻並沒有強迫他們轉移到另一塊空地，以便在國家與社會之外生存下去。因為猶太人實在太過有錢，而且在一個明顯不能缺少權力的時代，他們也太過有權

力了。他們往往會根據自己的政治傾向，或更經常根據他們的社會關係，而被吸納進各種各樣的社會「集合」（social "set"）中。然而這並沒有導致他們的消失。相反地，他們仍與國家機器維持著某些聯繫，並繼續操控國家商務，雖然在形式上已有關鍵性的差別。因此即便眾所周知他們反對第三共和國，但負責處理俄羅斯貸款的仍是羅斯柴爾德家族，而梅耶（Arthur Meyer）雖然已受洗改信，而且還是個公開的君主派，卻仍然捲入了巴拿馬醜聞。這意味著當法國猶太人中的新來者構成了私人商業與政府機關的主要連結之後，本土出身的猶太人也緊隨其後。但如果說猶太人曾經建立過一個強大、緊密連結、而且對國家顯然十分有用的群體，現在這個群體卻被分割成了許多小圈子，彼此相互敵視，但全都打著同一個主意，要幫社會吸國家的血。

三、反對共和國的軍隊與教士

作為從第二帝國繼承下來的遺產，軍隊昂然挺立，似乎清除了上述所有因素，也似乎對所有的腐敗免疫。共和國從未膽敢支配它，甚至當它對君主派的同情與相關陰謀在布朗熱（Georges Boulanger）危機中被公諸於世時也不例外。[1] 因而軍官階級就像從前一樣，由那些舊貴族家庭

❶ 譯註：布朗熱是一名法國將軍，曾在第三共和國期間利用當時的反德民族情緒，在全法國獲得極高的人氣，他同時集解了各方保守勢力，差點就推翻了共和政權。

的後代所組成，他們那掄為流亡貴族的祖先們，曾在革命戰爭期間與祖國對抗。這些軍官受教士的影響很深，這些教士自法國大革命以來就形成了支持反動、反對共和運動的立場。對於那些出身較為低微的軍官，教士的影響或許同樣強大，因為教會具有歷史悠久的不問出身只看才能的傳統，這些軍官希望藉教士之力來獲得升職機會。

社會與議會的各種小圈子充滿變動性、流動性，要獲准進入並不困難，但成員的忠誠則反覆無常，而軍隊嚴格的排外性則正與此相反，這是非常典型的等級制特徵。使軍官們凝聚成對抗共和國、對抗所有民主影響力的反動堡壘的，並非軍旅生涯、職業榮譽，亦非團體精神，而僅僅是其階級紐帶。[32]國家拒絕將軍隊民主化，也拒絕讓它服從文官當局的行為，引發了值得注意的後果。它使軍隊成為一個國家之外的存在，也創造出一股會不可預料地改變其忠誠對象的武裝力量。這種受階級支配的力量如果僅僅任其發展，則既不會為任何人所用，也不會與任何人對抗，這一情況已清楚顯示在那個幾乎是滑稽劇的政變故事中（譯按：應是指前文提及的布朗熱危機）；對於這場政變，它確實毫無參與的意願，雖然其聲明正好相反。甚至它聲名狼藉的君權主義，分析到最後也不過是想讓自身維持獨立利益團體的藉口，它隨時準備保護自己的特權，甚至「沒有要顧及共和國，甚至不惜與之對抗。」[33]當時的記者以及後來的歷史學家們，為解釋德雷福事件中軍方勢力與文官政府勢力的衝突而做出了英勇的努力，他們使用了「商人與士兵」之對抗這樣的語彙。[34]然而我們今天知道，這種間接的反猶主義式詮釋是多麼不公。總參謀部的情報部門本

身在商業領域就相當在行。他們不是公然偽造備忘錄以進行非法交易，不以為意地將它們賣給外國軍官，正如皮革商人在從事非法皮革交易，或者共和國總統或總統女婿以榮譽與勳章來從事非法交易嗎？[35]事實上，在法國不得不隱瞞的祕密之外，德國武官斯瓦茨柯本還渴望發現更多軍方祕密，他的這種熱情必然會讓反間諜機構的紳士們尷尬，畢竟他們除了自己編造出來的東西外，就沒有其他東西可以賣了。

天主教政客們犯下了一個重大失誤，他們以為在實行其歐洲政策的時候可以利用法國軍方，僅僅因為它看起來是反共和派。實際上有人認為教會喪失了在法國的全部政治影響力，要算在這個錯誤帳上。[36]根據知曉內情的埃斯特哈齊的描述，情報部門最終被呈現為一個普通的偽造工廠[37]，此時在法國沒有任何團體（甚至包括軍方）像教會一樣受到如此嚴重的波及。在十九世紀末的最後數十年間，天主教教士都在謀求恢復古老的政治權力，而當時由於各種原因，世俗權威正在人民中間衰落。這方面的例子包括在西班牙，衰落的封建貴族使經濟與文化走向沒落，而在奧匈帝國，民族間的衝突成為讓國家衰敗的日常威脅。法國的例子也同樣如此，這個國家似乎很快就陷入了利益衝突的泥沼之中。[38]被第三共和國置於政治真空的軍方，很樂意接受天主教士的引導，因為後者至少為其提供了文職領導層；若沒有這樣的領導，軍隊就會失去他們的「存在理由，也就是要保衛體現在平民社會中的原則」（借用克里孟梭的說法）。❶

當時天主教會由於廣泛流行的懷疑論而贏得聲譽，這種懷疑論在共和國與民主制中看到的，

是一切秩序、安全與政治意志的喪失。對許多人來說，教會的等級制度似乎是唯一可以逃離混亂的避風港。正是這種情勢而非任何的宗教復興，使教士開始受到尊重。[39]事實上在這一階段，教會最忠實的支持者乃是所謂「理智上」的天主教擁護者們，也就是那些「無信仰的天主教徒」，他們支配了整個君權主義與極端民族主義運動。由於不具備彼世信仰的基礎，這些「天主教徒」們吵嚷著為要所有威權機構爭取更多權力。而這實際上正是德魯蒙最初提出的路線，其後則有莫拉斯的支持。[40]

深深涉入政治陰謀詭計的大部分天主教教士，都遵循著迎合形勢的策略。德雷福事件清楚顯示出他們在這方面的顯著成功。因此當維克多・巴什（Victor Basch）開始為重審而行動時，他在雷恩的住宅就在三位神父的帶領下遭到襲擊，[41]其情形正如多明我會的迪東神父（Henri Didon）對阿爾克伊學院學生發出的號召：「拔劍、威嚇、砍下腦袋、大鬧一場。」[42]持同樣觀點的，還有那三百個在「亨利紀念冊」上讓自己永垂不朽的低等教士；所謂「亨利紀念冊」，也就是《自由言論》上刊載的捐款為亨利夫人（獄中自殺的上校的寡婦[43]）成立基金的捐款者名單，這份名單為法國上層階級此時的驚人墮落留下了永久的紀念碑。在德雷福危機期間，影響天主教

[102]

❶ 譯註：軍隊作為武裝力量，其存在的基本理由就是要有非武裝的保衛對象（除非自己成立軍政府），這裡的「文職」與「平民」都是相對於軍方而言的。

會政治路線的不是教會的正規教士，不是其常規宗教組織，當然也不是「宗教人」（homines religiosi）。只要是在歐洲，天主教會在法國、奧地利、西班牙的反動政策，還有教會對維也納、巴黎、阿爾及爾的反猶浪潮的支持，都很有可能是耶穌會影響下的直接結果。通常無論是在文字上還是言論上，都正是耶穌會教士們最好地代表了天主教會的反猶派。[44]這在很大程度上要歸因於他們的教規，根據這種教規，每個見習修道士都必須證明自己上溯四代都沒有猶太血統。[45]而且自十九世紀初以來，教會的國際政策方向已落入了他們的掌控。[46]

我們已觀察到國家機器的解體是如何促使羅斯柴爾德家族進入反猶貴族的圈子裡。聖日耳曼區的上流圈不僅已為那些晉升為貴族的猶太人打開大門，而且還不得不一併忍受那些受洗改信的諂媚者們（反猶的猶太人）和完全的新來者。[47]奇特的是，像德雷福家族這樣因領土割讓而遷到巴黎的亞爾薩斯猶太人，竟在這一社會攀升過程中佔據了尤其突出的位置。他們浮誇的愛國主義，尤其表現在努力與猶太移民切斷關聯的方式上。德雷福家族屬於這樣一部分法國猶太人，他們藉由自我標榜為反猶主義者來尋求同化。[48]這種為了迎合法國貴族而進行的調整，會帶來一個不可避免的結果：猶太人會像他們的新朋友們一樣，尋求將自己的子女安置在軍隊中的高級職位上。正是在這裡出現了引發衝突的第一個因素。讓猶太人進入高等社會的許可已變得相對平和。上層階級固然還夢想著復辟君權，卻是一群政治上的軟骨頭，不會過度干預。但是當猶太人開始在軍隊中尋求平等時，他們就正面遭遇到了來自耶穌會士的堅定敵意，後者並不打算忍受那些不

受告解室影響的軍官的存在。[49]此外，他們也遭到一種根深蒂固的等級精神的反對，沙龍的輕鬆氛圍已讓他們遺忘了這種等級精神，但這種精神不僅早已被傳統與職責所鞏固，更進一步因對第三共和國及其行政機關毫不妥協的敵意而加強。

一位現代歷史學家曾將猶太人與耶穌會會士之間的鬥爭，描述為「兩個競爭對手之間的鬥爭」，在其中「高級耶穌會教士與猶太財閥像是在法國中間形成了兩條無形的戰線，彼此正面對峙著」。[50]在猶太人才剛發現耶穌會是他們第一個毫不讓步的敵手時，這種描述還算正確，但後者迅速意識到反猶主義可以成為多麼強大的武器。這是在希特勒之前第一次也是唯一一次，在泛歐洲的範圍內利用反猶主義中的「主要政治概念」[51]的嘗試。然而在另一方面，如果它假設這是一場兩個對等的「競爭對手」之間的鬥爭，就大錯特錯了。猶太人並不尋求更高的權力，他們所尋求的僅僅是為共和國分裂出來的任何一個圈子所用。他們在當時所渴望的一切，不外乎就是擁有足夠的權勢來追求其社會利益與商業利益。他們並不尋求在國家管理上享有政治席位。唯一尋求這種地位的組織團體是耶穌會。在德雷福審判之前就曾發生過許多事件，顯示出猶太人在尋求獲得軍方職位上是多麼有決心、有熱情，以及甚至在當時，針對他們的敵意已經是多麼司空見慣。由於常常遭到惡劣的侮辱，這些數量稀少的猶太軍官總是被迫要進行決鬥，而非猶太同事們都不願意擔任他們的副手。最初正是由於這一緣故，名譽不佳的埃斯特哈齊作為一個例外（譯按：指他願意擔任猶太人的副手）登上了舞台。[52]

針對德雷福的逮捕與指責，是否僅為一個碰巧點燃了政治戰火的司法錯誤？總參謀部是否為了能最終在一個猶太人身上打上叛國者的烙印，而蓄意策劃了偽造備忘錄？這些問題仍然不是那麼清楚。支持後一種假設的事實是，德雷福是第一個在總參謀部謀得職位的猶太人，而在當時的情形下，這必然會引起震怒與驚恐，而不僅是些微的不滿而已。無論如何，甚至早在判決宣布之前，反猶仇恨就已經被釋放出來了。按照慣例，對於仍在審理的間諜案件，應該暫不洩漏任何資訊，然而總參謀部的軍官們卻一反此例，欣然將案件細節與被告姓名都提供給了《自由言論》。很顯然，他們害怕猶太人對政府的影響力會導致審判被壓下，導致整件事情被平息下來。據說當時某些法國猶太人圈子正密切關切著猶太軍官的危險處境，讓這種恐懼顯得有幾分道理。

我們也必須記得，當時巴拿馬醜聞仍在公眾的頭腦中記憶猶新，而且自羅斯柴爾德貸款給俄羅斯以來，人們對猶太人的不信任已大大增強。[53]國防部長梅西耶（Auguste Mercier）不僅在審判的每個新轉捩點都受到布爾喬亞輿論的稱讚，而且就連社會主義者的喉舌，饒勒斯的報紙也祝賀他「抵抗住了來自腐敗政客與金融巨頭的龐大壓力」。[54]很典型的現象是，這一溢美之辭得到《自由言論》毫不吝嗇的稱讚：「幹得好，饒勒斯！」兩年後，當拉扎爾出版他第一本有關該案司法不公的小冊子時，饒勒斯的報紙小心翼翼地避免討論其具體內容，卻指責社會主義者的作者是羅斯柴爾德的仰慕者，而且很有可能已被後者僱用了。[55]同樣地，晚至一八九七年，當為德雷福恢復名譽的戰鬥已然打響之時，饒勒斯在其中看到的僅僅是機會主義者與教士這兩個布爾喬亞

群體之間的衝突。最終，甚至在雷恩審判之後，李卜克內西（Wilhelm Liebknecht）這位德國社會民主黨人仍然相信德雷福有罪，因為他無法想像上層階級的成員竟會成為錯誤判決的受害者（譯按：在時人眼中猶太人根本屬於既得利益的上層階級）。[56]

激進份子與社會主義者的輿論界所抱持的懷疑態度，已經帶有強烈的反猶情緒，而又因德雷福家族為促成重審而嘗試的古怪策略更為增強。他們採用通常在有罪者的案件中才會採用的方法，來拯救一個無辜者。他們在公開宣傳上犯了致命錯誤，而且還專門仰賴走後門的伎倆。[57]他們胡亂揮霍自己的金錢，而對於拉扎爾這個在本案中對他們最有價值的幫助者、最偉大的人物之一，他們則把他當成花錢僱來的代理人般對待。[58]克里孟梭、左拉、畢卡爾、拉伯里（Fernand Labori）（僅僅列舉較為活躍的德雷福派的名字）最後只能藉由大大小小的抗議與聲明，來撇清他們的努力與案件中某些具體方面的關係，才得以保住他們的令名。[59]

要拯救德雷福，本可以或本應憑藉的依據只有一個。面對墮落議會的陰謀、崩壞社會的腐化以及教士的權力貪欲，人們本該用嚴格雅各賓式的建立在人權之上的國族概念，來與之正面交鋒，也就是共和派在公共生活上主張的（用克里孟梭的話來說），侵犯一個人的權利，就是侵犯所有人的權利。依靠議會或是社會，就是在開始戰鬥之前就輸掉了這場戰鬥。一方面，猶太人的財力資源並不比富有的天主教布爾喬亞更雄厚；另一方面，社會所有的高級階層，從聖日耳曼區的教士家族與貴族家族，到反教士的激進小資產階級，都迫不及待地想看到猶太人被正式從政治

體中移除。他們斷定，這樣一來就可以清除掉自身可能具有的污點。喪失猶太人的社會關係與商業人脈，在他們看來是個很付得起的代價。同樣地，正如饒勒斯所表示的，德雷福事件被議會視為恢復、重獲它久經考驗的廉潔名聲的大好機會。而最後但絕非最不重要的是，在鼓勵諸如「猶太人去死」或「法國人的法國」之類口號的過程中，人們發現一個宛若魔術的定律，可以使大眾甘於接受政府與社會的現狀。

四、人民與暴民

如果說我們時代的常見謬誤，就是想像宣傳可以達成一切，想像只要嗓門夠大、夠狡詐，就可以讓人們相信任何事情，那麼在那個時代，人們則普遍相信「人民的聲音就是上帝的聲音」，相信領袖的任務（如克里孟梭頗為輕蔑地表達的[60]）就是敏銳地跟隨著這種聲音。這兩種觀點都要追溯到同一個根本謬誤，這就是將暴民等同為人民，而非將其視作人民的扭曲變形。

暴民主要是代表了各階級中的殘餘者（residue）的一個群體。這使人們很容易將暴民誤認為人民，因為人民同樣囊括了社會的所有階層。人民在所有偉大革命中都是為了讓自身真正得到代表而戰鬥，而暴民則總是會大聲呼喚著「強人」、「偉大領袖」。暴民憎惡將他們排除在外的社會，也同樣憎惡他們沒有得到代表的議會。因此現代暴民領袖藉以取得驚人成果的全民公投，乃

是訴諸暴民的政客們早已知道的一個舊概念。反德雷福派最有才智的領袖之一德魯萊德（Paul Déroulède）就叫囂要「通過公投來建立共和國」。

第三共和國的上流社會與政客們，在一系列的醜聞與公共騙局中製造出了法國暴民。他們如今則懷抱著生父生母般的溫柔感情，以混合著欣賞與恐懼的情感來對待暴民。社會至少能夠為它的孩子提供口頭上的保護。當暴民真的攻擊了猶太商店並在大街上襲擊猶太人時，上流社會的語言則讓真實且狂烈的暴力看起來像是孩童的遊戲一樣無害。[61]在這方面，當時最重要的檔案就是「亨利紀念冊」，其中提出用來解決猶太問題的各種方案：將猶太人像希臘神話中的瑪耳緒阿斯（Marsyas）那樣撕成碎片；賴納赫應該被活活燙死；猶太人應當用熱油慢慢燜煮或用針刺死；他們應當「脖子以下全都進行割禮」。一群軍官迫不及待想要在這個國家的十萬猶太人身上試試新型手槍。在署名者中有超過一千名軍官，其中還包括四位現役將軍以及國防部長梅西耶。令人訝異的是，名單中還有不少知識份子[62]，甚至還有猶太人。上層階級知道暴民是他們的肉中之肉、血中之血。甚至當時的一個猶太歷史學家，縱然親眼看到在暴民統治街頭的時代猶太人已不再安全，卻仍私下對「偉大的集體運動」表示欣賞。[63]這僅僅顯示了大部分猶太人是多麼深地扎根在這個試圖消滅他們的社會之中。

如果說貝納諾斯在提及德雷福事件時，曾將反猶主義形容為一個重要政治概念，那麼在暴民這方面，他無疑是正確的。先前在柏林與維也納，暴民就已經由艾爾沃特（Hermann Ahlwardt）

[108]

與斯托克、薛納爾與魯格初試身手，但其效力是在法國得到了最清楚的證明。在暴民眼中，猶太人無疑已成為他們憎惡的一切事物的具體實例。如果他們厭惡社會，就會將矛頭指向社會容忍猶太人的方式；如果他們厭惡政府，就會將矛頭指向政府保護猶太人的方式，或是猶太人與國家被混為一談的方式。雖然如果預設暴民的獵殺對象只有猶太人，不免有所偏誤，但猶太人必定在暴民最青睞的受害者中高居首位。

由於被排擠出社會與政治代表席，暴民必然要轉向議會外的行動。更有甚者，他們傾向於在那些運動與影響中尋找政治生活真正的力量，這些力量不為人們所見，卻在幕後發揮作用。在十九世紀，猶太人無疑正符合這個範疇，就如同共濟會（尤其在拉丁國家）與耶穌會一樣。[64]臆想上述任何一個團體真的建立了祕密社團，一心要通過巨大陰謀來支配世界，這當然是純粹的謬論。然而，這些團體的影響力無論多麼公然可見，始終在正式政治領域之外，是在由遊說疏通、祕密聚會、告解懺悔的廣大領域內運作。在歐洲暴民眼中，自法國大革命以來，這三個群體就共同負有作為世界政治中樞的可疑名聲。在德雷福危機中，任何一方都可以利用這種流行觀點，來指責對方圖謀支配世界。「祕密猶大國」的標語無疑是某些耶穌會教士的發明，他們很願意將第一屆錫安主義大會（一八九七年）看作猶太人世界性陰謀的核心。[65]同樣地，「祕密羅馬」的概念則是來自反教士的共濟會，或許也要歸功於某些猶太人不分青紅皂白的詆毀。

暴民的反覆無常乃是眾所周知，在一八九九年，德雷福的反對者們就悲哀地認識到了這一

點；當時風向有所轉變，一小群由克里孟梭領導的真正共和派，忽然五味雜陳地意識到一部分暴民已投靠到他們這一邊。[66]雖然實際上，雅各賓派的克里孟梭已成功將一部分法國人帶回他們最偉大的傳統之中，但是在一些人眼中，原本存在巨大矛盾的兩派人馬，如今看起來就像是「兩幫敵對的騙子為了獲得烏合之眾（rabble，下等人）的認可而爭吵不休」。[67]因此大學者迪克勞斯（Emile Duclaux）會寫道：「在全民面前上演的這場戲劇中，在這場由新聞界傾力打造並最終讓整個國家都軋了一角的戲劇中，我們看到古典悲劇中的歌隊與反歌隊（anti-chorus）互相叫罵。這個舞台就是法國，這所劇院則是世界。」

在耶穌會的領導與暴民的幫助下，軍方最終帶著勝利的信心投入論戰。文官政府的反擊已被對方有效地搶先了一步。反猶新聞界通過出版賴納赫那份捲入巴拿馬醜聞的議員名單，封住了人們的嘴。[68]一切都顯示這會是場毫不費力的勝利。社會與第三共和國的政治人物們，還有他們的醜聞與事件，已創造出一個由落魄者組成的新階級；人們無法指望他們會與自己製造出來的產物戰鬥；相反地，他們會接受暴民的語彙與見解。耶穌會則會通過軍方獲得了凌駕於腐敗文官政府的優勢，從而開啟一條通向不流血政變的道路。

既然只有試圖用詭異方法從魔鬼島救回親人的德雷福家族，只有那些僅關心自己在反猶沙龍以及更反猶的軍隊中的地位的猶太人，那麼一切都無疑指向了那條政變的道路。很顯然，我們沒

有理由期待，從**那種**方向能發動對軍方或社會的反擊。猶太人唯一的願望不就是繼續被社會接受並繼續待在軍隊中嗎？在軍方或文官圈子中，不該有任何人為了**這些猶太人**而遭受不眠之夜的折磨。[69]因此，當消息表明在總參謀部的情報部門中有這麼一位高級軍官，他雖然擁有良好的天主教背景、出色的軍職前景，以及對猶太人的「適當」反感，卻沒有接受那種為達目的不擇手段的原則，這件事無疑令人不安。這個完全脫離了社會黨派心或職業野心的人就是畢卡爾，他那種單純恬淡、不涉政治利害關係的心態，總參謀部很快就受夠了。畢卡爾並不是英雄，當然也不是烈士。他僅僅是個對公共事務有著一般興趣的普通公民，他在危險時刻（縱然沒有更早行動）挺身保衛自己的國家，就像履行日常職責那樣毫不躊躇。[70]然而直到克里孟梭幾經延擱、猶豫，最終確信德雷福實屬無辜而共和國正陷入險地的時候，事情才開始變得嚴重起來。在戰鬥的開始階段，還只有一小部分知名作家與學者投身其中：左拉、佛朗士（Anatole France）、迪克勞斯、歷史學家莫諾（Gabriel Monod）、巴黎高師圖書館館員赫爾（Lucien Herr）。此外就是當時還不重要的青年知識份子小團體，他們後來會在《半月叢刊》（*Cahiers de la quinzaine*）上創造歷史。[71]然而這已是克里孟梭同盟的全體名單。沒有任何政治團體、任何有名望的政治人物準備站在他這一邊。克里孟梭路線的偉大之處在於，它並非針對特定的司法不公案例，而是立基於諸如正義、自由、公民德行等「抽象」理念。簡言之，它所仰賴的概念正是舊式雅各賓派愛國主義的主要內容，它們也早就承受了諸多誹謗與責罵。隨著時間流逝，克里孟梭不為恐嚇與失望所動，繼續表

達同樣的真理，並將它們化為訴求，而更為「具體」的民族主義者們則開始失去優勢。像巴雷斯這樣的追隨者，他們曾指責德雷福的支持者們在「形而上學的混亂」中迷失了自我，現在也開始意識到「老虎」（譯按：克里孟梭的綽號）的抽象概念，實際上要比沒落商人們的有限才智或是宿命論知識份子的貧乏傳統觀念，還要更接近政治現實。[72]莫拉斯的荒謬故事為我們描述了這種現實派民族主義者的具體路線最終會導向何方：法國戰敗後，莫拉斯在飛往南方的旅途中準備降落時，一位女星相學家向他解釋了近期發生的事件的政治意義，並建議他與納粹合作，而他「帶著榮耀與愉悅」欣然同意。[73]

雖然在德雷福被逮捕之後的三年間，在克里孟梭開始戰鬥之前，反猶主義無疑已取得了進展，雖然反猶新聞界也獲得了堪比主流報紙的銷量，但街頭仍然一片沉默。直到克里孟梭開始在《震旦報》（*L'Aurore*）上撰寫文章，左拉刊出了他的〈我控訴〉，雷恩法院開始一系列沉悶的審判與重審時，暴民才捲入了行動之中。德雷福派（眾所周知他們是少數群體）的一舉一動都會在街頭引發或大或小的暴力騷動。[74]由總參謀部所組織的暴民很值得注意。消息直接從軍隊流向《自由言論》報，後者通過它的文章或編輯的個人介入，直接或間接地動員學生、君主派、冒險家以及不折不扣的黑幫份子，將他們推上街頭。左拉一發表言論，馬上就會有石頭砸破他家的窗戶。舍雷爾–克斯特納一寫信給殖民大臣，他馬上就會在街頭遇襲，報紙也會對他的私人生活進行下流的攻擊。所有人都認為，如果左拉被起訴那次最終宣判無罪，他就不可能活著走出法庭。

「猶太人去死」的口號席捲了這個國家。里昂、雷恩、南特、圖爾、波爾多、克萊蒙－費朗、馬賽，實際上是到處都爆發了反猶騷動，而且來源都是同一個。大眾的憤怒在同一天、甚至精確來說是在同一個小時內四處爆發。[75]在居埃倫的領導下，暴民顯得像是一支軍隊。反猶突擊隊現身街頭，使得每個親德雷福集會都以流血事件告終。警察公然成為共犯的情況也隨處可見。[76]

在反德雷福派這一方中，最現代的人物很可能是居埃倫。商場失意後，他以警方密探的身份開展政治生涯，並學得了通常被認為屬於地下世界的組織與紀律。他後來將這一套轉用於政治中，並成為反猶聯盟的創立者與首腦。上流社會在居埃倫身上找到了它的第一個罪犯英雄。布爾喬亞社會對居埃倫的奉承，清楚顯示出它已在道德、倫理準則方面，永遠地違背了自身的標準。在聯盟背後的是兩名貴族：奧爾良公爵與馬奎斯・德・摩爾斯（Marquis de Morès）。後者已喪失了他在美國的資產，並以將巴黎劊子手們組織成屠殺隊而聞名。

在這些現代趨勢中，最雄辯滔滔的乃是對所謂夏布洛爾堡（Fort Chabrol）的滑稽圍攻。正是在這裡，在這最初的「褐宮」（譯按：納粹黨早期的總部所在）中，當警察最終決定逮捕他們的領袖時，反猶聯盟的菁英們預先聚集於此。這座設施是當時尖端技術的完美體現。「窗戶都有鋼鐵護窗板保護。從地下室到屋頂都安裝了電鈴與電話系統。巨大的入口總是鎖著並栓緊，向內大約五碼處有高大的鑄鐵柵欄。在右側，柵欄與主入口之間有一個小門，同樣由鐵板鑄成，門後的警衛是屠殺軍團中的精銳，他們日夜在此守衛」。[77]另一個高唱現代論調的人，是阿爾及利亞大

屠殺的煽動者馬克斯・雷吉斯（Marx Régis），正是這位年輕的雷吉斯曾向一群興高采烈的巴黎烏合之眾呼籲「用猶太人的血來澆灌自由之樹」。雷吉斯代表了運動中希望通過法律與議會的途徑來獲得權力的那部分人。依照這種程序，他讓自己選上了阿爾及爾市長，並利用職權發動了一場屠殺，數名猶太人被殺害，猶太婦女遭遇犯罪攻擊，猶太商店遭到搶劫。文質彬彬而有教養的德魯蒙，這個最有名的法國反猶份子，之所以能在議會中獲得席位，也要歸功於他。

在所有這些事情中，前所未見的並非暴民活動，這早已有不少先例。當時真正新穎且令人訝異的（雖然這一切如今我們已再熟悉不過），乃是暴民的組織以及他們的領袖所享有的英雄崇拜。暴民成為由巴雷斯、莫拉斯、都德（Léon Daudet）所激發的「具體」的民族主義的直接代理人，而這些人共同形塑出了無疑是年輕一代知識份子中的某一類菁英。他們蔑視人民，自己也才剛剛擺脫對唯美主義頹廢而墮落的崇拜，進而在暴民身上，他們看到富有男子氣概的原始「力量」活生生的表達。正是他們以及他們的理論首先將暴民等同為人民，並將其領袖轉變為民族英雄。[78]正是他們的悲觀主義哲學，還有他們對末世的熱愛，成為了歐洲知識界即將面臨崩潰的最初訊號。❶

甚至連克里孟梭也未能擺脫將暴民等同為人民的誘惑。讓他尤其易於犯下這種錯誤的原因，

❶ 譯註：關於暴民與菁英的關係，本書第十章第二節做出了更進一步的論述。

在於勞工政黨對待「抽象」正義問題一貫的模糊態度。包括社會主義政黨在內，沒有任何政黨想討論正義議題本身，沒有人會「為了正義、為了這個將文明人連結在一起的唯一牢不可破的紐帶，無論如何都要挺身而出」。[79]社會主義者代表的是工人的利益，機會主義者代表著自由派布爾喬亞的利益，聯合論者代表著天主教上層階級的利益，而激進份子則代表那些反教士的小資產階級的利益。社會主義者由於代表一個同質且團結一致的階級發聲，因而擁有巨大的優勢。他們不像布爾喬亞政黨那樣代表一個分裂為無數小圈子、小派系的社會。儘管如此，他們在本質上主要關心的仍然是自身階級的利益。他們不會為任何旨在人類團結的更高義務所動，也對共同體生活的真正意義毫無概念。正如蓋德（Jules Guesde）這位在黨內與饒勒斯地位相當的人物所說，他們的典型態度乃是「將法律與榮譽視為空話」。

構成這些民族主義者典型特質的虛無主義，並不是反德雷福派的專利。相反地，很大一部分社會主義者，以及許多像蓋德這樣保衛德雷福的人，說的都是同一套語言。天主教的《十字架》報評論道「這不再是德雷福無辜或有罪的問題，而是軍方的朋友和軍方的敵人，兩方誰會獲勝的問題」，而德雷福的堅定支持者們早已表達了類似的感想。[80]不僅暴民，而且很大一部分的法國人民都會宣稱，對於廣大民眾中的一個群體是否被排除在法律之外的問題，根本毫無興趣。

一旦暴民展開他們對抗德雷福支持者的恐怖戰役，就發現了在他們面前敞開的道路。克里孟梭證實，巴黎的工人們不怎麼關心事件的全貌。他們認為就算布爾喬亞內部的不同陣營有所爭

端，也幾乎不會影響自己的利益。「在人民的公開同意下，」克里孟梭寫道：「他們已在世界面前宣布了其『民主』的失敗。通過他們，握有主權的人民顯示出自身已被從正義的寶座推下，並且被剝奪了它無可指摘的威嚴。不可否認地，這種邪惡已在人民自身的同流合汙之下，降臨在我們身上……人民並非上帝。任何人都本可以預見這個新的神祇終有一天會在自身的墮落中傾頹。遍及整片大陸的暴君集團，並不比安坐在寶座上的獨夫暴君更能讓人忍受。」[81]

最終，克里孟梭說服饒勒斯相信，侵犯一個人的權利就是侵犯所有人的權利。但是他在這方面的成功，僅僅是因為加害人恰好是人民自法國大革命以來就不共戴天的敵人，也就是貴族與教士。工人最終走上街頭，是為了對抗富人與教士，而不是為了共和國，也不是為了正義與自由。無論是饒勒斯的言論還是克里孟梭的文章，確實都讓人聯想到為了爭取人權而產生的舊式革命激情。但同樣真實的是，這種激情雖然足夠強大讓人民團結起來鬥爭，但是人民首先必須確信，岌岌可危的不只有正義與共和國的榮譽，還有他們自身的階級「利益」。如此看來，這個國家內外的諸多社會主義者，仍然覺得插手（按照他們的說法）布爾喬亞自相殘殺的內鬥，或是關心如何拯救共和國，都是犯了一個錯誤。

最先使工人們（至少部分地）擺脫這種冷漠心態的，乃是最熱愛人民的左拉。然而也正是在他控訴共和國的著名起訴書中，最先偏離了準確的政治事實，並為了迎合暴民的激情而把「祕密羅馬」妖魔化。雖然饒勒斯滿懷熱情地採納了左拉的論調，但克里孟梭卻是不情不願。左拉真正

的成就很難從他的小冊子中看出，這個人的生命與作品雖將人民推崇到「近乎偶像崇拜」的地步，但他真正的成就在於他挺身挑戰、戰鬥並最終征服大眾的那種堅決而無畏的勇氣，即便他像克里孟梭一樣，面對大眾時總是無法區分暴民與人民。「我們會發現，人們能夠對抗最強大的君王，拒絕在其面前卑躬屈膝，但是只有極少人能夠對抗群眾，能夠在被誤導的大眾面前孤身挺立，能夠赤手空拳地對他們毫不留情的狂怒視若無睹，在被要求說是的時候，膽敢說不。左拉就是這樣的人！」[82]

在〈我控訴〉發表之前，巴黎的社會主義者就已舉行了他們的第一次會議，並通過了要求重判德雷福案件的決議。但是僅僅五天後，就有大約三十二名社會主義官員很快出來聲明，他們不關心「階級敵人」德雷福的命運。在這一聲明背後有該黨大部分巴黎成員的支持。雖然在整個德雷福事件中，其內部分裂一直存在，但社會主義黨仍然擁有足夠數量的德雷福派，以阻止反猶聯盟掌控街頭。有一場社會主義者大會甚至將反猶主義定調為「一種新的反動形式」。然而在幾個月後的議會選舉中，饒勒斯並未當選，而不久後，當國防部長卡芬雅克（Godefroy Cavaignac）在議會發表了一篇攻擊德雷福並稱頌軍隊不可或缺的演講後，委員會就決議（僅有兩張反對票）在巴黎的牆面上張貼出這篇演講稿。同樣地，當巴黎大遊行在同年十月爆發時，德國大使明斯特則以可靠而自信的語氣向柏林報告：「只要是廣大人民群眾關心的，就絕不會是個政治議題。工人們只想要更高的工資，只想要那些自己最終肯定能得到的東西。至於德雷福案件，他們從未為

此傷過腦筋。」[83]

在當時，誰是廣義上的德雷福支持者呢？如此飢渴地閱讀了左拉的〈我控訴〉的那三十萬法國人是誰呢？懷著宗教式的熱情信奉克里孟梭社論的那些人又是誰呢？最終成功在德雷福議題上，將法國的每個階級、甚至每個家庭都分裂成敵對兩派的那些人究竟是誰呢？答案是，他們並沒有形成任何政黨或同質性團體。不可否認，他們更多來自較低的階級而非上層階級，我們可以從其中包含了更多醫生而非律師、公務員這一典型特點看出。然而大體上說，他們是多種元素的混合體：其中有諸如左拉與貝璣（Charles Péguy）、饒勒斯與畢卡爾這樣南轅北轍的人物，有許多第二天就會分道揚鑣的人。「他們來自各個政黨、各種宗教社群，他們毫無共通之處，甚至彼此衝突……這些人互不相知。他們經歷過戰鬥，而且隨時會再次戰鬥。你們不要再欺騙自己了；這些人是法國民主的『菁英』。」[84]

如果克里孟梭當時有足夠的自信，只將那些關注他的人視作真正的法國人民，那麼他就不會在後來的事業生涯中陷入致命的驕傲。德雷福事件的經驗中，讓他對人民感到絕望，對眾人感到蔑視，最終他確信唯有自己能夠拯救共和國。他不再能夠屈尊為暴民的滑稽表演充當捧場者了。因此，一旦他開始將暴民等同於人民，他就與自己腳下的地基切斷了關聯，並迫使自己從此以冷酷的超然姿態自居。

法國人民的分歧在每個家庭中都顯而易見。很典型的是，唯有在勞工黨中才能找到政治意見

的表達。其他所有政黨，以及所有的議會黨團，都在爭取重審的戰鬥之初就堅定地反對德雷福。然而，這一切意味著布爾喬亞政黨已不再代表選民的真正感受，因為在社會主義者中間如此顯著的分歧，也幾乎同樣發生在廣大民眾的所有團體中。在所有地方都存在著一個肩負起克里孟梭式正義訴求的少數團體，而正是這些異質的少數構成了德雷福派。從一八九七年末直到博覽會開幕的一九〇〇年，他們對抗軍方，對抗為其背書的共和國腐敗共犯的戰鬥，構成了法國國內政治的支配性因素。它也對國家的外交政策產生了顯著影響。儘管如此，雖然這整場鬥爭最終至少贏得了部分勝利，卻完全發生在議會之外。在那個所謂的代表大會中，包含了來自勞動階級與布爾喬亞階級的六百位委員，然而在一八九八年，其中卻只有兩個德雷福的支持者，而且身為其中之一的饒勒斯還未能再次當選。

德雷福事件當中還有一件令人困擾的事情，就是不只有暴民需要在議會的路線之外奮鬥。整個少數群體雖然是在為了議會、民主、共和國而戰鬥，卻同樣要將戰鬥限制在議會之外。這兩者唯一的差別在於，一方是利用街頭，另一方則訴諸輿論界與法庭。換言之，在德雷福危機期間，整個法國政治生活乃是在議會之外進行的。雖然幾次的議會投票都支持軍方、反對重審，但仍然不會使這一結論失效。我們必須記得，在巴黎博覽會開幕不久前，當議會的風向開始轉變時，國防部長加利費正確無誤地宣稱這絕不代表這個國家的態度。[85]在另一方面，反對重審的投票結果也不應該被理解成，是在為耶穌會與某些激進反猶份子試圖在軍方幫助下進行的政變策略背書。

[86]這單純只是抗拒對現狀的任何改變。事實上，議會中也會有同樣壓倒性的多數拒絕軍隊與教士的獨裁。

那些早已將政治視作既得利益之專門代表的議會成員，自然渴望維持他們的「職責」與利益所仰賴的現狀。此外，德雷福案例也揭示出，人民同樣也想要他們的代表照顧自己的特定利益，而非發揮政治家的作用。在選舉宣傳中提到這一案件，顯然是不明智的。如果這完全是基於反猶主義，那麼德雷福派的處境肯定毫無希望。但事實上，在選舉期間，他們已在工人階級中獲得了可觀的支持。儘管如此，即使是支持德雷福的人也不願意將這一政治問題帶入選舉。而饒勒斯之所以會失去他的議會席位，的的確確也是因為他堅持將這一問題列入競選要點。

如果說克里孟梭與德雷福派成功在要求重審一事上，贏得了所有階級各階層的支持，那麼天主教徒則是以一個集團之姿來進行回應，在他們中間並無觀點上的分歧。貴族與總參謀由耶穌會來領導，而中產階級與下層階級則由聖母升天會（Assumptionists）來領導，其喉舌《十字架報》擁有法國所有天主教刊物中最大的訂閱量。[87]兩者都圍繞猶太人來發起反對共和國的騷動。兩者都將自己描繪成對抗「國際猶太人」陰謀的軍隊與公義的捍衛者。然而比法國天主教的態度更令人震驚的，乃是全世界的天主教新聞界都堅定反對德雷福這一事實。「所有這些記者都根據上級命令的指示前進，並持續前進著。」[88]隨著案情的進展，我們也越發清楚地看到，在法國，反對猶太人的騷動依循著國際路線。進而《天主教文明》（*Civiltà Cattolica*）宣稱，在法國、德國、

[116]

奧地利、義大利、在所有地方，都必須將猶太人從國家中驅逐出去。天主教政客們是第一批意識到近代權力政治必然會建立在殖民野心之間的角逐上的人。因此也是他們最先將反猶主義與帝國主義相連結，並宣稱猶太人是英國的代理人，從而將對抗他們的行為等同為反英。[89]猶太人作為核心形象的德雷福案件，就為他們提供了絕佳機會來玩他們的把戲。英國從法國人手中搶走了埃及，這都要怪猶太人[90]，而英美同盟運動當然也要歸因於「羅斯柴爾德帝國主義」。[91]此事一旦在法國告一段落，天主教的把戲不僅僅在法國進行的事實，就變得極為清楚了。在一八九九年末，德雷福已被赦免，而法國的公眾輿論則因畏懼對博覽會的針對抵制而轉向，當時僅憑教宗良十三世的一篇訪談就阻止了反猶主義在全世界的傳播。[92]甚至連在美國，在這個非天主教徒尤其熱烈地支持德雷福的國家中，我們都可以在其天主教輿論界覺察到，一八九七年後引人注目的反猶情緒的復興，它在良十三世的訪談後又隨即銷聲匿跡。[93]利用反猶主義來作為天主教工具的「大戰略」，已被宣告流產。

五、猶太人與德雷福派

不幸的德雷福上尉的案例已向世界顯示，在每一個猶太貴族與猶太富豪身上，仍保留著某種屬於舊式賤民的印記；這種賤民沒有國家，人權對他們來說並不存在，社會也樂意將他們排除在

特別待遇之外。然而已同化猶太人自己比任何人都更難把握到這一事實。拉扎爾寫道：「對於他們來說，拒絕與非本國出身的同胞來往還不夠；他們還不得不傾盡因自身懦弱產生的所有邪惡，來指責這些同胞。他們並不滿足於比本土法國人更沙文主義；他們就像所有地方的已解放的猶太人，自己懷抱著打破所有團結羈絆（譯按：指猶太民族的團結）的意願。他們不折不扣得走得很遠：如果說在法國有數十個人準備捍衛他們的受難同胞，那麼你同時可以發現有數千人準備站出來看守惡魔島（譯按：囚禁德雷福的地方），並與國內最狂熱的愛國者並肩作戰。」94 正是由於他們對自己所生活的土地上的政治發展影響甚微，所以在十九世紀期間，他們將法律平等奉若神明。對他們來說，這是保障永久安全不容置疑的基礎。❶當德雷福事件的爆發，讓他們感覺安全受到威脅時，他們已深陷於一種分解式的同化過程之中，因此反而更加欠缺政治智慧了。他們迅速將自己同化到某些社會組成部分裡，其中充滿了社會上的趨炎附勢、大生意以及迄今不為人知的牟利商機，其致命重負窒息了所有的政治激情。他們希望將當前趨勢所引發的憎惡轉移到他們貧窮且尚未同化的移民同胞身上，從而擺脫掉這種憎惡。他們使用了非猶太人社會曾用來對付他們的策略，煞費苦心地想要脫離與所謂東方猶太人的關係。對於在俄羅斯與羅馬尼亞的集體迫害

❶ 譯註：在此我們隱約可以看到，本章作為「反猶主義」部分的最後一章，實際上與「帝國主義」的最後一章有所呼應，兩者都指向人權保障的陷阱與困境。

中展現的那種政治反猶主義，他們會將其當作中世紀的殘餘輕鬆打發，而非視之為現代政治中的現實。他們永遠無法明白，德雷福事件攸關的不僅僅是社會地位問題，哪怕只是因為他們所要承受的絕不僅僅是社會反猶主義而已。

以上就是為什麼在當時的法國猶太人中間，很少能發現全心全意的德雷福支持者的原因。包括被告人家族在內的這些猶太人，都對於展開政治戰鬥相當卻步。正是基於這些緣由，在雷恩審判前他們拒絕讓左拉的辯護人拉伯里擔任辯護律師，而德雷福的第二律師德芒熱則只能將辯護建立在一些有疑問的論點上。從而他們希望用不計其數的恭維之辭，來平息軍方或軍官們可能會發動的攻擊。他們認為獲得無罪宣判的康莊大道，就是假裝整件事都可以被簡化為總是有可能發生的司法錯誤，而受害者只是恰好是個猶太人。其結果就是第二次（有罪）判決，而德雷福則拒絕面對真正的問題，他受到誘導，想要放棄審判，改為請求從寬處置，也就是說，他認罪了。[05] 猶太人未能明白，這涉及一場在政治戰線上反對他們的有組織的戰鬥。他們因而拒絕與那些準備在此戰線上迎戰的人合作。他們的態度之盲目，在克里孟梭的案例中清楚顯現出來。克里孟梭為了作為國家根基的正義而戰，其中當然包括恢復猶太人的平等權利。❶然而，在充滿階級鬥爭、軍國主義當道的時代，如果不同時用被壓迫者反抗壓迫者這樣具有實質內容的語彙來認知，這種權利就仍只會是抽象的政治概念。克里孟梭是現代猶太人所知的少數真正朋友之一，這僅僅是因為他在全世界面前承認並宣稱，猶太人是歐洲被壓迫的民族之一。反猶份子在猶太新貴身上看到成

為暴發戶的賤民；從而在每個叫賣小販身上，他們都恐懼地看見了羅斯柴爾德，在每個乞丐身上，他們都恐懼地看見了新貴。然而克里孟梭由於抱持對正義的激情，仍然會將羅斯柴爾德家族視作被壓迫民族的一份子。他因法國的民族不幸而感受到的痛苦，為他打開了視野與心胸，甚至擴及那些被推舉為民族領袖卻迅速將人民棄於困境的「不幸者」，也擴及那些被恐嚇、打壓的人們；後者在無知、軟弱與驚恐中，竟被強者的賞識沖昏了頭，乃至逃避參與一切的積極鬥爭，只有在戰鬥最終結束之後，才會「趕忙去勝利者那裡幫手」。96

六、赦免及其意義

德雷福事件這齣劇只有到了最後一幕，才清楚呈現為喜劇。而將分崩離析的國家統合，讓議會轉向為支持重審，並使從極右到社會主義者這些南轅北轍的人們得以和解的天降神兵，不外乎一九〇〇年的巴黎世界博覽會。克里孟梭的每日社論、左拉的感召力、饒勒斯的演說，以及對教士與貴族的普遍憎恨都做不到的事情，也就是讓議會轉而支持德雷福，最終由於對抵制的恐懼而

---

❶ 譯註：在雷恩審判做出第二次的有罪判決後，德雷福派內部馬上就爭取總統特赦一事展開爭論，大部分人贊成特赦，並說服德雷福放棄上訴以便獲得特赦。然而特赦意味著基於特殊緣故的寬恕赦免，而非司法正義的實現，因此克里孟梭是少數反對特赦的德雷福派，雖然他最終也妥協地接受了這一結果。

成功了。同一個議會在一年前曾一致拒絕重審，如今則以三分之二的多數通過了譴責反德雷福政府的決議。一八九九年七月，瓦爾德克—盧梭（Waldeck-Rousseau）內閣上台。盧貝（Emile Loubet）總統特赦了德雷福，並終結了整個案件。世界博覽會得以在最喜氣洋洋的商貿天氣中開幕，隨之而來的則是一片友好氛圍：甚至連社會主義者都開始有資格獲得政府職位；米勒蘭（Alexandre Millerand）當上了商務部長，他是歐洲首位社會主義黨籍的部長。

議會竟成為了德雷福的擁護者！這就是結局。這對克里孟梭而言無疑是個挫敗。對於這個苦澀的終結，他譴責模稜兩可的特赦以及那甚至更不明不白的大赦。❶左拉寫道：「它（大赦）所做的，就是將正派人與流氓都塞進同一個臭氣沖天的赦免之中。」[97]克里孟梭就像一開始那樣仍是完全孤軍奮戰。至於社會主義者們，主要是饒勒斯，則對特赦與大赦表示歡迎。這可不是保障了他們在政府中的位置，也保障了自身的特殊利益能擁有更多的代表席嗎？幾個月後，一九〇〇年五月，當世博會已確保能順利舉辦時，真正的真相最終浮現。所有這些妥協安撫的伎倆都是以犧牲德雷福派為代價。進一步重審的提議，以四百二十五比六十的票數被否決，甚至連克里孟梭自己在一九〇六年所組成的政府都無法改變形勢；它不敢將重審託付給一個普通法院。通過上訴

❶ 譯註：首先發生的是針對德雷福本人的特赦，其後則進行了另一場大赦，大赦免除了涉入德雷福案的所有人員的法律責任，其目的就是徹底終結德雷福事件。

法院做出（不合法的）無罪宣判是個妥協。但是克里孟梭的挫敗，並不意味著教會與軍方的勝利。政教分離，以及對教會教育系統的禁令，終結了天主教在法國的政治影響力。同樣地，讓情報機構隸屬於國防部門，也就是隸屬於文官政府當局的行為，也奪走了軍方威脅內閣與議會的權勢，並剝奪了它自行指揮警察機構的正當性。

一九〇九年，德魯蒙參選法蘭西學院。他的反猶主義曾贏得天主教徒的稱讚與人民的歡呼。然而如今這位「自古藍吉（Fustel）以來最偉大的歷史學者」（勒梅特〔Lemaître〕的說法）卻不得不輸給普列沃斯（Marcel Prévost）這位多少有些色情的《半處女》（*Les Demi-Vierges*）的作者，而後者作為新的「不朽者」則接受了耶穌會神父杜拉（Du Lac）的祝賀。[98]甚至連耶穌會社團也調解了他們與第三共和國之間的爭鬥。德雷福案件的結束，標誌著教會反猶主義的終結。第三共和國雖然限制了天主教組織的活動，但它所採取的妥協處理方式，雖然釋放了被告人，卻沒有經由一個正式的審判程序。儘管拉扎爾曾要求雙方的平等權利，但國家已為猶太人而准許了一個例外，再有一個例外就會威脅到天主教徒的良心自由。[99]真正相互衝突的黨派都被放到了法律之外，結果就是猶太人問題和政治天主教，都雙雙被逐出了實際政治互動的競技場。

十九世紀的地下力量在史冊中充分亮相的唯一插曲，就這樣結束了。唯一可見的結果就是它催生了錫安主義（猶太復國主義）運動：這是猶太人面對反猶主義所找到的唯一的政治答案，也

[120]

唯有在這種意識形態中，他們才正視了將把他們置於世界事變中心的敵意。❶

譯者識

本章專門討論發生在十九世紀、二十世紀之交的德雷福事件，在鄂蘭看來，該事件的重要意義在於，它是二十世紀三〇年代發生在納粹上台前的德國、奧地利的反猶浪潮的一場預先排演，不過由於發生在十九世紀典型民族國家的法國，因而在情勢與結果上有許多的不同。

德雷福事件是法國歷史上非常著名的事件，一度讓整個法國分裂成兩個陣營。一般認為這個因猶太裔

❶ 譯註：本章最初發表在期刊上的版本〈從德雷福事件到今日法國〉（From the Dreyfus Affair to France Today），比本章多出了最後一個小節「赫茨爾與拉扎爾」（Herzl and Lazare），該小節後來收於鄂蘭的猶太論文集（JW: 338-342）。這兩位人物代表著德雷福事件後產生的兩種不同的應對反猶主義的態度：赫茨爾成為了錫安主義運動的開創者，尋求猶太建國，以避開反猶主義，而拉扎爾則代表了另一種非主流的錫安主義，其重在動員人民來對抗反猶主義這個敵人。

軍官的冤案而引發的事件，最終以支持德雷福的共和派知識份子的勝利告終，而屬於舊勢力的反德雷福派則逐漸退出歷史舞台。然而鄂蘭為我們揭示的卻是其中較為複雜、消極的面向，她並未聚焦於該事件的來龍去脈，而是致力分析其過程中各種政治力量、群體之間的交錯關係。

總體來說，圍繞德雷福事件形成了反德雷福派與德雷福派兩大陣營：反德雷福派在上層社會的代表是教士（尤其是耶穌會）與軍隊，教士—軍隊聯盟再煽動下層的暴民進行種種暴力攻擊；德雷福派則由克里孟梭、左拉等共和派人士，以及許多分散在各社會階層的人們所構成。值得注意的是，鄂蘭指出，雖然受害者的是猶太人，但大部分猶太人卻站在反德雷福派一方，這是因為在失去了國家的特殊保護後，猶太人開始分散地寄生在社會中的各種小圈圈裡，從而急於證明自身，而非支持同胞。

在鄂蘭看來，德雷福事件雖然最終以德雷福的無罪釋放告終，但並沒有通過正當的法律程序來實現，也並非是德雷福派所追求的正義的真正實現。值得注意的是，鄂蘭認為，以克里孟梭為代表的德雷福派的重要失誤在於，他們未能動員起真正的人民，而是將人民與暴民混為一談；而反德雷福派卻成功地以政治反猶主義，動員起暴民的力量，這可視為後來納粹運動的先兆。

根據鄂蘭早期的綱要，本章原本還計畫收錄一篇文章作為附錄，亦即〈重思錫安主義〉（“Zionism Reconsidered”, JW: 343-374）。正如本章結尾處所說，鄂蘭認為錫安主義（猶太復國主義）乃是德雷福事件後，猶太人對於反猶主義的一個直接而認真的回應，鄂蘭本人在早年也與錫安主義者過從甚密；不過在該文中，鄂蘭對於錫安主義提出了不少批評，除了如今我們熟知的以巴衝突外，她還認為錫安主義並沒有真

正對抗反猶主義，而是為了逃避反猶主義，而尋求在巴勒斯坦建國，甚至不惜在此過程中與反猶主義合作。

註釋

前言

1 這種觀點最近的一個例子，乃是Norman Cohn的*Warrant for Genocide. The myth of the Jewish world-conspiracy and the "Protocols of the Elders of Zion,"* (New York, 1966)。作者一開始就隱然否定了存在猶太歷史這樣的東西。按照他的觀點，猶太人乃是「散居在從英吉利海峽到伏爾加河這整個歐洲範圍內的人，他們除了繼承猶太宗教信仰外，毫無共通之處」（p. 15）。與此相反，反猶主義可以主張說，從中世紀以來「猶太人就一直被視為撒旦的代理人、惡魔崇拜者、人形魔鬼」（p. 41）；而寫出*Pursuit of the Millennium*（譯按：與前書同一作者）一書的這位學識淵博的作者，認為對於這樣籠統的一概而論，唯一恰當的定性就是，這乃是「最要命的一種反猶主義，它導致了大屠殺與蓄意滅絕」（p. 16）。這本書還更加費力地試圖證明「德國人口中的大部分從未真正狂熱反對猶太人」，而他們的滅絕「乃是由安全局（SD）與黨衛隊（SS）的專業人士組織並執行的」（pp. 212 ff.）。怎麼會有人妄想這種論述能夠符合事實！結果是，這本書讀起來就像是四十年前一位聰明過了頭的反猶戰鬥聯盟（Verein zur Bek mpfung des Antisemitismus）成員所寫的不愉快的回憶錄。

2 這些引文皆出自Jacob Katz, *Exclusiveness and Tolerance, Jewish-Gentile Relations in Medieval and Modern Times* (New York, 1962), Chapter 12. 這完全是一本原創性的研究，乃以最高水準寫成：它本應如書封所言，打破「當代猶太人所抱持的許多觀念」，然而卻並未如此，因為它幾乎完全被大眾忽視了。Katz屬於猶太歷史學家中較為年輕的一代，他們中的許多人都在耶路撒冷大學執教，並以希伯來文出版著作。為何他們的作品沒能更快地在這個國家（美國）翻譯出版，這真是個謎。在它們的幫助之下，Salon W. Baron在近四十年前所對抗的那種猶太歷史的哀嘆式呈現，已然走向終結。

3 有趣的是，在上個世紀中葉用德文寫作的第一個現代猶太歷史學家（J. M. Jost），比他那些更優秀的後繼者們，更不容易受到世俗猶太編年史中的共同偏見所影響。

4 Katz, *op. cit.*, p. 196.

5 *Ibid.*, p. 6.

6 *Ibid.*, p. 7.

7 唯一的例外是反猶歷史學家Walter Frank，他是納粹的新德國歷史研究所（reichsinstitut für geschichte des neuen deutschlands）的領袖，並且是九卷本的《猶太問題研究》（*Forschungen zur Judenfrage, 1937-1944*）的編者。尤其是，Frank個人的研究成果如今仍然是有益的參考資源。

第2章　猶太人、民族國家及反猶主義的誕生

1 對於現代歷史學家來說，十七、十八世紀賦予宮廷猶太人的權力與特許，或許不過是平等的先聲：宮廷猶太人能夠居住在他們喜歡的任何地方，他們被允許在其主權領土內自由旅行，他們被允許擁有武器並有權從當地政府那裡獲得特殊保護。實際上，這些在普魯士特別被稱為「普遍特權猶太人」（Generalprivilegierte Juden）的宮廷猶太人，不僅比他們那些幾乎仍生活在中世紀式限制下的猶太同胞享有更好的生活條件，而且還比他們的非猶太鄰居生活得更好。他們的生活水準比當時的中產階級更高，而在大部分情況下，他們被賦予的特權也比商人們更大。這種情形並沒有逃過當時的人們的眼睛。克里斯蒂安．多姆（Wilhelm Dohm）這位在十八世紀的普魯士積極倡導猶太人解放的傑出人士，就抱怨那些自腓特烈大帝時代以來開始生效的措施，它們賦予富有猶太人「各種照顧與支持」，並通常「以忽視勤勉的法定（也就是非猶太）公民為代價」。參見 *Denkwürdigkeiten meiner Zeit*, Lemgo, 1814-1819, IV, 487.

2 在猶太問題的早期討論中，Jacob Lestschinsky 指出猶太人並不屬於任何社會階級，並且提出了一種「插入階級」（*Weltwirtschafts-Archiv*, 1929, Band 30, 123 ff.），但是他只看到這種情形在東歐的缺陷，而未看到它在西歐與中歐的巨大優勢。

3 舉例來說，在七年戰爭後的腓特烈二世治下，普魯士明確開始努力要將猶太人整合入某種重商主義系統。一七五〇年頒布的《猶太規章》被一套常規准許制度所取代，這套制度僅僅適用於那些將可觀財產投資到新型製造業的居民。但是此處正如其他任何地方一樣，類似的政府嘗試都完全失敗了。

4 Felix Priebatsch（"Die Judenpolitik des fürstlichen Absolutismus im 17. und 18. Jahrhundert," in *Forschungen und Versuche zur Geschichte des Mittelalters und der Neuzeit*, 1915）引用了十八世紀初的一個典型例子：「當奧地利南部紐豪斯的一家鏡片工廠因管理問題而停產，猶太人威特海默為皇帝提供了買下它的資金。當被要求去接管這個工廠的時候，他拒絕了，並表示他的時間已完全被金融交易所佔據。」

也可參見 Max Köhler, "Beiträge zur neueren jüdischen Wirtschaftsgeschichte. Die Juden in Halberstadt und Umgebung," in *Studien zur Geschichte der Wirtschaft und Ceisteskultur*, 1927, Band 3.

這個傳統總是讓富有猶太人遠離資本主義系統中真正握有權力的位置。巴黎的羅斯柴爾德家族本是除了洛克菲勒家族外，全球最大的石油巨頭，然而在一九一一年，卻將他們在巴庫油田的股份賣給了皇家殼牌集團。這一事件為 Richard Lewinsohn（*Wie sie gross und reich wurden*, Berlin, 1927）所報導。

André Sayou 在他反駁 Werner Sombart 將猶太人等同為資本主義發展的說法時提出的論述，或許可以作為一個普遍規則：「羅斯柴爾德與其他以色列人幾乎都完全致力於國家信貸與國際資本運作，同時完全不試圖創立大型產業。」

5 然而重商主義實驗對於未來發展的影響不宜被高估。法國是唯一持續嘗試重商主義系統的國家，並由此催生出在國家干預下生存的早期製造業的繁榮；法國從未完全從這種經驗中恢復。在自由企業時代，法國的布爾喬亞都迴避本土產業中缺乏保障的投資，而作為重商系統之產物的官僚體系，則在該系統衰敗後倖存了下來。雖然官僚體系也喪失了所有的生產性功能，但它在今天甚至比布爾喬亞還更構成了這個國家的典型特質，也對這個

國家的復甦造成了更大的阻礙。

6 在英國，自伊麗莎白女王的馬拉諾（譯按：在西班牙大驅逐期間改宗的猶太人）銀行家與克倫威爾軍隊的猶太金融家以來，情況就一直如此，直到十二位猶太經紀人中的一個被准許進入倫敦證券交易所，據說當時他掌管了國家貸款的四分之一（參見Salo W. Baron, *A Social and Religious History of the Jews*, 1937, Vol. II: Jew and Capitalism）；在奧地利，僅僅四十年間，猶太人就貸款了超過三千五百萬弗羅林給政府，而當塞繆爾・奧本海默在一七〇三年去世時，就同時在國家與皇帝那裡引發了重大金融危機；在巴伐利亞，一八〇八年有百分之八十的政府貸款由猶太人簽發、協商（參見M. Grunwald, *Samuel Oppenheimer und sein Kreis*, 1913）；在法國，其重商主義環境尤其青睞猶太人，尚-巴蒂斯特・柯爾貝就曾稱讚他們對國家做出的重大貢獻（Baron, *op. cit., loc. cit.*），而在十八世紀中葉，德國猶太人Liefman Calmer就被一位心存感激的國王封為男爵，因為後者很欣賞他提供的服務，以及他「對於我們的國家與人民」的忠誠（Robert Anchel, "Un Baron Juif Français au 18e siècle, Liefman Calmer," in *Souvenir et Science*, I, pp. 52-55）；在普魯士，腓特烈二世就為他的猶太鑄幣商授予了爵位，而在十八世紀末，四百個猶太家族構成了柏林最富裕的群體之一。（有關十八世紀初的柏林，以及猶太人在社會中扮演的角色，最好的描述可參見Wilhelm Dilthey, Das Leben Schleiermachers, 1870, pp. 182 ff.）

7 在十八世紀初，奧地利的猶太人成功禁止了Eisemenger的*Entdecktes Judentum*（1703）的出版，而在該世紀末，《威尼斯商人》唯有加上一小段向（未解放）猶太人致歉的前言，方能在柏林上演。

8 唯一的且不相關的例外，或許是那些在法國被稱為「包稅人」的稅務員，他們由於確保能上繳給政府固定金額

而從國家那裡獲得收稅的權利。他們直接依賴於君主專制，並由此賺得巨額財富，但是他們是很小的一個群體、很鼓勵的一個現象，因此僅憑自身無法擁有經濟影響力。

9 促成政府商業與猶太人結合在一起的迫切性，可以通過就算是堅定的反猶主義官員也不得不執行某些政策的那些案例，來予以評估。因此我們看到，俾斯麥雖然在年輕時代曾發表過一些反猶主義言論，但一旦成為帝國重臣，就別無選擇地成為了布萊希羅德的親密友人，並成為幫猶太人對抗宮廷教士斯托克（Stoecker）在柏林發起的反猶運動的可靠保護人。威廉二世雖然在他還是一介親王的時候，乃是反猶普魯士貴族的一員，並且對八〇年代的所有反猶運動都十分同情，然而他一旦繼承王位，就在一夜之間改變了他的反猶信念，並拋棄了他的反猶親信。

10 早在十八世紀，一旦整個猶太群體富有到能夠為國家所用，他們就會享受集體特權，並成為一個與更窮、更無用的同胞區隔開的群體，甚至是對同一個國家的同胞也不例外。法國波爾多與巴約納的猶太人就像普魯士的「被保護猶太人」一樣，在法國大革命之前很久就享有平等權利，甚至還在一七八七年受邀與其他第三等級代表一起在全國三級會議上發表意見。

11 Jean Capefigue（*Histoire des grandes opérations financières*, Tome III: *Banque, Bourses, Emprunts*, 1855）謊稱在七月王朝期間，唯有猶太人、特別是羅斯柴爾德家族阻礙了立基於法蘭西銀行的健全國家信貸。他也宣稱，一八四八年的事件使羅斯柴爾德的活動變得多餘。Raphael Strauss（"The Jews in the Economic Evolution of Central Europe" in *Jewish Social Studies*, 111, 1, 1941）也評論說，在一八三〇年後「公共信貸的風險已經減小，從而讓

基督教銀行開始採取更多措施來掌控這一生意。」與這些詮釋相反的事實是，羅斯柴爾德家族與拿破崙三世維持著極為良好的關係，當然，時代的普遍趨勢仍不容置疑。

12 See Priebatsch, *op. cit.*

13 根據他的所有傳記作者所可信報導的一則軼事，俾斯麥在一八七一年擊敗法國後馬上就說道：「首先，布萊希羅德必須去巴黎，去與他的猶太夥伴們一起，並與銀行家們討論此事（五十億法郎的賠款）。」（參見 Otto Joehlinger, *Bismarck und die Juden*, Berlin, 1921）。

14 參見 Walter Frank, "Walter Rathenau und die blonde Rasse," in *Forschungen zur Judenfrage*, Band IV, 1940. Frank 雖然曾在納粹統治下擔任過官職，但是他在資料來源與方法上始終非常小心。在這篇文章中，他援引了有關拉特瑙的多份布告：*Israelitisches Familienblatt* (Hamburg, July 6, 1922), *Die Zeit*, (June, 1922) and *Berliner Tageblatt* (May 31, 1922)。

15 Wilhelm von Humboldt, *Tagebücher*, ed. by Leitzmann, Berlin, 1916–1918, I, 475.《百科全書》（*Encyclopédie*, 1751–1765, Vol. IX）中的「猶太人」條目可能是狄德羅所撰寫的：「因此，在我們時代散居各處的猶太人，就成為了各個偏遠國家之間進行溝通的工具。他們就像是大型建築所需要的齒輪與釘子一樣，能夠將所有其他部分聚集、維繫在一起。」

16 華爾特・拉特瑙是一九二二年威瑪共和國的外交部長，同時也是對民主懷抱嶄新意願的德國人中的傑出代表；他晚至一九一七年還曾宣稱他「對君主制的深厚信念」，根據這一說法，唯有一位「救世主」而非幸運暴發戶，

才能領導國家。參見 *Von kommenden Dingen*, 1917, p. 247。

17 然而，我們不應該忘記這種布爾喬亞模式。如果它僅僅是關乎個人的動機與行為模式，那麼羅斯柴爾德家族的方法當然就不會與他的非猶太同事們有多大的差別。舉例來說，拿破崙的銀行家Ouvrard就在為拿破崙百日王朝提供金融支持後，又馬上為復辟的波旁王朝提供服務。

18 J. H. Hobson, *Imperialism*, 1905, p. 57 of unrevised 1938 edition.

19 羅斯柴爾德家族對於其力量來源的認識程度展現在其早期家規中，根據此種家規，女兒們及其丈夫們是被排除在家族事業之外的。女孩們被准許、甚至在一八七一年後是被鼓勵，加入非猶太的貴族家庭；而男性繼承人則不得不只娶猶太女子，而且如果有可能的話（這在第一代十分普遍），最好還是其家族成員。

20 尤其可參見 Egon Cesar Conte Corti, *The Rise of the House of Rothschild*, New York, 1927。

21 Capefigue, *op. cit.*

22 人們從未都無法確定羅斯柴爾德家族究竟在多大程度上將猶太資本用於他們自己的商業交易，以及他們究竟對猶太銀行家的控制到了什麼程度。這個家族從未允准學者使用他們的檔案進行研究。

23 James Parkes（*The Emergence of the Jewish Problem, 1878–1939*, 1946）在該書第四、第五章中，簡要而不帶偏見地討論了這些情況。

24 Christian Wilhelm Dohm, *Über die bürgerliche Verbesserung der Juden*, Berlin and Stettin, 1781, 1, 174.

25 *Wilhelm und Caroline von Humboldt in ihren Briefen*, Berlin, 1900, V, 236.

26 對於這些雖身處各國但本質無別的行政官員的出色描繪，可參見 Henri Pirenne（*A History of Europe from the Invasions to the XVI Century*, London, 1939, pp. 361–362）：「他們對於那些蔑視他們的大貴族特權，不抱任何階級偏見與敵意……他們所代言的不是國王，而是無名的君主，是高於一切並讓一切都屈服在其權力之下的君主。」

27 參見 *Kleines Jahrbuch des Nützlichen und Angenehmen für Israeliten*, 1847。

28 當普魯士政府在一八四七年向聯邦議會提交一份新的解放赦令時，幾乎所有的高層貴族都很樂見猶太人的全面解放。參見I. Elbogen, *Geschichte der laden in Deutschland*, Berlin, 1935, p. 244。

29 這正是普魯士國王之所以對猶太習俗與宗教儀式的嚴格保留如此關心的原因所在。在一八二三年，腓特烈・威廉三世禁止了「最微小的變革」，而他的繼任者腓特烈・威廉四世則公開宣稱「國家不會再實施任何會進一步讓猶太人與國家其他居民融合的措施」。Elbogen, *op. cit.*, pp. 223, 234.

30 見於寫給文化大臣 Puttkammer的一封信中（October, 1880）。同樣可參見俾斯麥於一八八〇年十一月寫Tiedemann的一封信。這兩封信收於Walter Frank, *Hofprediger Adolf Stoecker und die christlich-soziale Bewegung*, 1928, pp. 304, 305。

31 August Varnhagen 曾針對腓特烈・威廉四世的一句話評論道：「國王被問到他打算如何對待猶太人。他回答說：『我祝他們一切都好，但是我想要他們感覺到他們是猶太人。』這些話為解答許多事情提供了一把鑰匙。」*Tagebücher*, Leipzig, 1861, II, 113.

32 在十八世紀，人們普遍知道猶太解放的實現將不得不逆反猶太代表們的願望。米哈波（Honoré Mirabeau）就在一七八九年的國民議會上提出：「先生們，難道因為猶太人不想要成為公民，你們就不宣布他們是公民嗎？在一個如你們今天所建立的政府裡，所有人都必須是人；你們必須驅逐所有不是或拒絕成為人的人。」關於十九世紀早期的猶太人態度，可參見J. M. Jost, *Neuere Geschichte der Israeliten*. 1815–1845, Berlin, 1846, Band 10。

33 Adam Mueller (see *Ausgewählte Abhandlungen*, ed. by J. Baxa, Jena, 1921, p. 215) in a letter to Metternich in 1815.

34 H. E. G. Paulus, *Die jüdische Nationalabsonderung nach Ursprung, Folgen und Besserungsmitteln*, 1831.

35 對於十九世紀德國反猶主義進行清晰、可靠的解釋的著作，可參見Waldemar Gurian, "Antisemitism in Modern Germany," in *Essays on Anti-Semitism*, ed. by K. S. Pinson, 1946.

36 唯一一位重要的德國反猶主義者是E. Duehring，他以混亂的方式發明了一種自然主義的「猶太種族」解釋，參見其著作*Die Judenfrage als Frage der Rassenschädlichkeit für Existenz, Sitte und Cultur der Völker mit einer weltgeschichtlichen Antwort*, 1880.

37 關於反猶主義對俾斯麥的攻擊，可參見Kurt Wawrzinek, *Die Entstehung der deutschen Antisemitenparteien. 1873–1890*. Historische Studien, Heft 168, 1927。

38 Otto Glagau, Der Bankrott des Nationalliberalismus und die Reaktion, Berlin, 1878. 該作者的*Der Boersen- und Gruendungsschmndel* (1876)是當時最重要的反猶小冊子之一。

39 參見 Wawrzinek, *op. cit*。對於所有這些事件的有啟發性的解釋，尤其是關於宮廷教士斯托克的部分，可參見

Frank, *op. cit*。

40 這一建議是一八八六年在卡瑟爾提出的，德意志反猶協會（Deutsche Antisemitische Vereinigung）亦在此地成立。

41 有關「超越政黨的政黨」與泛運動的延伸討論，可參見第八章。

42 第一屆國際反猶大會於一八八二年在德勒斯登召開，有來自德國、奧匈帝國、俄羅斯的大約三十名代表參加；在討論中，斯托克被一些激進份子擊敗，一年後這些人在克姆尼茨聚會，並創立了「世界反猶同盟」（Alliance Antijuive Universelle）。有關這些會議、規劃及討論的論述，可參見Wawrzinek, *op. cit*。

43 工人運動的國際團結始終是一個歐際問題。他們對外交政策的冷漠態度，也是某種自我保護，藉以避免積極參加或抵制各自國家的當代帝國主義政策。只要涉及經濟利益，則在法國、英國或德國的所有人都會感受到其帝國衰落的巨大影響，而不止於資本家與銀行家們。

44 可參照第八章。

45 參見Paul H. Emden, "The Story pf the Vienna *Creditanstalt*," in *Menorah Journal*, XXVIII, I, 1940。

46 參見F. A. Neuschaefer, *Georg Ritter von Schoenerer*, Hamburg, 1935, and Eduard Pichl, *Georg Schoenerer*, 1938, 6 vols。甚至在一九一二年，當薛納爾的影響早已不再重要的時候，維也納工人報還充滿感情地提到他，並認為對於這個人只能以俾斯麥曾評論Lassalle的方式來形容：「即便我們相互開火，我們也應該在交火期間公正地承認：他是一個真正的男人，而其他都像是些老女人」(Neuschaefer, p. 33)。

47 參見Neuschaefer, *op. cit.*, pp. 22 ff., and Pichl, *op. cit.*, I, 236 ff。

48 引自Pichl, *op. cit.*, I, p. 26。

49 尤其可參見Walfried Vernunft, "Die Hintergründe des französischen Antisemitismus," in *Nationalsozialistische Monatshefte*, Juni, 19。

50 參見第四章。

51 參見J. de Maistre, *Les Soirées de St. Petersburg*, 1821, II, 55。

52 Charles Fourier, *Nouveau Monde Industriel*, 1829, Vol. V of his *Oeuvres Completes*, 1841, p. 421. 關於Fourier的反猶學說，也可參見Edmund Siiberner, "Charles Fourier on the Jewish Question" in *Jewish Social Studies*, October, 1946。

53 參見*Le Patriote Français*, No. 457, November 8, 1790。引自Clemens August Hoberg, "Die geistigen Grundlagen des Antisemitismus im modernen Frankreich," in *Forschungen zur Judenfrage*, 1940, Vol. IV。

54 馬克思有關猶太問題的論述早已為人所熟知，無需再作引述。不過伯恩的話由於純然出於爭辯目的而缺乏理論性，如今已被人遺忘，因此我們引用一下他寄自巴黎的第七十二封信（一八三二年一月）：「羅斯柴爾德親吻了教皇的手⋯最終，上帝創世之際就規劃好的秩序來臨了。一個可憐的基督徒只能親吻教皇的腳，而一個富有的猶太人則親吻他的手。如果羅斯柴爾德向羅馬貸款的利率不是百分之六十五，而是百分之六十，並且贈送侍從長一萬多銀幣，那麼他們就會允許他擁抱聖父了⋯如果所有國王都退位，並讓羅斯柴爾德家族承襲王位，這對於世界來說不是最大的幸運嗎？」*Brief e aus Paris. 1830–1833.*

55 在市議員Paul Brousse為Cesare Lombroso著名的反猶主義著作（一八九九年）所寫的前言中，這種態度得到了很

好的描繪。其觀點典型地體現在如下表述中：「小零售商需要貸款，我們都知道在這些日子裡貸款的管理多麼糟糕又多麼昂貴。在此，小商人也歸責於猶太銀行家。直到工人（僅僅是那些對科學社會主義沒有清楚認知的工人）的所有人，都認為如果沒收資本家的資產先從猶太資本家開始，那就是那些最為典型、其名字最為大眾所熟知的人開始，那麼革命就會有所進展。」

56 對於法國反猶主義這種令人訝異的連續性，我們可以比較以下兩個人的描述。Charles Fourier描述說，一個攜帶十萬英鎊來到法國的「加略」（Iscariote）猶太人，在一個小鎮上與六位同行競爭，接著擊敗了所有對手，最後帶著一大筆財產回到德國（*Théorie des quatre mouvements*, 1808, *Oeuvres Complètes*, 88 ff.）：Giraudoux在一九三九年的描述則是：「數十萬阿什肯納茲猶太人從波蘭與羅馬尼亞的猶太區逃進我們國家，對此我徒勞地試圖探查出其中的祕密……他們消滅了我們市民同胞，毀掉了我們的職業習俗與傳統…並使所有的人口、稅收、勞力調查都遭到挫敗。」（*Pleins Pouvoirs*, 1939）。

57 尤其可以參見Marcel Arland在*Nouvelle Revue Française*（一九三八年二月）中的批判性討論，他主張賽林的立場在本質上是牢固的。紀德（André Gide，一九三八年四月）則認為賽林只描寫了猶太人的「特定面向」，他所成功描繪的不是現實，而是由現實所引發的幻覺。

58 可參見René Pinon, *France et Allemagne*, 1912。

59 阿爾及利亞猶太問題的某些面向在這篇文章中有所處理：“Why the Crémieux Decree was Abrogated,” in *Contemporary Jewish Record*, April, 1943。

60 這一用語出自褚威格，他在*The World of Yesterday: An Autobiography* (1943) 中以此命名一戰前的那個階段。

61 有關英國國家事務的出色描寫，可參見G. K. Chesterton, *The Return of Don Quixote*。該書雖然直到一九二七年才問世，卻「在一戰前就已規劃好，並已部分完成」。

第3章　猶太人與社會

1 雖然在歐洲國家的同質化人口中，猶太人比其他群體更為顯眼，但這並不意味著他們在美國會比其他群體更受到歧視威脅。實際上迄今為止，承受社會與經濟歧視的不是猶太人，而是黑人，他們由於天然血緣與歷史的原因，而成為美國中最不被平等對待的一群人。然而如果有政治運動從這種純粹的社會歧視中產生，那麼這種情況就有望改觀。如此一來，猶太人或許就會忽然成為仇恨的首要對象，這僅僅是因為唯有他們在其他所有群體之間根據其歷史、宗教，而自己表達出一種廣為人知的分離原則。而黑人或華人則並非如此，他們因此也不易陷入政治上的危險，即便他們與主流人口的差異或許比猶太人更大。

2 在自由派新教神學家H. E. G. Paulus所寫的一本很有價值的小冊子*Die jüdische Nationalabsonderung nach Ursprung Folgen und Besserungsmitteln* (1831）中，可以找到這一恰當得驚人的觀察。Paulus曾受到當時的猶太作家的不少攻擊，他倡導在同化的基礎上，進行漸進式的個體解放。

3 這種態度被表達在洪堡特一八〇九年的「專家意見」中：「國家不應該亦步亦趨地教導人們尊重猶太人，而是

應該取消不近人情，充滿偏見的思考方式…」參見Ismar Freund, *Die Emancipation der Juden in Preussen*, Berlin, 1912, II, 270。

4 J. G. Herder, "Uber die politische Bekehrung der Juden" in *Adrastea und das 18. Jahrhundert*, 1801–03.

5 Herder, *Briefe zur Beförderung der Humanität* (1793–97), 40. Brief.

6 Felix Priebatsch,'"Die Judenpolitik des fürstlichen Absolutismus im 17. und 18. Jahrhundert," in Forschungen und Versuche zur Geschichte des Mittelalters und der Neuzeit, 1915, p. 646.

7 萊辛自己沒有這樣的幻覺。在寫給摩西・孟德爾頌的最後一封信中，他最清晰地表達了想法：「最短且最安全的建立歐洲國家的道路，既非通過基督徒也非通過猶太人。」有關萊辛看待猶太人的態度，可參見Mehring, *Die Lessinglegende*, 1906。

8 參見Honoré Q. R. de Mirabeau, *Sur Moses Mendelssohn*, London, 1788。

9 J. G. Herder, "Ueber die politische Bekehrung der Juden," op. cit.

10 Johann Wolfgang v. Goethe's review of Isachar Falkensohn Behr, *Gedichte ernes polnischen Juden*, Mietau and Leipzig, 1772, in *Frankfurter Gelehrte Anzeigen*.

11 Friedrich Schleiermacher, *Briefe bei Gelegenheit der politisch theologischen Aufgabe und des Sendschreibens judischer Hausvater*, 1799, in *Werke*, 1846, Abt. I, Band V, 34.

12 然而這並不適用於摩西・孟德爾頌，他並不瞭解赫爾德、歌德、史萊爾馬赫以及其他年輕一代人的思想。孟德

爾頌因其獨特性而受到尊重。他與猶太宗教的牢固連結使他最終不可能像其後繼者視作理所當然的那樣與猶太人民相割裂。他感到自己乃是「必須祈求統治民族的良善意願與保護的被壓迫人民中的一份子」（參見他一七七〇年寫給Lavater的信，*Gesammelte Schriften*,Vol. VII, Berlin, 1930）；也就是說他通常知道，對他人格的高度評價同時伴隨著對其人民的高度蔑視。由於他不像下一代猶太人那樣共同承受著這種蔑視，因此他並沒有將自己視作例外。

13 曾被萊辛形容為「歐洲最奴役人的國家」的普魯士，在孟德爾頌看來則是「一個由最睿智的君主所統治的國家，在那裡藝術與科學繁榮，民族自由的思想如此普遍，以至於其仁慈所及，域內最底層之居民亦蒙其恩澤」。如果人們知道「最睿智的君主」曾讓這位猶太哲學家很難獲得在柏林居住的許可，而且在其猶太鑄幣商已享有所有特權的時候，仍不賦予他「受保護猶太人」的正式地位，那麼這樣謙卑的滿足就無疑會讓人感到震動與訝異。孟德爾頌甚至也意識到，他作為所有有教養的德國人的朋友，如果決定要去拜訪他在萊比錫的朋友Lavater，就要被課以在市場上賣一頭牛同等的稅；但是他卻從未做出過任何關於改善這種狀況的政治性論斷。（參見他寫給Lavater的信，以及他所寫的譯者前言Menasseh Ben Israel in *Gesammelte Schriften*, Vol. III, Leipzig, 1843–45）

14 參見Heinrich Silbergleit, *Die Bevölkerungs- und Berufsverhältnisse der Juden im Deutschen Reich*, Vol. I, Berlin, 1930。

15 早在C. W. F. Grattenauer一八〇三年被廣泛閱讀的小冊子*Wider die Juden*之前，一七九一年就出現過另一個小冊子*Ueber die physische und moralische Verfassung der heutigen Juden*，其中已指出猶太人在柏林日益增長的影響

力。雖然這個早期小冊子曾有過評論（*Allgemeine Deutsche Bibliothek*, 1792, Vol. CXII），但幾乎沒有人讀過它。

16 Clemens Brentano寫作*Der Philister vor, in und nach der Geschichte* 是為了用來給所謂的Christlich-Deutsche Tischgesellschaft讀的，這是一個由作家與愛國者們組成的著名俱樂部，為抵抗拿破崙而創立於一八〇八年。

17 因此羅斯柴爾德家族在一八二〇年代從法蘭克福當地社群中撤回一大筆捐款，以抵抗想要讓猶太兒童接受普遍教育的改革者的影響。參見Isaak Markus Jost, *Neuere Geschichte der Israeliten*,1846, X, 102。

18 *Op. cit.*, IX, 38. 宮廷猶太人以及追隨其腳步的富有猶太銀行家都從未想要離開猶太社群。他們扮演著作為它的代表與保護者來對抗公共權威的角色；他們往往比賦予了從遠處統治社群的官方權力，因此早在民族國家予以廢除之前，猶太社群古老的自治就已經從內部被摧毀。伴隨著君王的意願而在其自身「民族」中產生的最早的宮廷猶太人，乃是一個布拉格的猶太人，他是十六世紀薩克森選帝侯莫里茨的供應商。他要求所有的拉比與社群領袖都應該從其家族成員中選出。（參見See Bondy-Dworsky, *Geschichte der Juden in Boehmen, Maehren und Schlesien*, Prague, 1906, II, 727.）將宮廷猶太人任命為其社群獨裁者的措施在十八世紀變得非常普遍，而這在十九世紀則轉變為「貴族」統治。

19 Johann Jacob Schudt, *Jüdische Merkwürdigkeiten*, Frankfurt a.M., 1715–1717, IV, Annex, 48。

20 Selma Stern, *Jud Suess*, Berlin, 1929, pp. 18 f.

21 Schudt, *op. cit.*, I, 19.

22 Christian Friedrich Ruehs將整個猶太人民界定為「商人階層」。“Ueber die Ansprüche der Juden an das deutsche

"Bürgerrecht," in *Zeitschrift für die neueste Geschichte*, 1815.

23 一個值得留意卻鮮為人知的事實乃是，作為一項規劃的同化更通常導致的是宗教改信，而非異族通婚。不幸的是，統計學家們沒有揭露這一事實，而是掩蓋了它，因為他們將所有改信與非改信猶太人的結合都算作異族通婚案例。然而我們知道，在德國有許多家庭已連續幾個世代受洗，卻仍然維持為純粹的猶太人。其原因在於，改信的猶太人很少離開他的家庭，甚至更少離開其猶太環境。無路如何，猶太家庭已證明自己是比猶太宗教更具保存效果的力量。

24 *Briefe aus Paris.* 74th Letter, February, 1832.

25 *Ibid.*, 72nd Letter.

26 「有意識的棄民」（Bernard Lazare）是唯一一個自己建立起來的反叛傳統，即便屬於這一傳統的人很少意識到它的存在。參見本書作者的文章"The Jew as Pariah. A Hidden Tradition," in *Jewish Social Studies*, Vol. VI, No. 2 (1944)。譯按：該文現收於鄂蘭猶太文集（JW: 275-297）。

27 不無諷刺的是，這個或許可以作為西歐同化的座右銘的出色表述，是由一個俄羅斯猶太人提出的，並且最初是以希伯來文刊行。它出自Jadah Leib Gordon的希伯來詩歌*Hakitzah ami*, 1863。參見S. M. Dubnow, *History of the Jews in Russia and Poland*, 1918, II, 228 f。

28 這個說法是Karl Kraus大約在一九一二年提出的。參見*Untergang der Wilt durch schwarze Magie*, 1925。

29 標題的措辭取自John Skleton爵士於一八六七年對迪斯雷利做出的描畫。參見W. F. Monypenny and G. E. Buckle,

The Life of Benjamin Disraeli, Earl of Beaconsfield, New York, 1929, II, 292–93。

30 Morris S. Lazaron, *Seed of Abraham*, New York, 1930, "Benjamin Disraeli," pp. 260 ff.

31 Horace B. Samuel, "The Psychology of Disraeli," in *Modernities*, London, 1914.

32 J. A. Froude因此這樣為他所寫的傳記*Lord Beaconsfield* (1890) 做結：「他在開啟人生旅程時的宗旨就是，讓自身超拔於眾人之上，這個如此狂野的野心必然會顯現出來，而他最終也贏得了他奮勇拼搏的賭注。」

33 Sir John Skleton, *op. cit.*

34 出自他的小說*Tancred* (1847)。

35 Sir John Skleton, *op. cit.*

36 迪斯雷利自己說：「我不是在我的種族中長大，而是在對他們的巨大偏見中成長起來。」關於他的家庭背景，尤其可參見Joseph Caro, "Benjamin Disraeli, Juden und Judentum," in *Monatsschrift fur Geschichte und Wissenschaft des Judentums*, 1932, Jahrgang 76。

37 *Lord George Bentinck. A Political Biography*, London, 1852, 496.

38 *Ibid.*, p. 491.

39 *Ibid.*, pp. 497 ff.

40 Monypenny and Buckle, *op. cit.*, p. 1507.

41 Horace S. Samuel, *op. cit.*

42 Monypenny and Buckle, *op. cit.*, p. 147.

43 *Ibid.*

44 Robert Cecil的文章出現在托利黨最具權威性的刊物*Quarterly Review*上。參見Monypenny and Buckle, *op. cit.*, pp. 19–22。

45 這發生在一八七四年。據說Carlyle將迪斯雷利稱為「一個該死的猶太人」，「有人類以來最壞的一個人」。參見Caro, *op.cit*。

46 Lord Salisbury的一篇文章，刊於*Quarterly Review*, 1869。

47 E. T. Raymond, *Disraeli, The Alien Patriot*, London, 1925, p. 1.

48 H. B. Samuel, *op. cit.*, Disraeli, *Tancred*, and *Lord George Bentinck*.

49 出自他的小說《康寧斯比》（1844）。

50 參見*Lord George Bentinck and the novels Endymion* (1881), and *Coningsby*。

51 Sir John Skleton, *op. cit.*

52 Horace B. Samuel, *op. cit.*

53 Monypenny and Buckle, *op. cit.*, p. 882.

54 *Ibid.*, p. 73. 在一八六三年七月二十一日寫給Brydges Williams夫人的一封信中。

55 *Lord George Bentinck*, p. 497.

56 出自他的小說《洛塞爾》（*Lothair*, 1870）。

57 *Lord George Bentinck*.

58 Monypenny and Buckle, *op. cit*, p. 1470. 這部出色的傳記對迪斯雷利的勝利做出了正確的評價。在引用了 Tennyson 的 In Memoriam, canto 64之後，他繼續寫道：「在某方面，迪斯雷利的成功要比 Tennyson 所描述的還要更震撼、更全面；他不僅順著政治的梯子爬到了最高層級，『在王冠之側竊竊私語』；而且他還征服了社會。他支配了人們的餐桌，支配了我們所說的倫敦上流社會的沙龍……而他的社會勝利，無論哲學家會怎麼思考其內在價值，作為一個被排斥的局外者的成就，都無疑不會比他的政治勝利更容易，而且或許對於他來說也是更加甜美的。」（頁1506）。

59 *Ibid*., Vol. I, Book 3.

60 Yves Simon, *La Grande Crise de la République Française* (Montreal, 1941, p. 20)：「法國大革命的精神在拿破崙被擊敗後，仍留存了一百多年……它的勝利要到一九一八年十一月十一日才悄悄落幕。法國大革命？它的時間無疑要設定為從一七八九年到一九一八年」。

61 某些心理現象在德國與奧地利的猶太人中出現得沒有那麼劇烈，或許要部分歸因於錫安主義在這些國家的知識份子中的強大勢力。錫安主義在一戰前的十年間，乃至在更早的十年間，都還在憑藉其政治洞見（且並未產生政治信念）而獲得力量這方面，比不上它對心理反應與社會事實做出的批判性分析。它的影響主要是在宣傳方面上的，而且早已遠遠超出了錫安主義實際成員所組成的小圈子。

62 可對照列維納斯（E. Levinas）在此主題上所寫的有趣評論：“L'Autre dans Proust” in *Deucalion*, No. 2, 1947。

63 J. E. van Praag, “Marcel Proust, Témoin du Judaisme déjudaizé” in Revue Juive de Geneve, 1937, Nos. 48, 49, 50. 一個奇特的巧合（或者說它不僅僅是一種巧合？）出現在處理猶太問題的電影Crossfire中。其故事取材自Richard Brooks的The Brick Foxhole，其中被謀殺的猶太人（Crossfire）是一個同性戀者。

64 接下來尤其可參考《追憶似水年華4：索多姆與戈摩爾》，第一卷，頁20-45。

65 《索多姆與戈摩爾》，第二卷，第三章。

66 *Ibid.*

67 *Ibid.*

68 《追憶似水年華3：蓋爾芒特家那邊》，第一部，第一章。

69 *Ibid.*

70 *Ibid.*

71 《追憶似水年華2：在少女們身邊》，第二卷，「地名：地方」。

72 *Ibid.*

73 《索多姆與戈摩爾》，第二卷，第三章。

74 《蓋爾芒特家那邊》，第二卷，第二章。

75 Ramon Fernandez, “La vie sociale dans l'oeuvre de Marcel Proust,” in *Les Cahiers Marcel Proust*, No. 2, 1927.

76 「但正是在從德雷福事件的效應中產生了反猶運動的時刻，也同時產生了更為豐富的使以色列人滲透進社會的運動。政客們認為，發現司法錯誤會給反猶主義帶來致命打擊，這並沒有錯。但一種社會上的反猶主義至少暫時反而因此強化、加深了」。參見《追憶似水年華6：女逃亡者》，第二章。

第4章　德雷福事件

1 在此主題上最廣博也至今不可或缺的作品乃是Joseph Reinach, *L'Affaire Dreyfus*, Paris, 1903–11, 7 vols。在晚近研究中最為詳盡，並且從社會主義的角度進行撰寫的著作則是Wilhelm Herzog, *Der Kampf einer Republik*, Zürich, 1933。其中的詳盡年表非常有價值。對於這一事件最好的政治性、歷史性評價參見in D. W. Brogan, *The Development of Modern France*, 1940, Books VI and VII。簡要而可信的著作則參見G. Charensol, *L'Affaire Dreyfus et la Troisième République*,1930。

2 由兩位軍官撰寫，並以Henri Dutrait-Crozon的化名出版。

3 《法蘭西運動》（一九三五年七月十九日）稱讚了法國出版界的節制，並同時宣稱「四十年前正義與真理的著名鬥士已不再有追隨者」。

4 G. H. Archambault in *New York Times*, August 18, 1945, p. 5.

5 唯一的例外是，大部分天主教刊物都在各國憤怒地反對德雷福，我們會在後面討論這一情況。美國的公眾輿論狀況則是，除了抗議之外，他們已開始對預定於一九〇〇年舉行的巴黎世博會進行有組織的抵制。此種威脅帶

來的效應詳見後文所述。較為全面的研究可參見哥倫比亞大學的碩士論文Rose A. Halperin, "The American Reaction to the Dreyfus Case," 1941。筆者想要感謝S. W. Baron教授慷慨授權使用這一研究。

6 例如德國駐巴黎大使H. B. von Buelow寫信給帝國首相Hohenlohe說，雷恩判決是「粗俗與懦弱的混合物，是野蠻最確信無疑的訊號」，而法國則「從此自閉於文明民族的大家庭之外」。引自Herzog, op. cit.（一八九九年九月十二日）。按照von Buelow的觀點，該事件乃是德國自由主義的試金石；參見其*Denkwürdigkeiten*, Berlin, 1930–31, I, 428。

7 Théodore Reinach, *Histoire sommaire de l'Affaire Dreyfus*, Paris, 1924, p. 96.

8 Reported by Joseph Reinach, as cited by Herzog, *op. cit.*, under date of June 18, 1898.

9 甚至克里孟梭在人生最後階段都不再相信它，這一點清晰出現在下述評論中（引自René Benjamin, *Clemenceau dans la retraite*, Paris, 1930, p. 249）：「希望？不可能！當我不再相信那曾經喚醒我的東西，也就是民主，我如何還能繼續懷抱希望？」

10 Weygand是法蘭西運動知名的追隨者，他在年輕世代就是一個反德雷福派。他是「亨利紀念冊」中的署名者之一，該紀念冊由《自由言論》所創立，是為了紀念在總參謀部因偽造文書而自殺的不幸的亨利上校。署名者名單之後由《震旦報》（克里孟梭）的編輯Quillard刊出，並命名為*Le Monument Henry*, Paris, 1899。至於貝當，他在從一八九五年到一八九九年這段時間內都待在總參謀部，當時那裡面只有被證明是反德雷福派的人才能被容忍。參見Contamine de Latour, "Le Maréchal Pétain," in *Revue de Paris*, I, 57–69。D. W. Brogan（*op. cit.*, p. 382）適

切地觀察了一戰期間的五位元帥，其中四位（Foch, Pétain, Lyautey, and Fay）都是糟糕的共和主義者，而第五位Joffre則由廣為人知的教士背景。

11 在幾乎整個法國猶太人群體間都曾存在這樣一個迷思，即貝當的反猶法案是被德國所強加的，但這個迷思已被法國自己所推翻。尤其參見Yves Simon, *La Grande crise de la République Française: observations sur la vie politique des français de 1918 à 1938*, Montreal, 1941。

12 參照 Georges Bernanos, *La grande peur des bien-pensants, Edouard Drumont*, Paris, 1931, p. 262.

13 Waldemar Gurian (*Der integrale Nationalismus in Frankreich: Charles Maurras und die Action Française*, Frankfurt-am-Main, 1931, p. 92)在君主派運動與其他反動潮流之間做出了犀利的區分。該作者也討論了德雷福案件：*Die politischen und sozialen Ideen des französischen Katholizismus*, M. Gladbach, 1929.

14 有關雙方所創造的類似迷思，可參見Daniel Halévy, "Apologie pour notre passé," in *Cahiers de la quinzaine*, Series XL, No. 10, 1910。

15 在左拉一八九八年的《給法國的信》中有一個極為現代的想法：「我們在各個方面都聽說自由的概念已經破產。當德雷福事件忽然發生，對自由的普遍憎惡就發現了一個大好機會……你難道沒有發現舍雷爾－克斯特納被這樣憤怒攻擊的唯一理由就是他屬於相信自由並為之奮鬥的一代嗎？今天人們只會對於這樣的東西聳聳肩……並嘲笑說『老頑固，過時的偉大心靈。』」Herzog, *op. cit*,（一八九八年一月六日）。

16 對於這些在九〇年代為發動政變而進行的各種嘗試的滑稽劇本質，羅薩・盧森堡在文章做出了清晰的分析："Die

sozíale Krise in Frankreich," in *Die Neue Zeit*, Vol. I, 1901.

17 亨利上校到底是基於參謀總長的命令還是處於自身動機而偽造了那份清單，這仍然無人知曉。同樣的，有關雷恩審判中德雷福的辯護人拉伯里的蓄意暗殺，也從未被恰當釐清。參照 Emile Zola, *Correspondance: lettres à Maître Labori*, Paris, 1929, p. 32, n. 1.

18 參照 Walter Frank, *Demokratie und Nationalisms in Frankreich*, Hamburg, 1933, p. 273.

19 參照 Georges Suarez, *La Vie orgueilleuse de Clémenceau*, Paris, 1930, p. 156.

20 這些情況已有前部長Rouvier在調查委員會面前予以證實。

21 巴雷斯（引自貝納諾斯，*op. cit.*, p. 271）將問題簡潔地表述為：「無論何時，萊納赫吞下的東西，赫茲都知道如何讓他吐出來。」

22 參照 Frank, *op. cit.*, in the chapter headed "Panama"; 參照 Suarez, *op. cit.*, p. 155.

23 萊納赫與赫茲之爭將一種在十九世紀頗不尋常的犯罪氛圍引入巴拿馬醜聞。為了對抗赫茲的敲詐，萊納赫竟不惜在前警方調查員的幫助下，要用一萬法郎買下對手的人頭。參照 Suarez, *op. cit.*, p. 157.

24 參照 Levaillant, "La Genèse de l'antisémitisme sous la troisième République," in *Revue des études juives*, Vol. LIII (1907), p. 97.

25 參見 Bernard Lazare, *Contre l'Antisémitisme: histoire d'une polémique*, Paris, 1896。

26 有關高等銀行涉入奧爾良運動的情況，可參見 G. Charensol, *op. cit.* 這個強大團體的發言人之一是 Arthur Meyer，

Gaulois的出版商。作為受洗的猶太人，Meyer屬於反德雷福派中最惡毒的成員之列。參見Clemenceau, "Le spectacle du jour," in *finiquité*, 1899；也可參見Hohenlohe日記的紀錄，Herzog, *op. cit*（一八九八年六月十一日）。

27 有關波拿巴派的最新認知，參見Frank, *op. cit.*, p. 419。該論述建立在德國外交部檔案中一些未出版的文獻基礎上。

28 萊納赫出生於德國，在義大利獲得爵位，並歸化為法國籍。赫茲則作為一對巴伐利亞夫婦的兒子，出生在法國。他早年移民美國，在那裏獲得了公民資格，並聚斂了大量財富。更多的細節，參見Brogan, *op. cit.*, p. 268 ff。

本土猶太人從公共機構中消失的典型方式，體現為巴拿馬事件開始變糟的時候，原本的金融顧問Lévy-Crémieux就被萊納赫所取代；參見Brogan, *op. cit.*, Book VI, chapter 2。

29 Georges Lachapelle（*Les Finances de la Troisième République*, Paris, 1937, pp. 54 ff.）詳細描述了官僚體制如何掌控了公共基金，以及預算委員會如何完全為私人利益所支配。至於議會成員的經濟狀況，則參見貝納諾斯（*op. cit.*, p. 192）：「他們中的大部分人，比如Gambetta，甚至沒有買內衣的零錢。」

30 正如Frank（*op. cit.*, pp. 321 ff.）所評論的，右派有他們的Meyer，布朗熱派有Alfred Naquet，機會主義者有萊納赫，而激進份子則有他們的赫茲博士。

31 德魯蒙對這些新來者的指責（*Les Tréteaux du succès*, Paris, 1901, p. 237）是：「那些猶太大人物憑空出現並獲得了

一切……他們來自上帝才知道的地方，生活在神祕之中，死於人們的猜想之中……他們並非抵達，而是跳躍……他們並非死去，而是消逝。」

32 參見這篇無名氏的出色文章："The Dreyfus Case: A Study of French Opinion," in *The Contemporary Review*, Vol. LXXIV (October, 1898).

33 參見盧森堡（loc. cit.）：「軍方之所以不願意有所動作的原因在於，它想要展現對共和國的公民政權的反對，卻同時不想因為效忠君主制而喪失這種對抗的力量。」

34 Maximilian Harden（一個德國猶太人）就在*Die Zukunft* (1898) 中使用了這一標題來描寫德雷福案件。反猶主義歷史學者Walter Frank則在他論述德雷福的章節中使用了同樣的標題，而貝納諾斯（*op. cit.*, p. 413）則以同樣的語調評論說「無論對錯，民主都在軍隊中發現了它最危險的對手」。

35 在巴拿馬醜聞之前發生了所謂的「威爾遜事件」。總統女婿被發現公開進行榮譽頭銜與勳章的交易。

36 參見Father Edouard Lecanuet, *Les Signes avant-coureurs de la séparation, 1894 1910*, Paris, 1930。

37 Bruno Weil, *L'Affaire Dreyfus*, Paris, 1930, p. 169.

38 參照克里孟梭《十字軍》：「西班牙正在羅馬教廷的重軛下遭受折磨。義大利看起來已經屈服。還剩下的國家就是已在垂死掙扎的天主教奧地利，以及大革命的法國，為了對抗它，教宗的軍隊至今仍在部署著。」

39 參照貝納諾斯（p. 152）：「其中的關鍵再怎麼重複都不為過：在帝國崩解、戰敗後發生的反動運動的真正受益者是教士。一八七三年後的民族反動運動確立其宗教復興的特質，無意要歸功於他們。」

40 有關德魯蒙與「理智上的天主教」的起源，參見貝納諾斯（pp.127 ff.）。

41 參照Herzog, *op. cit.*（一八九八年一月二十一日）。

42 Lecanuet, *op. cit.*, p. 182.

43 參見註10。

44 耶穌會的刊物《天主教文明》是數十年來世界上最明目張膽地主張反猶主義且最具應量力的天主教刊物。它早在義大利走向法西斯之前很久就進行了反猶宣傳，而其路線也並非受到納粹的反基督教態度的影響。參見Joshua Starr, "Italy's Antisemites," in *Jewish Social Studies*, 1939。

根據L. Koch, S. J.的說法：「在所有組織中，耶穌會社團藉由其組織結構最好地抵擋住了所有的猶太影響」。引自*Jesuiten-Lexikon*, Pader-born, 1934, article "Juden"。

45 最初，根據一五九三年的規約，所有猶太裔基督徒都是被排除在外的。一六零八年的教令則重新規定為上溯五代；一九二三年的最近一次修訂，則縮小為四代。這些要求也可以在個別案例中由於高層而被擱置。

46 參照H. Boehmer, *Les Jésu*（譯自德文，Paris, 1910, p. 284）：「自一八二〇年以來…再沒有什麼能夠像國家教會這樣抵抗教宗的耶穌會支配的東西存在了。今天的高等教士已在羅馬教廷面前丟棄了他們的陣地，而教廷則成為了Bellarmin所說的，偉大的耶穌會辯士，它總是要求它應該成為一個政策由耶穌會會士領導、其發展方向由一個按鈕決定的君主專制體。」

47 參照克里孟梭，《今日觀點》：「所有反猶貴族的朋友羅斯柴爾德……與Arthur Meyer類似，後者比教宗本人還

像教宗。」

48 有關德雷福所屬的亞爾薩斯猶太人，可參見André Foucault (*Un nouvel aspect de l'Affaire Dreyfus*, in Les Oeuvres Libres, 1938, p. 310)：「在巴黎的猶太布爾喬亞眼中，他們是生硬的民族主義的化身，那種冷漠的蔑視態度，乃是紳士們看待賤民宗教狂的態度。他們渴望完全同化到高盧樣式之中，渴望與我們古老的家族一起親密生活，渴望佔據這個國家最獨特的位置，而他們對猶太人身上的商業元素的蔑視，對新進歸化的加利西亞的『波蘭人』的蔑視，幾乎賦予了他們自己種族的叛徒的樣貌……一八九四年的德雷福家族？為什麼，他們可是反猶份子！」

49 參照 "K.V.T." in *The Contemporary Review*, LXXIV, 598：「根據民主的意志，所有法國人都將成為戰士；而根據教會的意志，教徒們則只要遵守教長的命令。」

50 Herzog, *op. cit.*, p. 35.

51 參照 Bernanos, *op. cit.*, p. 151：「所以反猶主義被剝去滑稽的誇張修辭後，自我顯現出它的真實樣貌：不僅僅是一種狂妄，一場頭腦風暴，而是一個重大的政治概念。」

52 參見埃斯特哈齊於一八九四年七月寫給艾德蒙・羅斯柴爾德的信，參照J. Reinach, *op. cit.*, II, 53 ff.:「當克雷米厄上尉找不到基督徒軍官來當他的副手時，我沒有任何猶豫。」參照 T. Reinach, *Histoire sommaire de l'Affaire Dreyfus*, pp. 60 ff. 也可參見Herzog, *op. cit.* （一八九四年與一八九四年六月），其中這些決鬥被詳細列出，而埃斯特哈齊作為中介人也被列名。最後一次發生在一八九六年九月，他收取了一千法郎。這種錯置的慷慨之後會帶

來令人不安的結果。當他在英國的安全保障下進行自我揭露，並推動了案件重審時，反猶輿論界很自然地會提出說他的自我譴責是因為被猶太人收買。這種觀念在支持德雷福有罪的人們中間仍持續作為重要觀點流行著。

53 Herzog (*op. cit.*, 1892) 詳盡呈現了羅斯柴爾德家族如何開始適應共和國。非常奇特的是，代表了教宗試圖通過天主教會來獲得和睦的聯盟主義也恰好是始於同一年。因此羅斯柴爾德的路線不可能沒有受到教士的影響。至於貸給俄羅斯的五億法郎，Munster 伯爵中肯地觀察道：「投機事業在法國已經死亡……資本家們找不到方法來出售他們的股票…這將會有助於貸款的成功……猶太大人物們相信如果他們賺到了錢，就能更好地幫助他們的小人物同胞。其結果是，儘管法國市場充斥著俄國債券，法國人卻仍然在用好法郎換壞盧布。」Herzog, *ibid.*

54 參照 J. Reinach, *op. cit.*, I, 471.

55 參照 Herzog, *op. cit.*, p. 212.

56 參照 Max J. Kohler, "Some New Light on the Dreyfus Case," in *Studies in Jewish Bibliography and Related Subjects in Memory of A. S. Freidus*, New York, 1929.

57 舉例來說，德雷福家族就立刻拒絕了作家Arthur Lévy與學者Lévy-Bruhl的建議，該建議認為他們應該在公共領域的所有領軍人物中間擴張抗議訴求。他們所採取的方式是，通過私人渠道與他們恰好有關係的政治人物接觸；參照 Dutrait-Crozon, *op. cit*, p. 51。同樣可參見 Foucault, *op. cit.*, p. 309：「拉開距離來看，人們會訝異於這樣的事實，就是法國猶太人除了紙上的祕密交易外，根本沒有充分、公開地表達他們的憤慨。」

58 參照 Herzog, *op. cit.* （一八九四年十二月，一八九八年一月）。也可參見 Charensol, *op. cit.*, p. 79，Charles Péguy,

"Le Portrait de Bernard Lazare," in *Cahiers de la quinzaine*, Series XI, No. 2 (1910)。

59 在雷恩審判仍在進行期間，德雷福家族就匆忙取消了對拉伯里的辯護委託，而拉伯里的退出引發了重大醜聞。雖然嚴重誇大但頗為詳盡的解釋可參見Frank, *op. cit.*, p, 432。拉伯里自己的聲明雄辯地表達出高貴氣質，它刊登在*La Grande Revue* (February, 1900)。在他的委託人朋友發生了這樣的事情之後，左拉馬上與德雷福家族斷絕了關係。至於皮卡特，*Echo de Paris* (November 30, 1901) 報導說，在雷恩審判之後，他就與德雷福家族再無關聯了。克里孟梭由於早已認清全法國、甚至全世界對於審判的真正意義的理解，都要勝過被告人及其家族，因此他更傾向於以幽默的態度來看待此事件；參照Weil, *op. cit.*, pp. 307–8。

60 參照 Clemenceau's article, February 2, 1898, in *op. cit.* 關於用反猶口號來贏得工人支持的嘗試的失敗，特別是有關都德的嘗試，可參見保皇派作家Dimier, *Vingt ans d'Action Française*, Paris, 1926。

61 在這方面非常典型的，乃是J. Reinach（*op. cit.*, I, 233 ff.; III, 141）對於當代社會各種各種的描述：「社會的女主人們與居埃倫保持步調一致。她們的語言（很少超出她們的想法）會讓達荷美亞馬遜女人國也覺得毛骨悚然……」。在這方面尤其有意思的是André Chevrillon發表在*La Grande Revue*（一九〇〇年二月）上的文章"Huit Jours á Rennes"。除此之外，他講述了如下具有揭示性的事件：「一位醫生跟我的幾個朋友討論到德雷福，他止說到『我正想拷打他』的時候，一位女士插嘴說『我則希望他是無辜的。因為這樣一來他就會受很多苦』。」

62 很奇怪的是，這些知識份子中竟包括梵樂希（Paul Valéry），他「並非不假思索」地捐了三法郎。

63 J. Reinach, *op. cit.*, I, 233.

64 若對歐洲迷信進行研究或許能揭示出，猶太人已成為這種典型的十九世紀迷信的對象。他們之前則有玫瑰十字會（Rosicrucians）、聖殿騎士（Templars）、耶穌會以及共濟會。這方面研究的闕如讓我們在看待十九世紀歷史方面損失頗大。

65 參見“Il caso Dreyfus,” in *Civiltà Cattolica* (February 5, 1898)。在上述聲明中最值得注意的例外乃是耶穌會教士Pierre Charles Louvain，他譴責了那份《長老會紀要》。

66 參照 Martin du Gard, *Jean Barois*, pp. 272 ff., and Daniel Halévy, in *Cahiers de la quinzaine*, Series XI, Cahier 10, Paris, 1910.

67 參照 Georges Sorel, *La Revolution dreyfusienne*, Paris, 1911, pp. 70–71.

68 有關舍雷爾-克斯特納這位較好的議員兼議會副主席的例子，可以顯示出議會成員的手腳已在多大程度上被綁住：他才剛對審判提出抗議，《自由言論》就公佈了他的女婿捲入巴拿馬醜聞的事實。參見 Herzog, *op. cit.*, under date of November, 1897。

69 參照 Brogan (*op. cit.*, Book VII, ch. 1)：「息事寧人的願望在法國猶太人中間，尤其是在較富有的法國猶太人中間頗為流行。」

70 皮卡特在提出他的發現後不久，就被流放到突尼斯的一個危險位置上。於是他按照自己的意願揭露了整件事情，並將一份檔案的副本放置在他的律師那裡。幾個月後，當人們發現他還活著的時候，就有潮水般的神祕信件湧入，試圖與他協商，並指控他是「叛國者」德雷福的同謀。他就像一個威脅要抵抗的惡棍一樣被對待。當

所有這些舉動都被證明徒勞，他就被逮捕了，並且被驅逐出軍隊，剝奪了勳章，對於這一切，他都安之若素。

71 年輕的羅曼羅蘭（Romain Rolland）、蘇亞雷斯（Georges Suarez）、索黑（Georges Sorel）、阿萊維（Daniel Halévy）、拉扎爾，都屬於這個由貝璣領導的團體。

72 參照 M. Barrés, *Scènes et doctrines du nationalisme*, Paris, 1899.

73 Yves Simon, *op. cit.,* pp. 54–55.

74 在雷恩大學的五位教授宣稱自己支持重審後，其員工室就遭到了破壞。在左拉的第一篇文章刊出後，保皇派學生就在《費加羅》報的辦公室外遊行，此後類似風格的文章再也沒有出現。支持德雷福的出版人（Bataille）則在結構受到攻擊。最終撤銷了一八九四年判決的上訴法院法官們則一致報告說，他們被威脅會遭到「非法攻擊」。例子不勝枚舉。

75 一八九八年一月十八日，反猶主義遊行在波爾多、馬賽、克萊蒙・費朗、南特、羅恩、里昂進行。隔天，學生在羅恩、圖盧茲、南特發生暴動。

76 最赤裸裸的例子是雷恩的警署長官，當Victor Basch教授的住宅遭到兩千名暴徒襲擊時，他建議說，因為他不再能夠確保他的安全，所以他應該辭職。

77 參照 Bernanos, *op. cit.*, p. 346。

78 關於這些理論，尤其可參見：Charles Maurras, *Au Signe de Flore; souvenirs de la vie politique; l'Affaire Dreyfus et la fondation de l'Action Française*, Paris, 1931; M. Barrés, *op. cit.*; Léon Daudet, *Panorama de la Troisième République*,

Paris, 1936。

79 參照 Clemenceau, "A la dérive," in *op. cit.*

80 正是這一點強烈使支持德雷福的鬥士們感到幻滅，尤其是貝璣的那個小圈子。德雷福派與反德雷福派之間這種令人困擾的相似性，構成了Martin du Gard一部頗具教益的小說*Jean Barois* (1913)的主題。

81 《反正義》（一九〇〇年）的前言。

82 克里孟梭數年後在議院發表的一篇演說；參照 Weil, *op. cit.*, pp. 112–13。

83 參見Herzog, *op. cit.*, under date of October 10, 1898。

84 "K.V.T.," *op. cit.*, p. 608.

85 戰爭部長Gallifet給Waldeck寫信說：「我們不要忘記在法國，絕大多數人民都是反猶主義者。因此我們所處的位置將會擁有整個軍隊以及大多數法國人的支持，更不用說還有行政機構、議員們……」參見J. Reinach, *op. cit.*, V, 579。

86 這種嘗試中最為人所知的德魯萊德的例子，他在出席一八九九年二月的總統福爾的葬禮時，試圖煽動Roget將軍發動兵變。德國駐巴黎大使每幾個月就會報告這樣的嘗試。當時的情形巴雷斯（*op. cit.*, p. 4）做了很好的總結：「我們在雷恩發現了我們的戰場。我們所需要的是士兵，或更精確來說是將軍——或是再精確來說，是一位將軍。」只是不意外地，這位將軍並不存在。

87 Brogan走得很遠，他為整個教士階層的騷動而譴責升天會。

88 “K.V.T.,” *op. cit.*, p. 597.

89 「事件的原初誘因很有可能來自倫敦，在那裡一八九六年到一八九八年間的剛果-尼羅河傳教士正引發了某種不安」；莫拉斯在《法蘭西運動》（一九三五年七月十四日）說道。倫敦的天主教出版社為耶穌會辯護；參見“The Jesuits and the Dreyfus Case,” in *The Month*, Vol. XVIII (1899)。

90 *Civiltà Cattolica*, February 5, 1898.

91 尤其可參見Rev. George McDermot, C.S.P., “Mr. Chamberlain’s Foreign Policy and the Dreyfus Case,” in the American monthly *Catholic World*, Vol. LXVII (September, 1898).

92 參照Lecanuet, *op. cit.*, p. 188.

93 參照Rose A. Halperin, *op. cit.*, pp. 59, 77 ff.

94 Bernard Lazare, *Job’s Dungheap*, New York 1948. p. 97.

95 參照Fernand Labori, “Le mal politique et les partis,” in *La Grande* Revue (October-December, 1901)：「在雷恩，當被告人為求獲得赦免，而自我主張有罪，當辯護人放棄了重審訴求的時刻，德雷福案件作為一個偉大的普世人類議題就確定終結了。」克里孟梭在他題為“Le Spectacle du jour”的文章中評論阿爾及爾猶太人說：「羅斯柴爾德不會為代表他們發出哪怕最低程度的抗議。」

96 參見克里孟梭的文章“Le Spectacle du jour,” “Et les Juifs!” “La Farce du syndicat,” and “Encore les juifs!” in *L’Iniquité*。

97 參照左拉的信（一八九九年九月十三日），*Correspondance: lettres à Maître Labori*。

98 參照 Herzog, *op. cit.*, p. 97.

99 拉扎爾在德雷福事件中的地位由貝璣做出了最好的描述：Notre Jeunesse," in *Cahiers de la quinzaine*, Paris, 1910。貝璣「認為他是猶太人利益的真正代表」，並將其訴求描繪如下：「他是無偏私的法律的堅定支持者。德雷福案件中法律的無偏私，在宗教組織的案例中無偏私的法律。這看似一件無聊瑣事，但這也可以導向遠方。這導致他在孤立無援中死去。」（譯自他為拉扎爾的 *Job's Dungheap* 而寫的導言）。拉扎爾是最早的德雷福派中抗議宗教集會法的人之一。

國家圖書館出版品預行編目資料

極權主義的起源 / 漢娜．鄂蘭(Hannah Arendt) 著 ; 李雨鍾 譯. --
初版. -- 臺北市 : 商周出版 : 英屬蓋曼群島商家庭傳媒股份有限公司
城邦分公司發行, 民111.11
面： 公分
譯自：The Origins of Totalitarianism
ISBN 978-626-318-424-4（平裝）
1. CST: 極權政治　2. CST: 帝國主義
571.76　111014552

極權主義的起源（第一部：反猶主義）（三冊不分售）

原著書名 / The Origins of Totalitarianism
作者 / 漢娜．鄂蘭（Hannah Arendt）
譯者 / 李雨鍾
企畫選書 / 梁燕樵
責任編輯 / 梁燕樵

版權 / 黃淑敏、林易萱
行銷業務 / 周佑潔、周丹蘋、賴正祐
總經理 / 彭之琬
事業群總經理 / 黃淑貞
發行人 / 何飛鵬
法律顧問 / 元禾法律事務所　王子文律師
出版 / 商周出版
臺北市中山區民生東路二段141號9樓
電話：(02) 2500-7008 傳真：(02) 2500-7759
E-mail：bwp.service@cite.com.tw
發行 / 英屬蓋曼群島商家庭傳媒股份有限公司城邦分公司
臺北市中山區民生東路二段141號2樓
書虫客服服務專線：(02) 2500-7718．(02) 2500-7719
24小時傳眞服務：(02) 2500-1990．(02) 2500-1991
服務時間：週一至週五09:30-12:00．13:30-17:00
郵撥帳號：19863813　戶名：書虫股份有限公司
E-mail：service@readingclub.com.tw
歡迎光臨城邦讀書花園　網址：www.cite.com.tw
香港發行所 / 城邦（香港）出版集團有限公司
香港灣仔駱克道193號東超商業中心1樓
電話：(852) 2508-6231　傳眞：(852) 2578-9337
E-mail：hkcite@biznetvigator.com
馬新發行所 / 城邦(馬新)出版集團 Cité (M) Sdn. Bhd.
41, Jalan Radin Anum, Bandar Baru Sri Petaling,
57000 Kuala Lumpur, Malaysia
電話：(603) 9057-8822　傳眞：(603) 9057-6622
E-mail：cite@cite.com.my

封面設計 / 萬勝安
排版 / 新鑫電腦排版工作室
印刷 / 韋懋印刷事業有限公司
經銷商 / 聯合發行股份有限公司
電話：(02) 2917-8022　傳眞：(02) 2911-0053
地址：新北市231新店區寶橋路235巷6弄6號2樓

■2022年（民111）11月初版1刷
定價 1200元（三冊不分售）

Printed in Taiwan
城邦讀書花園
www.cite.com.tw

ISBN 978-626-318-424-4